CARMELO FAILLA

LE IDEE RIVOLUZIONARIE DI FILOSOFI DEL PASSATO
SAGGI FILOSOFICI

VERGESSENE REVOLUTIONEN DER GEISTESGESCHICHTE
PHILOSOPHISCHE ESSAYS

Carmelo Failla

Le idee rivoluzionarie di filosofi del passato
Le riscoperte sorprendenti di un artista di oggi
Saggi filosofici

Vergessene Revolutionen der Geistesgeschichte
wiederentdeckt von einem Künstler unserer Tage
Philosophische Essays

Italienisch und deutsch
Übersetzt von Christoph Rinser

AUFGANG VERLAG

© 2015 Aufgang Verlag Augsburg
2. durchgesehene Auflage
Umschlagentwurf: Gil Ziner express-graphic.com Caleta de Vélez (MA)
unter Verwendung des Gemäldes „Lago dei cigni" von Carmelo Failla

Gedruckt auf umweltfreundlichem Papier   FSC
Printed in Germany

ISBN   978-3-945732-13-7 (Hardcover)
       978-3-945732-12-0 (Paperback)
       978-3-945732-14-4 (eBook)

Bibliografische Information der Deutschen Nationalbibliothek: Die
Deutsche Nationalbibliothek verzeichnet diese Publikation in der
Deutschen Nationalbibliografie. Detaillierte Daten sind im Internet
unter http:// dnb.d-nb.de abrufbar.

Indice / Inhalt:

La materia – atomo e vuoto
Die Materie – Atom und Leere 7

Il labirinto geometrico di Spinoza
Spinozas geometrisches Labyrinth 67

Il dolore negli antichi e nei moderni
Der Schmerz in der Antike und heute 169

La felicità di Epicuro nel Golfo di Napoli
Das Glück des Epikur im Golf von
Neapel 223

Eco e Narcisso – La voce
Echo und Narziss – Über die Stimme 251

La materia - atomo e vuoto

*

Die Materie – Atom und Leere

La materia
atomo e vuoto

Si tratta di pochi fogli di appunti. Perciò non c'è la pretesa di svolgere un argomento in modo ordinato, completo e sistematico. Si può piuttosto trovarvi appena un filo che lega i diversi fogli sparsi. In tal senso un titolo potrebbe esserci. La materia.

Per star dietro al titolo, si è scelta una specie di bacchetta da rabdomante, che possa segnalarci dove troviamo risorse in minore o maggiore abbondanza. Si trova un indizio in un nome quasi sconosciuto: David de Dinant. Infatti, ogni volta che ci si imbatte in questo autore, siamo sicuri di trovare il problema della materia. Il suo motto fu: Dio cioè la materia.

Trovato questo primo indizio, si scopre poi un segnale molto forte in un nome ben più celebre: Democrito. Seguendo i riferimenti al suo atomismo nei diversi autori, si giunge fino ai giorni nostri.

Niccolò Cusano

Nel 1926 Ernst Cassirer suggerì alla casa editrice Felix Meiner di pubblicare un'edizione critica dell' *Opera Omnia* di Niccolò Cusano. Secondo Cassirer, Cusano (1401–1464) rappresenta il vero punto di partenza della modernità perché, dopo tutta la tradizione medievale dominata dall'aristotelismo, egli introduce nuove prospettive di pensiero, sul fonda-

Die Materie
Atom und Leere

Es kann sich angesichts der Komplexität des Themas nur um wenige Anmerkungen handeln. Daher besteht nicht die Absicht, das Thema in geordneter, vollständiger und systematischer Weise abzuhandeln. Vielmehr soll nur ein roter Faden gesucht werden, der die verschiedenen verstreuten Gedanken verbindet. In diesem Sinn soll die Arbeit den Titel tragen: Die Materie.

Um das Material für dieses Thema zu finden, habe ich eine Art Wünschelrute benutzt, die anzeigt, wo man mehr oder weniger reiche Quellen finden kann. Einen wichtigen Hinweis findet man in einem beinahe unbekannten Namen: David de Dinant. Jedes Mal, wenn man auf diesen Autor stößt, bekommt man es mit Sicherheit mit dem Problem Materie zu tun. Sein Motto war: Gott, das heißt die Materie.

Nachdem man diesen ersten Hinweis gefunden hat, entdeckt man bald einen weiteren in einem viel bekannteren Namen: Demokrit. Folgt man allen Bezügen auf seine Lehre vom Atom bei den verschiedenen Autoren, gelangt man bis in unsere Tage.

Nikolaus Cusanus

1926 riet Ernst Cassirer dem Verlag Felix Meiner, eine kritische Ausgabe der gesammelten Werke (*Opera Omnia*) des Nicolaus Cusanus herauszugeben.

mento di categorie del tutto originali non più coniate sotto l'influsso della filosofia di Aristotele. Da qui la sua proposta di una edizione indilazionabile dell' opera.

L'impresa editoriale fu avviata grazie anche alle sollecitazioni e all'impegno di Raymond Klibansky (1905–2005), uno dei più grandi medievalisti del '900, di famiglia ebraica tedesca, che a causa delle leggi razziali dovette lasciare la Germania per l'Inghilterra e poi il Canada. I suoi lavori più notevoli sono le edizioni critiche degli scritti del Cusano e di Eckhart.

E in questa bellissima edizione si può leggere l'*Apologia Doctae Ignorantiae*, edita appunto da Klibansky per i tipi della casa editrice Felix Meiner[1].

Perché Cusano sente l'esigenza di scrivere, nel 1449, una apologia del suo precedente libro *De Docta Ignorantia*, scritto nel 1436?

L'occasione è un libro dal titolo *De ignota literatura*, scritto nel 1441 dal teologo Johannes Wenck, dell'Università di Heidelberg. Il Wenck si scaglia contro il Cusano, accusandolo di eresia. Cusano infatti – dice Wenck – attinge ad autori come Scoto Eriugena ed Eckhart, che sono stati sospettati o condannati per le loro idee eterodosse. Cusano, che nel frattempo nel 1448 è stato fatto cardinale, più che rigettare le accuse, si impegna a spiegare come quegli autori possono favorire un ripensamento su nuove basi dell'ortodossia.

L'interesse attuale per l'*Apologia* nasce dal fatto che qui Cusano cita esplicitamente le sue fonti, che

---

[1] Nicolai de Cusa *Opera Omnia*, vol. II, Amburgo 2007

Nach Cassirer stellt Cusanus (1401–1464) den wahren Beginn der Neuzeit dar, weil er – nach der langen mittelalterlichen Tradition, die vom Aristotelismus beherrscht war – neue Denkperspektiven eingeführt hat auf der Grundlage vollkommen origineller Kategorien, die nicht mehr durch den Einfluss der aristotelischen Philosophie geprägt waren. So ergab sich der Wunsch nach einer nicht länger aufzuschiebenden Herausgabe seiner Werke.

Diese wurde in Angriff genommen auch dank dem Drängen und der Unterstützung durch Raymond Klibansky (1905–2005), einen der größten Mediävalisten des 20. Jahrhunderts, der einer jüdisch-deutschen Familie entstammte, die wegen der Rassengesetze Deutschland verlassen musste und erst nach Großbritannien, dann nach Kanada auswanderte. Seine wichtigsten Arbeiten sind die kritischen Ausgaben der Schriften von Cusanus und Eckhart.

In dieser schönen Ausgabe kann man die *Apologia doctae ignorantiae* lesen, die von Klibansky herausgegeben wurde und bei Felix Meiner[2] erschienen war.

Warum hält Cusanus es für erforderlich, 1449 eine Rechtfertigung für sein 1436 geschriebenes Buch *De docta ignorantia* zu verfassen?

Der Anlass ist ein Buch mit dem Titel *Unbekannte Literatur,* das der Heidelberger Theologe Johannes Wenck 1441 geschrieben hatte und in dem er sich mit Cusanus anlegt und ihn der Häresie beschul-

---

2 Nicolai de Cusa *Opera Omnia*, Bd. II, Hamburg 2007

aveva taciuto nel *De Docta Ignorantia*. Infatti, mentre lì aveva fatto solo il nome di Dionigi, qui ora elenca tutti gli altri autori che possono secondo lui ridisegnare l'identità cristiana.

A noi qui importa unicamente segnalare la presenza, in questo elenco, del nome di David de Dinant.

Questo nome ci fa scoprire una corrente che sotterraneamente percorre la tradizione filosofica e teologica che va dal Medioevo al Rinascimento fino alla modernità.

Si tratta di una tendenza al panteismo, che emerge ogni volta che si pongono a confronto Dio e il mondo, o anche più in generale l'infinito e il finito.

David de Dinant occupa la posizione più estrema, poiché il suo è un panteismo materialista: infatti sostiene la perfetta identità tra Dio e la materia.

Egli è noto per le condanne subite nel 1210 in un sinodo a Sens e nel 1215 all'Università di Parigi. I suoi scritti, i famosi *Quaternuli*, quadernetti, furono proibiti e fu imposto l'obbligo che fossero dati al rogo pena la scomunica[3].

I temi di questi quaderni sono citati da Alberto Magno e Tommaso d'Aquino per essere confutati. Ma poi ebbero miglior sorte, proprio ad opera di Cusano e più tardi di Giordano Bruno.

Da quanto si può ricostruire dai frammenti e dalle citazioni, David de Dinant (in Belgio) fu ai suoi tempi un personaggio di primo piano. Lavorò alla corte del papa Innocenzo III, che lo chiamava "figlio diletto". Stabilì contatti con la corte di Federico II a Palermo,

---

[3] Cf. Elena Casadei, *I testi di David di Dinant*, Spoleto 2008

digt. Er – Cusanus – beziehe sich nämlich auf Autoren wie Scotus Eriugena und Eckhart, die wegen ihrer unorthodoxen Ansichten verdächtigt oder verurteilt worden waren. Cusanus, der inzwischen (1448) zum Kardinal ernannt worden war, hat nicht nur die Angriffe zurückgewiesen, sondern sich dafür eingesetzt zu erklären, wie jene Autoren zu einem Überdenken ihrer Ansichten aufgrund neuer Grundlagen der Orthodoxie gekommen waren.

Das aktuelle Interesse für die *Apologie* ist auf die Tatsache zurückzuführen, dass Cusanus hier seine Quellen ausdrücklich zitiert, die er in *De docta ignorantia* verschwiegen hatte. Dort hatte er nur Dionysius Areopagita genannt, hier aber zählt er alle Autoren auf, die seiner Meinung nach die christliche Identität neu bestimmen können.

Uns interessiert hier nur die Tatsache, dass in dieser Liste auch der Name David de Dinant auftaucht.

Dieser Name hilft uns zu entdecken, dass es in der philosophischen und theologischen Tradition vom Mittelalter über die Renaissance bis in die Gegenwart eine unterirdische Strömung gibt.

Es handelt sich um eine Neigung zum Pantheismus, die jedesmal sichtbar wird, wenn Gott und die Welt, oder allgemeiner: das Unendliche und das Endliche einander gegenübergestellt werden.

David de Dinant nimmt dabei eine extreme Position ein, da sein Pantheismus ein materialistischer Pantheismus ist: Für ihn sind Gott und die Materie vollkommen identisch. Er ist wegen der Urteile bekannt, die 1210 in einer Synode in Sens und 1215

dove nasceva una nuova cultura con i contributi di ebrei cristiani arabi e dove fervevano le traduzioni latine di opere greche, come quelle di Aristotele e dei suoi commentatori arabi. De Dinant si inserisce perfettamente in questo movimento di traduzioni. Egli addirittura è stato il primo in Occidente ad avere un accesso diretto ai testi di Aristotele. In questo contesto, egli si caratterizza per le traduzioni e gli estratti delle opere scientifiche di Aristotele, opere che erano quasi sconosciute ai suoi tempi.

Ma al centro di questo lavoro si staglia la sua concezione metafisica, del tutto eccezionale per il Medioevo. Egli sostiene che mente e materia sono la stessa cosa. Inoltre afferma che la materia è unica e infinita, conoscibile solo mediante la ragione. Infine utilizza il famoso passo del *Timeo*, in cui Platone dice che il mondo è "dio sensibile"[4], per arrivare alla conclusione che Dio è la materia. Questi sono i tre passaggi del suo ragionamento. Mente e materia sono un'unica materia; l'unica materia è infinita; la materia infinita è Dio.

Dato il suo grande prestigio, le autorità ecclesiastiche si affrettarono a condannare i suoi quaderni, fiutando in essi un chiaro panteismo materialista.

Ma – dicevamo – Cusano rivaluta David de Dinant nella sua opera di rinnovamento del pensiero teologico medievale, perché pensa di trovare in lui un appoggio alla sua concezione di Dio, inteso come infinito e totalità assoluta. Ovviamente c'è in Cusano

---

[4] *Timeo*, 92c

an der Universität von Paris gegen ihn ausgesprochen wurden. Seine Schriften – die berühmten *Quaternuli* (Heftchen) – wurden verboten und mussten verbrannt werden, andernfalls drohte ihm die Exkommunikation.[5] Die Themen dieser Hefte werden von Albertus Magnus und Thomas von Aquin zitiert und widerlegt. Aber später erfuhr Giordano Bruno, aufgrund des Einsatzes von Cusanus, zunächst ein günstigeres Schicksal.

Soweit man es aus den Fragmenten und den Zitaten rekonstruieren kann, muss David de Dinant zu seiner Zeit (in Belgien) eine bedeutende Persönlichkeit gewesen sein. Er arbeitete am Hofe Papst Innocenz III., der ihn „geliebter Sohn" nannte. Er entwickelte Verbindungen zum Hofe Friedrichs II. in Palermo, wo eine neue Kultur entstand aus den Beiträgen von Juden und arabischen Christen und wo die lateinischen Übersetzungen griechischer Autoren wie Aristoteles und seiner arabischen Kommentatoren sehr lebendig waren. De Dinant fügt sich perfekt in diese Übersetzungsarbeit ein. Er war im Westen sogar der erste, der einen direkten Zugang zu den Texten des Aristoteles hatte. In diesem Zusammenhang sticht er hervor durch seine Übersetzungen und Auszüge aus den wissenschaftlichen Werken des Aristoteles, die zu jener Zeit noch weitgehend unbekannt waren.

Doch im Mittelpunkt dieser Arbeit ragt sein für das Mittelalter ganz außergewöhnliches Konzept der Metaphysik hervor. Er besteht nämlich darauf, dass

---

5 Vgl. Elena Casadei, *I testi di David di Dinant*, Spoleto 2008

15

anche la preoccupazione di salvaguardare la trascendenza. E pertanto conia un nuovo vocabolario per coniugare immanenza e trascendenza. Per affermare che Dio "non è né questo né quello ma è tutte le cose e niente di esse"[6], dice che Dio è "complicativamente", cioè in sé, tutte le cose e nulla di esse "esplicativamente", fuori di sé. In questo modo naviga per così dire tra Scilla e Cariddi, sfiora l'eresia che gli rimprovera il Wenck e riscrive l'ortodossia.

E' molto significativo sottolineare il fatto che Cusano mette in luce le radici del pensiero del de Dinant, al fine di farle risalire ai presocratici. In questo modo egli fa venire allo scoperto una diffusa e singolare filosofia del tempo, la quale vuole recuperare Aristotele in chiave antiaristotelica, riandando a Parmenide e agli atomisti antichi[7].

Questa operazione risulterà ancor più evidente e suggestiva negli scritti di Giordano Bruno.

Giordano Bruno

Giordano Bruno (1548–1600) si professa per così dire seguace di Cusano soprattutto per la sua concezione dell'infinito e inoltre perché gli è debitore di alcuni argomenti e termini da lui coniati, come la coincidenza degli opposti e la complicazione ed esplicazione. Perciò ripetutamente lo chiama "il divino Cusano".

---

[6] Nicolai de Cusa, *op. cit.*, p.31
[7] *Op. cit.*, p. 32

Geist und Materie dasselbe seien. Außerdem behauptet er, dass die Materie eine und unendlich sei und nur mittels der Vernunft erkannt werden könne. Schließlich greift er den berühmten Satz aus *Timaios* auf, in dem Platon sagt, dass die Welt „wahrnehmbarer Gott"[8] sei, um von da zu dem Schluss zu kommen, dass Gott die Materie sei. Dies sind die drei Schritte seiner Argumentation: Geist und Materie sind eine einzige Materie; die einzige Materie ist unendlich; die unendliche Materie ist Gott.

Angesichts des großen Ansehens, das er genoss, beeilte sich die kirchliche Obrigkeit, diese Hefte zu verurteilen, da sie in ihnen einen klaren materialistischen Pantheismus witterte.

Doch Cusanus bewertete – wie wir feststellten – David de Dinant neu in seiner Arbeit einer Erneuerung des mittelalterlichen theologischen Denkens, da er darin eine Stütze für seinen Gottesbegriff zu finden hoffte, verstanden als das Unendliche und das absolute Allumfassende. Natürlich achtet Cusanus auch darauf, die Transzendenz zu sichern. Daher schafft er ein neues Vokabular, um Immanenz und Transzendenz zu verbinden. Um festzustellen, dass „Gott nicht dies und auch nicht jenes sei, sondern alle Dinge und keines von ihnen"[9], sagt er, Gott sei „eingefaltet", d.h. in sich, alles, und „ausgefaltet", d.h. außer sich, nichts von allem. Auf diese Weise navigiert er zwischen Skylla und Charybdis, streift die Häresie, die Wenck ihm vorwirft,

---

8 *Timaios*, 92c
9 Nicolai de Cusa, a.a.O., 31

Quanto al nostro argomento, anche Bruno cita David de Dinant, dicendo che non è stato ben compreso. Esprimendo anzi la sua ammirazione per lui, dice nel *De causa, principio et uno*: "Non fu un pazzo David de Dinanto in prender la materia come cosa eccellentissima e divina"[10]. E lo cita anche nel *De vinculis et genere*: "Non è stolta l'opinione di David da Dinanto e di Avicebron nell'opera *Fonte di vita*: egli la riprende dagli arabi che non esitarono a conferire anche alla materia l'appellativo di Dio"[11]. Dunque, David non fu né uno stolto né un pazzo. La tesi dei *Quaternuli* è apprezzata da Giordano Bruno: Dio è la materia. I quaderni – come abbiamo detto – furono condannati al rogo. Ma erano solo fogli di carta. Invece Giordano Bruno subì nella sua carne la fine tragica del rogo, ad opera dell'inquisizione romana.

L'infinito

Se si vuole entrare nell'universo di Bruno, bisogna capire la sua idea di infinito e di materia.

Per l'infinito egli si distanzia decisamente da Aristotele. Per lo Stagirita l'universo è limitato e finito. Nella sua prospettiva, non si può concepire l'infinito come unità in atto: "L'infinito non è ciò al di fuori del quale non esiste nulla, ma è ciò al di fuori del quale esiste sempre qualcosa di diverso"[12]; quindi l'infinito è tale in quanto è qualcosa di cui sempre si può pensare un di più.

---

[10] Introduzione al III dialogo
[11] De vinculis, XV
[12] *Fisica*, III, 6, 207a

und formuliert den rechten Glauben neu. Es ist sehr wichtig, die Tatsache zu unterstreichen, dass Cusanus die Wurzeln des Denkens von Dinant ans Tageslicht bringt, um zu zeigen, dass sie auf die Vorsokratiker zurückgehen. Auf diese Weise entdeckt er eine verbreitete und einmalige Philosophie der Zeit, die Aristoteles sozusagen in antiaristotelischem Verständnis erhalten möchte, indem er zu Parmenides und den frühen Atomisten zurückgeht.[13] Diese Unternehmung wird in den Schriften Giordano Brunos noch evidenter und eindrücklicher.

Giordano Bruno

Giordano Bruno (1548–1600) bekennt sich als Anhänger des Cusanus vor allem aufgrund seines Verständnisses des Unendlichen; außerdem hat er von ihm einige Argumente und Begriffe übernommen, wie etwa die Koinzidenz der Gegensätze, sowie *Einfaltung* (complicatio) und *Ausfaltung* (explicatio). Wiederholt nennt er ihn den „göttlichen Cusanus".

Was unser Argument betrifft: Auch Bruno zitiert David von Dinant und stellt fest, er sei nicht richtig verstanden worden. Er drückt seine Bewunderung für ihn aus, indem er in *De la causa, principio et uno (Von der Ursache, dem Prinzip und dem Einen)* schreibt: „David von Dinant war kein Narr, wenn er die Materie als etwas ganz Außerordentliches und Göttliches ansah."[14] Und er zitiert ihn auch in *De*

---

13 A.a.O., 32
14 Einführung in den 3. Dialog

Bruno sostiene la tesi opposta. L'infinito è in atto, è la totalità, è il tutto in assoluto; non c'è alcun di più né alcunché fuori di esso.

C'è una radicale differenza tra Bruno e Aristotele. Il ragionamento di Aristotele, nelle sue ultime conseguenze, porta a pensare che esista all'esterno di esso una causa del suo movimento, il motore che tutto muove e da nulla è mosso, il motore immobile.

All'opposto, il discorso di Bruno dice che non può pensarsi nulla al di fuori dell'infinito, nulla che lo possa limitare, né tanto meno che possa essere causa della sua esistenza e del suo incessante divenire. Dice, per bocca di Filoteo, nel primo dialogo del *De l'infinito, universo e mondi,* che è vano o addirittura ridicolo andare investigando su un ipotetico motore estrinseco. Tutto nell'infinito si muove per un principio interno, che anima ogni cosa. Bisogna distinguere tra causa e principio. Tutto nell'infinito si muove per un principio interno, che anima ogni cosa. Bisogna distinguere tra causa e principio. Tutto il movimento dell'universo infinito non ha causa ma principio e questo è in se stesso. Nella visione bruniana, poi, l'infinito acquista proporzioni incredibili. L'infinito è un mondo che racchiude innumerevoli altri mondi. Se così possiamo dire, l'infinito è un insieme di infiniti.

Bruno polemizza con Aristotele, affermando che il suo modo di pensare l'infinito lo fa cadere in contraddizione. In effetti Aristotele, nella *Fisica*[15], aveva stabilito come definizione stessa della natura

---

[15] II, 192b

vinculis et genere: „Die Idee David von Dinants und Avicebrons in dem Werk *Die Lebensquelle* ist nicht töricht: er nimmt sie von den arabischen Autoren auf, die nicht zögerten, auch der Materie den Namen Gott zu verleihen."[16] David von Dinant war also weder ein Dummkopf, noch ein Narr. Die These in den *Quaternuli* wird von Giordano Bruno gewürdigt: Gott ist die Materie. Die Hefte wurden – wie wir bereits erwähnten – verurteilt und auf dem Scheiterhaufen verbrannt. Hier handelte es sich nur um Papier. Doch Giordano Bruno erlitt an seinem eigenen Fleisch das tragische Ende auf dem Scheiterhaufen, den die römische Inquisition ihm errichtete.

Das Unendliche

Wenn man in das Universum Giordano Brunos eindringen möchte, muss man sein Konzept des Unendlichen und der Materie verstehen. Hinsichtlich des Unendlichen unterscheidet er sich deutlich von Aristoteles. Für diesen ist das Universum nämlich begrenzt und endlich. Gemäß seiner Sicht kann man das Universum nicht als eine verwirklichte Einheit verstehen: „Das Unendliche ist nicht das, außerhalb dessen nichts existiert, sondern es ist das, außerhalb dessen immer etwas anderes existiert"[17]; also ist das Unendliche nur insofern ein solches, als man immer noch etwas hinzudenken kann. Bruno vertritt die entgegengesetzte These: Das Unendliche

---

[16] De vinculis, XV
[17] *Physik*, III, 6, 207a

che "la natura è principio e causa dell'essere in movimento originariamente, per sé stessa", essa è tutto ciò che ha in sé il principio del movimento e del cambiamento. Ma poi, per far rientrare tutte le sue teorie in un unico grande sistema chiuso, ha immaginato alla fine, sempre nella *Fisica*, il motore immobile. Sta qui la contraddizione. Si afferma che il principio e la causa del movimento stanno nella natura stessa, ma poi si immagina una causa esterna ad essa. E' qui la debolezza di Aristotele: che deriva da ciò che è stato chiamato un residuo di platonismo.

Comunque, si deve ora compiere un passo nuovo e conclusivo. Aristotele dice[18] che la materia ha lo stesso modo di essere dell'infinito. E dunque, se per Aristotele l'essere non è infinito anche la materia non sarà infinita. Al contrario, se per Bruno l'essere è infinito ne deriva che per lui la materia è infinita. E questa è – come s'è visto – una delle tesi fondamentali di David de Dinant.

Nel suo volo verso l'infinito, Bruno utilizza per la partenza le nuove idee di Niccolò Copernico (1473–1543). Che cosa egli ne pensi, lo precisa nel suo *Cena de le ceneri*, nel primo dialogo.

Chiede Smi, uno degli interlocutori: "Di grazia, fatemi intendere, che opinione avete del Copernico?". Risponde Teo, come fosse Bruno. Egli fa grandi lodi di Copernico, ma nello stesso tempo ne vede i limiti. Dice che è stato come l'aurora prima del levarsi del sole. Ma il sole brilla adesso, all'aprirsi dell'infinito.

---

[18] *Fisica*, III, 6, 206b

ist wirklich, es ist die Totalität, das absolute Alles; es gibt nicht mehr und überhaupt nichts außerhalb von ihm.

Es gibt einen radikalen Unterschied zwischen Bruno und Aristoteles. Der Gedankengang des Aristoteles führt in letzter Konsequenz dazu, zu denken, außerhalb des Unendlichen gebe es eine Ursache für seine Bewegung, einen Motor, der alles bewegt, aber von nichts bewegt wird, den unbewegten Beweger.

Auf der Gegenseite steht Bruno mit seinem Diskurs, in dem er feststellt, dass außerhalb des Unendlichen nichts gedacht werden kann, dass nichts es begrenzen oder gar Ursache seiner Existenz oder seines unaufhörlichen Werdens sein könne. Im 1. Dialog in *De l'infinito, universo e mondi (Über das Unendliche, das Universum und die Welten)* sagt er, durch den Mund des Filoteo, es sei vergebliche Mühe und geradezu lächerlich, nach einem hypothetischen äußeren Beweger zu suchen. Alles im Unendlichen bewegt sich aufgrund eines inneren Prinzips, das alles mit Leben erfüllt. Man muss unterscheiden zwischen Ursache und Prinzip. Alle Bewegung des Universums beruht nicht auf einer Ursache, sondern auf einem Prinzip, und dieses beruht auf sich selbst.

In der Sicht Giordano Brunos nimmt das Unendliche unglaubliche Ausmaße an. Es ist eine Welt, die zahllose andere Welten einschließt. Man könnte auch sagen: Das Unendliche ist ein Miteinander von Unendlichkeiten.

Il mondo di Copernico è ancora un mondo chiuso. Con Bruno, l'universo è senza confini, aperto alla possibilità di infiniti altri mondi: "innumerabili mondi simili a questo" – dice nel *De l'infinito, universo e mondi* (dialogo primo). Fatti della stessa materia come il nostro. "Non è un sol mondo, una sola terra, un solo sole" (dialogo terzo). E' un'immensità piena di vita che dà le vertigini.

La materia

Finalmente bisogna chiedersi che cos'è la materia. Nel *De la causa, principio et uno*[19], uno degli interlocutori fa proprio questa domanda: "Di grazia, Teofilo, fatemi questo piacere a me, che non sono tanto prattico in filosofia: dichiaratemi che cosa intendete per questo nome materia".

Teofilo risponde dicendo che tutti coloro che ne hanno trattato, sono ricorsi al paragone della natura con l'arte. Così fanno – dice – i pitagorici, i platonici, così i peripatetici cioè gli aristotelici o lo stesso Aristotele.

Così fa anche Bruno. Per esempio: "Vedete – dice Teofilo – una specie di arte, come del lignaiolo, la quale per tutte le sue forme e tutti i suoi lavori ha per soggetto il legno; come il ferraio il ferro, il sarto il panno. Tutte queste arti in una propria materia fanno diversi ritratti, ordini e figure". Ebbene, qualcosa di simile bisogna pensare della natura.

---

[19] Dialogo III

Bruno polemisiert gegen Aristoteles und sagt, seine Vorstellung vom Unendlichen führe in einen Widerspruch. Tatsächlich hatte Aristoteles in der *Physik*[20] die Natur so definiert, dass „die Natur Prinzip und Ursache allen Seins ist, das sich ursprünglich, aus sich selbst bewegt", sie ist all das, was in sich das Prinzip der Bewegung und der Veränderung trägt. Um all seine Theorien in einem einzigen geschlossenen System vereinen zu können, hat er schließlich am Ende, auch noch in der *Physik*, den unbewegten Beweger ersonnen. Eben hierin liegt der Widerspruch: Er behauptet, Prinzip und Ursache der Bewegung lägen in der Natur selbst, doch dann führt er eine äußere Ursache ein. Dies ist der schwache Punkt bei Aristoteles, und darauf beruht es wohl auch, dass er ein Relikt des Platonismus genannt wurde.

Doch nun gilt es, einen neuen und abschließenden Schritt zu gehen. Aristoteles sagt, die Materie habe denselben Seinsmodus wie das Unendliche.[21]

Wenn also für Aristoteles das Sein nicht unendlich ist, kann auch die Materie nicht unendlich sein. Im Gegensatz hierzu steht Giordano Bruno, für den das Sein unendlich ist. Daraus ergibt sich für ihn, dass auch die Materie unendlich ist. Und das ist, wie wir gesehen haben, eine der Grundthesen des David de Dinant.

Auf seiner Reise in das Unendliche benützt Bruno für den Start die Ideen des Nikolaus Kopernikus(1473–1543). Was er darüber denkt, erklärt er in

---

20 II, 192b
21 *Physik*, III, 6, 206b

"Bisogna che de le sue operazioni abbia una materia; perché non è possibile che sia agente alcuno che, se vuol far qualche cosa, non abbia di che farla; o se vuol operare, non abbia che operare. E' dunque una specie di soggetto, del qual, col quale e nel quale la natura effettua la sua operazione, il suo lavoro; e il quale è da lei formato di tante forme e tanta varietà di specie". Come il legno acquista molte forme ad opera del legnaiolo, così la natura si esplica in una infinita varietà di esseri ad opera di un principio attivo che è interno alla natura stessa.

C'è ovviamente una differenza con l'arte. La materia della natura non cade sotto i nostri sensi come invece le diverse materie delle arti. La materia della natura non ha alcuna forma propria, mentre hanno forma tutte le materie delle arti, come il legno o il ferro. L'arte opera sulla superficie delle cose già formate dalla natura, la natura opera dal centro del suo soggetto o materia che è del tutto informe.

Ma come facciamo a pensare questa materia prima? Chiede un interlocutore del dialogo. Si risponde: con gli occhi della ragione. Dunque, ragionate: "Non vedete voi che quello che era seme si fa erba e spiga e pane e sangue ed embrione e uomo e cadavere e terra? Bisogna dunque che vi sia una medesima cosa che da sé non è pietra, non terra, non cadavere, non uomo, non embrione, non sangue o altro". Questa è la materia da cui vengono tutte le cose. Restando la materia uguale a sé stessa, c'è una continua trasmutazione di ogni elemento in un altro; e niente si annulla, tranne le sue forme accidentali esteriori e materiali. Dinanzi a questo grande spetta-

seinem Werk La Cena de le ceneri (Das Ascher-mittwochsmahl), im ersten Dialog. Smi, einer der Gesprächsteilnehmer, fragt: „Habt die Güte und lasst mich wissen, welche Meinung ihr von Kopernikus habt."

Es antwortet Teo, als wäre er Bruno. Er spricht großes Lob über ihn, aber zugleich erwähnt er auch seine Grenzen. Er sagt, er sei wie die Morgenröte vor dem Sonnenaufgang gewesen. Aber nun scheine die Sonne und das Unendliche öffne sich.

Kopernikus hat die alten Vorurteile hinweggefegt, als er den Mittelpunkt des Universums von der Erde zur Sonne verlegte. Aber da er keinen klaren Begriff des Unendlichen hatte, konnte er nicht erkennen, dass es im Unendlichen überhaupt kein Zentrum geben kann.

Die Welt des Kopernikus ist noch eine geschlossene Welt. Mit Bruno verliert das Universum seine Begrenzung und öffnet sich für die Möglichkeit unendlich vieler anderer Welten: „unzählige Welten, die dieser Welt ähnlich sind", sagt er in De l'infinito, universo e mondi (erster Dialog) – aus derselben Materie gemacht wie unsere. „Es gibt nicht nur eine Welt, eine einzige Erde, eine Sonne" (3. Dialog). Es ist eine unermessliche Fülle des Lebens, die Schwindel hervorruft.

Die Materie

Nun ist es an der Zeit zu fragen, was denn die Materie sei. In De la causa, principio et uno[22] stellt

---

[22] 3. Dialog

colo messo in scena, lo stesso Bruno esclama: "Dunque alcunché di divino è la materia!" Ed aggiunge che alcunché di divino è anche la forma, ma questa "o è nulla o è parte della materia, nulla fuori della materia o senza la materia"[23]. Tutto si riduce alla materia.

Quando ci si accosta alla comprensione della materia, si corre inevitabilmente un rischio: il rischio del materialismo.

Ciò perché la ricerca si rivolgerà agli eventuali elementi primi di ciò che costituisce la materia. Lo dice lo stesso Aristotele: "Perciò taluni dicono che è il fuoco, altri la terra e l'aria, altri ancora l'acqua o ancora alcune di queste cose, o infine tutte queste cose insieme"[24]. Allude poi a Democrito, dicendo che "ogni cosa di questo tipo è eterna, mentre le altre cose si generano e si corrompono indefinitamente"[25].

Questo riferimento a Democrito viene evidenziato da Heidegger, il quale aggiunge: "Qui diventa visibile il carattere metafisico della posizione di fondo del materialismo."[26] Il rischio del materialismo ha dunque un nome antico: Democrito.

In prima approssimazione, per ora, diciamo che per Democrito il tutto è costituito da atomi che si muovono nel vuoto.

Giordano Bruno vi si immerge completamente. Nelle sue pagine, complesse e piene di allusioni e sfumature, si sente la voce di molti naturalisti greci,

---

[23] De vinculis, XV
[24] *Fisica*, 193a, 20
[25] *Ivi*
[26] *Segnavia*, Milano 1987, 223.

einer der Gesprächsteilnehmer genau diese Frage:

„Seid so gütig, Teofilo, tut mir diesen Gefallen, der ich nicht so zu Hause bin in der Philosophie: Erklärt mir, was ihr unter dem Begriff Materie versteht." Teofilo antwortet, dass alle, die sich damit beschäftigt haben, sich auf den Vergleich zwischen Natur und Handwerk berufen haben, so die Pythagoräer, die Platoniker, die Peripatetiker, also die Aristoteliker und Aristoteles selbst.

Und so auch Giordano Bruno. Ein Beispiel: „Schaut euch" – sagt Teofilo – „ein Handwerk an, wie etwa das des Tischlers, das in all seinen Formen und in all seinen Arbeiten das Holz als Objekt hat, das Schmiedehandwerk, das das Eisen, das Schneiderhandwerk, das das Tuch bearbeitet. All diese Handwerke stellen unterschiedliche Abbilder, Anordnungen und Figuren dar." Analog müsse man sich die Natur vorstellen. „Es ist nötig, dass sie in all ihren Operationen eine Materie habe; denn es ist nicht möglich, dass etwas Agierendes, wenn es etwas machen will, nichts hätte, woraus es das machen kann, oder wenn es handeln will, nichts, woran es handeln kann. Es ist also eine Art Subjekt, aus dem, mit dem und in dem die Natur ihre Operationen und ihre Arbeit durchführt, und aus dem sie so viele Formen und eine solche Fülle von Arten geformt hat." Wie das Holz vielerlei Formen erhält durch die Arbeit des Tischlers, so entfaltet sich die Natur in einer unendlichen Vielfalt von Seienden durch das Wirken eines Prinzips, das in der Natur selbst liegt.

coi quali egli intona il suo canto nuovo. Ma sopratutto è dominante la voce di colui che sempre occupa il primo posto nelle sue citazioni. Si tratta appunto di Democrito di Abdera (460–370 circa), associato a volte al suo maestro Leucippo di Mileto (V sec. aC) e sempre a Epicuro di Samo (342–270) e spesso a Lucrezio (94 aC – 50 circa dC).

Nel *De la causa, principio et uno* (dialogo terzo), riassume così il materialismo democriteo: "Democrito e gli epicurei, quel che non è corpo dicono esser nulla, per conseguenza vogliono la materia sola essere la sustanza de le cose; ed anco quella essere la natura divina, come disse un certo arabo, chiamato Avicebron, e vogliono che le forme non essere altro che certe accidentali disposizioni de la materia". Ancora una volta: *Deus sive materia*.

In questo passo Bruno confessa di aver a lungo condiviso queste idee, perché più soddisfacenti delle tesi aristoteliche.

Ma poi aggiunge che, dopo più mature riflessioni, si convinse che bisognava tenere in maggior considerazione anche le forme, attribuendo anche ad esse una consistenza sostanziale, non più accidentale.

L'anima del mondo

La svolta di Bruno ha gravi conseguenze, perché lo porta a immaginare che il principio immanente sia un'anima, l'anima che vivifica la natura: l'anima del mondo. Che è insieme intelletto universale. Bruno elenca tutti coloro che hanno parlato di questo intelletto. Nel secondo Dialogo del *De la causa*, cita i

Offenbar gibt es aber einen Unterschied zum Handwerk. Die Materie der Natur ist unseren Sinnen nicht so zugänglich wie die unterschiedlichen Materialien des Handwerks. Die Materie der Natur besitzt keine eigene Form, während alle Materialien der Handwerke, wie das Holz oder das Eisen, eine eigene Form besitzen. Das Handwerk wirkt an der Oberfläche der Dinge, die schon von der Natur geformt sind; die Natur wirkt aus dem Inneren ihres Objekts oder der Materie, die völlig formlos ist. Aber wie können wir uns diesen Grundstoff vorstellen?, fragt ein Gesprächsteilnehmer. Die Antwort: Mit den Augen der Vernunft. Also überlegt: „Seht ihr nicht, dass das, was Samen war, nun Gras wird und Ähre und Brot und Blut und Embryo und Mensch und Leichnam und Erde? Es muss also eine Sache geben, die aus sich selbst weder Stein oder Erde, weder Leichnam oder Mensch oder Embryo ist, und auch kein Blut oder sonst etwas." Dies aber ist die Materie, aus der alles wird. Da die Materie aber sich selbst gleich bleibt, gibt es eine dauernde Umformung jedes Elementes in ein anderes; nichts verschwindet außer den äußeren und zufälligen Formen und Bestandteilen. Angesichts dieses großartigen Schauspiels ruft Giordano Bruno selbst aus: „Also ist die Materie etwas Göttliches!" Und er fügt hinzu, dass auch die Form etwas Göttliches sei; allerdings sei es „entweder nichts oder Teil der Materie, nichts außerhalb der Materie oder ohne die Materie."[27] Alles ist auf die Materie zurückzuführen.

---

[27] De vinculis, XV

pitagorici, i platonici, Orfeo, Empedocle, Plotino. E dice come lo hanno variamente chiamato. Conclude: "Da noi si chiama artefice interno, perché forma la materia e la figura da dentro, come dal seme l'albero". Dunque, tutto è sempre nella materia, ma essa ha ora, nelle sue operazioni, un intelletto.

Si deve ricordare che il primo a parlare dell'*anima mundi* fu Platone nel *Timeo*, il quale attinse quest'idea da tradizioni orientali, orfiche e pitagoriche. E fu per questa ragione che Platone si oppose a Democrito. L'idea di un'anima e dell'intelletto universale passò poi a suo modo negli stoici e infine in Plotino, e fu dominante in tutto il neoplatonismo.

Nella scelta di Bruno avviene dunque un certo distacco da Democrito. Anche se mai viene meno il suo grande afflato materialistico.

Comunque, occorrerà aspettare Spinoza per avere, della natura, una visione coerente e rigorosa, anti-aristotelica e antiplatonica o neoplatonica, scevra di ogni residuo religioso.

Spinoza prima di Spinoza?

Bisogna dire, a questo proposito, che su un ipotetico rapporto di Bruno con Spinoza, si sono verificati due eventi di rilievo.

Pierre Bayle (1647–1706), nel suo *Dizionario storico critico*, cita David de Dinant, che già conosciamo. Egli cerca i predecessori di Spinoza. Trova fra gli altri Giordano Bruno: ecco – dice – uno Spinoza prima di Spinoza. Questa voce del *Dizionario* ebbe una eccezionale fortuna.

Wenn man sich dem Verständnis der Materie nähert, gerät man unvermeidlich in ein Risiko: das des Materialismus. Das ist so, weil die Forschung sich möglichen ersten Elementen zuwendet, die die Materie bilden. Aristoteles sagt: „Daher sagen einige, sie sei das Feuer, andere die Erde und die Luft, wieder andere das Wasser – oder auch mehrere davon oder alle zusammen."[28] Er spielt auf Demokrit an, wenn er sagt, „jedes dieser Dinge [sei] ewig, während die anderen Dinge in Unendlichkeit entstehen und vergehen".[29] Dieser Bezug auf Demokrit wird von Heidegger hervorgehoben, wenn er hinzufügt: „Hier zeigt sich der metaphysische Charakter in der Grundhaltung des Materialismus."[30]

In einer ersten Annäherung können wir in diesem Augenblick sagen, dass für Demokrit alles aus Atomen besteht, die sich im leeren Raum bewegen.

Das Risiko des Materialismus trägt also einen alten Namen: Demokrit. Giordano Bruno taucht vollständig in diese Denkweise ein.

In seinen vielschichtigen und anspielungs- und nuancenreichen Schriften kann man die Stimmen vieler griechischer Naturalisten erkennen, mit denen er seinen neuen Gesang anstimmt. Aber vor allem sticht die Stimme dessen hervor, der immer den ersten Platz in seinen Zitaten einnimmt: Demokrit von Abdera (460–ca. 370), der manchmal auch in Verbindung mit seinem Lehrer Leukipp von Milet (5. Jh. v.C.) genannt wird und immer mit Epikur von Sa-

---

28 *Physik*, 193a, 20
29 Ebd.
30 *Wegmarken*, HGA IX, Frankfurt a.M. 2004, 240

Ma l'intervento filosofico più importante fu quello compiuto da Friedrich Heinrich Jacobi (1743–1819). Egli pubblica nel 1789 la seconda edizione del suo famoso *Lettere sulla dottrina di Spinoza*, famoso per aver dato il via a una rilettura e inattesa fortuna di Spinoza. In questa edizione aggiunge un allegato in cui parla di Giordano Bruno, trascrivendo o sintetizzando interi passi del *De causa*. Il suo scopo dichiarato è quello di esporre meglio la filosofia dell'*en kai pan* (uno-tutto), attraverso un confronto tra Bruno e Spinoza. Egli esprime delle riserve sulla tesi di Bayle. Ma, a proposito di Bruno, esclama: "E' ben difficile dare una traccia più bella e più pura del panteismo, nel senso più ampio, di quella delineata da Bruno". Questa interpretazione di Bruno, in cui decisamente si afferma il suo panteismo, era condizionata dalla volontà di accusare Spinoza di ateismo.

Comunque, il lavoro di Jacobi ebbe un effetto da lui non previsto e imprevedibile. I testi di Bruno, citati ampiamente da Jacobi, attireranno l'attenzione di Hegel (1770-1831) e di Schelling (1775–1854), il quale scrisse nel 1802 il suo *Bruno o il naturale principio delle cose*.

Si sa che i tre grandi nomi dell'idealismo, dopo Fichte, sono Hegel, Schelling, Hölderlin. Tutti e tre si dichiarano, ciascuno a suo modo, spinozisti; e utilizzano Spinoza per il proprio sistema. Ma Schelling, attingendo ai testi citati da Jacobi, si rifà anche a Bruno.

mos (342–270) und häufig auch mit Lukrez (94 v.C. – ca. 50 n.C.).

Im 3. Dialog von *De la causa, principio et uno* fasst er den Materialismus des Demokrit so zusammen: „Demokrit und die Epikuräer, die sagen, was keinen Körper besitze, sei nichts, wollen konsequenterweise, dass nur die Materie die Substanz der Dinge sei, und dass dies die göttliche Natur sei, wie ein gewisser Araber namens Avicebron sagt, und sie wollen, dass die einzelnen Formen nur bestimmte akzidentelle Dispositionen der Materie seien." Noch einmal: *Deus sive materia*.

In diesem Zusammenhang bekennt Giordano Bruno, dass er lange diese Ideen geteilt habe, da sie ihn mehr überzeugten als die aristotelischen.

Doch dann fährt er fort, dass er nach intensiveren Überlegungen zu der Überzeugung kam, dass man die Formen ernster nehmen und ihnen ebenfalls einen Substanzcharakter zusprechen müsse, nicht nur einen Akzidenzcharakter.

Die Weltseele

Brunos Wendung hat schwerwiegende Folgen, weil sie dazu führt, sich vorzustellen, das innewohnende Prinzip sei eine Seele, die die Natur belebt: die Weltseele, die gleichzeitig auch universale Intelligenz ist. Bruno zählt alle auf, die von diesem Intellekt gesprochen haben. Im 2. Dialog von *De la causa* zitiert er die Pytagoräer, die Platoniker, Orpheus, Empedokles, Plotin. Und er zählt die verschiedenen Namen auf, die sie ihm gegeben haben. Seine Schlussfolgerung: „Bei uns wird er interner Künstler

Il problema centrale per lui è quello di cogliere il rapporto tra il mondo dell'assoluto e il mondo delle cose, tra l'infinito e il finito. E' il problema secolare che ha interessato, sotto varie forme, tutta la storia del pensiero occidentale.

A suo dire, la chiave per la soluzione di questo problema è in Giordano Bruno. E consiste - dice - nella sua concezione della materia. La vera idea della materia è già apparsa nella filosofia dei cosiddetti naturalisti greci e in particolare di Democrito, ma o è stata perduta o è stata nota solo a pochi o è stata avvolta in un mare di nebbia e di oscurità. Quest'idea riappare miracolosamente con Giordano Bruno. Ed è la soluzione del problema.

La materia è immutabile, eterna, assoluta, uno tutto, senza causa, principio in sé di tutte le forme. Essa è il mondo delle idee e il mondo delle cose. E' il grembo fecondo che complica ed esplica tutte le forme. Non è corpo, perché onnicomprensiva di anima e corpo. Una sola vita, un unico destino, l'abissale identità degli opposti. Questa è per Schelling la vera essenza della materia.

Schelling fa rivivere così il materialismo di Bruno. Lo vede anche in sintonia con Spinoza. E ciò gli permette di leggerli insieme per fondare la sua filosofia, la cosiddetta filosofia dell'identità, associando il *Deus sive Natura* con il *Deus sive Materia*.

Ma sul rapporto di Bruno con Spinoza ci fu subito l'intervento di Jacobi, il quale negò decisamente che si potesse associare Bruno a Spinoza.

L'uno di Spinoza è la Natura. Essa è sostanza unica assoluta, causa di sé. Non c'è nessuna anima

genannt, weil er die Materie und die Gestalt von innen her formt, wie den Baum aus dem Samen." Es ist also alles immer in der Materie vorhanden, aber diese hat nun einen Intellekt für ihre Handlungen. Es sei daran erinnert, dass der erste, der von der *Weltseele* sprach, Platon im *Timaios* war, der diese Idee aus östlichen – orphischen und pytagoräischen – Traditionen bezog. Aus diesem Grund widersprach Platon dem Demokrit. Die Idee einer Weltseele und eines universalen Intellekts (Geistes) fand sich dann bei den Stoikern und schließlich bei Plotin und wurde vorherrschend im gesamten Neuplatonismus. Bruno entfernt sich mit seiner Wahl also von Demokrit, auch wenn er sich nie von seiner großen materialistischen Inspiration entfernt.

Letztlich muss man aber auf Spinoza warten, bis man ein kohärentes und klares Verständnis der Natur erhält, das antiaristotelisch, antiplatonisch oder neuplatonisch und frei von allen religiösen Rückständen ist.

Spinoza vor Spinoza?

In diesem Zusammenhang taucht die Frage auf, ob es zwischen Bruno und Spinoza eine hypothetische Beziehung gab. Jedenfalls sind zwei bedeutsame Ereignisse zu erwähnen, die als Hinweise gesehen werden können.

Pierre Bayle (1647–1706) hat in seinem *Historischen und kritischen Wörterbuch* David de Dinant zitiert, den wir schon kennen. Er sucht die Vorläufer Spinozas. Unter anderen findet er Giordano Bruno.

del mondo. La Natura non ha nessun intelletto né alcuna volontà.[31] I suoi "attributi" sono la *res cogitans* e la *res extensa*, pensiero e materia, che sono una stessa cosa. La Natura si manifesta nei suoi "modi", che sono la molteplicità delle cose.

Questa è in estrema sintesi la nuova grande concezione materialista di Spinoza che, come si vede, è assolutamente lontana dalla visione bruniana.

Forse, l'unico elemento che hanno in comune è il loro appellarsi a Democrito. E' interessante sentire come Spinoza sottolinea la sua predilezione per Democrito.

Così si esprime, in maniera forte, nella lettera LVI[32]: "L'autorità di Platone, di Aristotele e di Socrate non ha per me gran valore. Sarei stato molto sorpreso se mi aveste citato Democrito, Epicuro, Lucrezio o qualche altro atomista o sostenitore dell'atomismo. E non bisogna stupirsi che coloro i quali hanno ragionato intorno alle qualità occulte, alle specie intenzionali, alle forme sostanziali e a mille altre sciocchezze, abbiano escogitato gli spettri e gli spiriti e creduto alle sibille al fine di sminuire l'autorità di Democrito, di cui invidiarono a tal punto la celebrità da bruciare tutte le opere". Viene insomma spazzata via la tradizione dei grandi del passato. Si lascia il posto soltanto a Democrito e agli atomisti.

---

[31] *Etica* I, prop. 17, scolio
[32] Baruch Spinoza, *Epistolario*, Torino 1974, 244

Er schreibt: „Seht: ein Spinoza vor Spinoza."
Dieser Satz im *Wörterbuch* hatte eine außergewöhnliche Wirkung.

Doch der bedeutendste philosophische Beitrag war jener des Friedrich Heinrich Jacobi (1743–1819). Dieser veröffentlichte 1789 die zweite Auflage seiner berühmten Briefe *Über die Lehre des Spinoza in Briefen an den Herrn Moses Mendelssohn,* berühmt, weil sie der Anstoß zu einer Neuinterpretation und einem unverhofften Erfolg Spinozas wurden. Zu jener Ausgabe fügt er einen Anhang hinzu, in dem er über Giordano Bruno spricht, wobei er ganze Abschnitte aus *De la causa* umschreibt oder zusammenfasst. Sein erklärtes Ziel ist dabei, die Philosophie des Ein-und-Alles besser zu erklären, indem er sie mit Bruno und Spinoza vergleicht. Er äußert Vorbehalte gegen die These Bayles. Aber in bezug auf Bruno ruft er aus: „Es ist schwierig, ein schöneres und reineres Konzept des Pantheismus im weitesten Sinne zu finden als jenes, das Bruno entwickelt hat." Diese Interpretation Brunos, in der dessen Pantheismus entschieden betont wird, war durch die Absicht bestimmt, Spinoza des Atheismus' zu beschuldigen.
Die Arbeit Jacobis hatte jedenfalls eine Wirkung, die er nicht vorhergesehen hat und auch nicht vorhersehen konnte. Die ausführlich von Jacobi   zitierten Texte Giordano Brunos werden die Aufmerksamkeit Hegels (1770–1831) und Schellings (1775–1854) auf sich ziehen; letzterer schrieb 1802 sein Werk *Bruno oder über das göttliche und natürliche Prinzip der Dinge.*

Hegel

Hegel fa una critica radicale alla filosofia di Schelling. La liquida dicendo che è come la notte in cui tutte le vacche sono nere. Egli vuole ricominciare da Spinoza. Afferma infatti che non si può filosofare se non mettendosi dal punto di vista di Spinoza. Celebre è la sua massima: philosophieren ist spinozieren.

Inoltre, al seguito dello stesso Spinoza, ripropone Democrito. Lui, il massimo esponente dell'idealismo, prende in grande considerazione il massimo rappresentante del materialismo. Vediamo come e perché.

Egli utilizza l'idea secondo cui Democrito concepisce l'atomo e il vuoto. L'uno è l'essere, l'altro il non essere. Ma il vuoto, o non essere, è ciò che, sempre secondo Democrito, mette in movimento gli atomi, cioè l'essere.

In questa concezione, Hegel vede con entusiasmo l'intuizione anticipatrice di un'idea che ora viene alla luce con la propria filosofia.

Hegel focalizza e interpreta a modo suo questo vuoto. In esso egli vede una rottura all'interno del tutto. Rottura nell'essere e nel pensiero. Questo è il punto di forza dell'interpretazione hegeliana: l'idea della rottura, che nella sua filosofia assume un ruolo centrale. Nella nota sull'atomismo della *Logica* così scrive: "Il principio atomistico conteneva una determinazione speculativa: che il vuoto era riconosciuto come la fonte del movimento. Ciò implica una relazione completamente differente fra gli atomi e il

Man weiß, dass die drei großen Namen des Idealismus nach Fichte Hegel, Schelling und Hölderlin sind. Alle drei bezeichnen sich, jeder auf seine Weise, als Anhänger Spinozas und benutzen Spinoza für ihr eigenes System. Schelling beruft sich auch auf Giordano Bruno, und bezieht sich dabei auf die bei Jacobi zitierten Texte.

Das zentrale Problem ist für ihn das Verhältnis zwischen der Welt des Absoluten und der Welt der Dinge, zwischen Unendlichem und Endlichem. Das aber ist das Jahrhundert-Problem, das – unter verschiedenen Gestalten – die Geschichte des westlichen Denkens beeinflusst hat.

Nach seinen Worten liegt der Schlüssel für die Lösung dieses Problems bei Giordano Bruno, in dessen Verständnis der Materie. Die wahre Idee der Materie erschien schon in der Philosophie der sogenannten griechischen Naturalisten, besonders bei Demokrit, ging dann aber wieder verloren oder war allenfalls noch wenigen geläufig oder sie war ganz in Nebel und Dunkelheit gehüllt. Mit Giordano Bruno erscheint sie auf wunderbare Weise wieder und stellt die Lösung des Problems dar.

Die Materie ist unveränderlich, ewig, absolut, das All-Eine, ohne Ursache, in sich ruhendes Prinzip aller Formen. Es ist die Welt der Ideen und die Welt der Dinge. Es ist der fruchtbare Schoß, der alle Formen ein- und ausfaltet. Sie ist nicht Körper, denn sie umfasst alles: Seele und Körper. Ein einziges Leben, ein einziges Schicksal, die abgründige Einheit der Gegensätze. Das ist für Schelling das wahre Wesen der Materie.

vuoto rispetto al mero uno-accanto-all'altro ... Il punto di vista secondo cui il movimento risieda nel vuoto contiene quel pensiero più profondo per cui causa del divenire è il negativo"[33]. E' il negativo che tutto muove. Esso, nel sistema hegeliano, è il momento essenziale della dialettica.

Infine, egli vede questo movimento nel soggetto, cioè nel tutto inteso come soggetto.

Scrive nella Fenomenologia: "Certi antichi concepivano il vuoto come ciò che muoveva le cose, dal momento che questi concepivano ciò che muove le cose come il negativo, ma non avevano ancora colto questo negativo come il sé"[34]. E attribuisce a se stesso il compimento di quest'ultimo passo.

A noi interessa sottolineare che, con questa sua interpretazione, Hegel rilancia Democrito.

Democrito ritorna

Lungo il filo di questi fogli, è emerso sempre di più il nome di Democrito.

Ebbene, negli studi specialistici, sulla base delle ultime scoperte filologiche, si prospettano su Democrito nuove vedute.

Democrito di Abdera (460–370 aC) visse nel periodo caldo della filosofia greca. Fu quasi centenario. Nacque dopo Socrate, pur essendo considerato un presocratico, e morì mentre erano ancora in vita Platone e Aristotele: dunque fu con-

---

[33] *Logica*, TWA 5, 185-6.
[34] TWA 3, 39.

Mit Schelling lebt so der Materialismus Giordano Brunos wieder auf. Diesen sieht er auch in Übereinstimmung mit Spinoza. Das erlaubt ihm, sie miteinander zu verschmelzen und darauf seine Philosophie zu gründen, die „Identitätsphilosophie", indem er *Deus sive Natura (Gott oder die Natur)* mit *Deus sive Materia (Gott oder die Materie)* vereint. Aber hinsichtlich einer Beziehung zwischen Bruno und Spinoza hat sich sogleich Jacobi gemeldet, der entschieden bestritt, dass man Bruno mit Spinoza verbinden könne. Das Eine bei Spinoza ist die Natur. Sie ist die einzige, absolute Substanz, Ursache ihrer selbst. Es gibt keine Weltseele. Die Natur besitzt weder Intellekt noch Willen.[35] Ihre „Attribute" sind die *res cogitans* (das Denkende) und die *res extensa* (die Materie), die ein und dasselbe sind. Die Natur zeigt sich in ihren „Arten", den mannigfaltigen Gestalten der Dinge.

Das ist in äußerster Verdichtung das große neue materialistische Konzept Spinozas, der – wie man feststellen kann – sehr weit vom Konzept des Giordano Bruno entfernt ist.

Das einzige gemeinsame Element ist vielleicht ihre Berufung auf Demokrit. Es ist interessant zu sehen, wie Spinoza seine Vorliebe für Demokrit betont. Im 16. Brief schreibt er sehr deutlich: „Die Autoritäten Platon, Aristoteles und Sokrates bedeuten mir nicht viel. Ich wäre sehr überrascht gewesen, wenn ihr Demokrit, Epikur, Lukrez und

---

[35] *Ethik* I, prop. 17, scolio.

temporaneo di Empedocle, Anassagora, Melisso, Socrate, Platone.

Entrò nel vivo dei più importanti problemi filosofici con una vastissima conoscenza e con una produzione prolifica. Purtroppo a noi rimangono pochi frammenti e citazioni.

Per Democrito tutto si riduce a particelle materiali elementari e indivisibili, gli atomi. Essi sono differenti per forma ordine posizione. Si muovono di moto incessante nel vuoto, formando col loro aggregarsi e disgregarsi tutti i corpi. Inoltre, Democrito non è interessato alle cause di tale movimento, ma solo a spiegare la molteplicità e il divenire della natura, o il grande problema della generazione e corruzione, del nascere e morire. Evita i ragionamenti di Aristotele, il quale invece è assillato dal suo dogma per cui "conoscere è possedere la conoscenza delle cause".[36]

Il concetto di causa ha incontrato molti dubbi nella stessa storia della filosofia. Ma ora viene messo in questione anche dalla scienza. Esso è importante ed è alla base della fisica classica newtoniana. E ancora continua a svolgere un suo ruolo in campo sperimentale. Ma non sempre funziona. Ciò accade in modo particolare quando si indaga nel mondo subatomico. La fisica atomica dichiara che la causalità rigorosa va decisamente abbandonata. Al al suo posto viene introdotto il cosiddetto "principio di indeterminazione", formulato da Werner Heisenberg nel 1927. Senza voler spiegare in che cosa

---

[36] *Fisica*, I, 1, 184a 10

manchen anderen Atomisten oder Unterstützer des Atomismus' zitiert hättet. Und man braucht sich nicht zu wundern über jene, die die okkulten Eigenschaften, die Formen der Substanz und tausend andere Dummheiten erörtert haben, sich Gespenster und Geister ausgedacht und an die Sybille geglaubt haben, um schließlich die Autorität des Demokrit zu erschüttern, dessen Ruhm sie derart beneideten, dass sie all seine Werke hätten verbrennen wollen."[37] So wird die Tradition der Großen der Vergangenheit hinweg- gefegt. Es bleibt Platz nur für Demokrit und die Atomisten.

Hegel

Hegel kritisiert Schellings Philosophie radikal. Er serviert sie ab und sagt, sie sei wie die Nacht, in der alle Kühe schwarz sind. Er möchte bei Spinoza beginnen. Er behauptet, man könne nicht philoso-phieren, solange man nicht Spinozas Sichtweise angenommen habe. Berühmt ist sein Ausspruch: Philosophieren ist Spinozieren.

Außerdem folgt er Spinoza und erinnert an Demo-krit. Er, der wichtigste Vertreter des Idealismus, betont die Bedeutung des wichtigsten Vertreters des Materialismus.

Sehen wir uns an, wie und warum das so ist.

Er belebt die Vorstellung, die Demokrit vom Atom und von der Leere hat. Das eine ist das Sein, das andere das Nicht-Sein. Aber die Leere, also das

---

[37] Baruch Spinoza, *Briefe LVI*, Torino 1974, 244.

questo consista, si può dire che avviene una svolta radicale,per cui ora si ragiona in termini non più di certezza ma di probabilità.

In questo modo, l'attuale filosofia della scienza riconosce che la fisica atomica si avvicina alle intuizioni di Democrito. Si verifica una specie di rivincita di Democrito su Aristotele.

Comunque, Aristotele è molto attento all'atomismo di Democrito. Invece Platone, non solo non lo nomina neppure una volta, ma addirittura, a quanto riferisce Diogene Laerzio nel suo *Vite dei filosofi*, ebbe l'intenzione di far bruciare tutte le opere di Democrito, "evidentemente perché – suppone – era consapevole che avrebbe dovuto gareggiare col migliore dei filosofi". Questo atteggiamento di Platone ostacolò per molti versi la fortuna di Democrito.

Aristotele ha una grande considerazione di Democrito, verso il quale esprime un giudizio molto lusinghiero. "A dirla in breve – scrive Aristotele – nessun filosofo si è occupato di alcuna di queste questioni (del nascere e del perire) se non in modo superficiale, ove si eccettui Democrito; anzi non solo sembra che quest'ultimo si sia dato pensiero di tutti questi problemi, ma anche si distingua nettamente dagli altri per il modo di prospettarli"[38] .

Sembra addirittura, secondo una testimonianza di Simplicio (VI sec. dC), che Aristotele abbia scritto un libro, andato perduto, *Su Democrito*.

---

[38] *Della generazione e della corruzione*, A 2 315a

Nicht-Sein, ist es, was die Atome, also das Sein, bewegt.

In dieser Konzeption findet Hegel mit Enthusiasmus die vorausgreifende Intuition einer Idee, die nun mit seiner eigenen Philosophie ans Licht kommt.

Hegel umreißt und interpretiert die Leere auf seine Weise. Er sieht darin einen Bruch im Innern des Ganzen, einen Bruch im Sein und im Denken. Das ist der starke Punkt in der hegelschen Interpretation: der Gedanke des Bruchs, der in seiner Philosophie eine zentrale Rolle erhält. In seiner Anmerkung zum Atomismus in der *Logik* schreibt er: „Das atomistische Prinzip enthielt eine spekulative Bestimmung: dass die Leere als Quelle der Bewegung erkannt war. Das schließt ein völlig anderes Verhältnis zwischen Atomen und Leere ein als nur ein reines Nebeneinander ... Der Aspekt, weshalb die Bewegung in der Leere sitzt, enthält jenen tieferen Gedanken, nach dem die Ursache des Werdens das Negative ist."[39] Es ist das Negative, das alles bewegt. Das ist im hegelschen System der zentrale Punkt der Dialektik.

Schließlich sieht er diese Bewegung im Subjekt, das heißt im Ganzen, verstanden als Subjekt.

In der *Phänomenologie* schreibt er: „Einige antike Autoren verstanden die Leere als das, was die Dinge bewegt, von dem Augenblick an, da sie es als das Negative verstanden, doch das Negative noch nicht als das Sich begriffen hatten."[40] Sich selbst aber

---

39 *Logik*, TWA 5, 185-6
40 TWA 3, 39

Egli è quasi affascinato dal mondo di Democrito. Ne fa una suggestiva divulgazione nella *Metafisica*[41]. Qui istituisce un paragone con ciò che accade nella lingua. Dopo aver esposto la teoria dell'atomismo, parlando di come Democrito e Leucippo concepiscono le differenze tra gli atomi, dice che sono la figura, l'ordine, la posizione. Avviene – dice – come nella composizione delle parole: "In effetti, A differisce da N per la forma, AN da NA per l'ordine, mentre Z da H per la posizione".

Questa analogia tra le parole e le cose verrà ripresa nel *De rerum natura* di Lucrezio (per esempio nel verso 823), dove si immagina la stessa grammatica degli atomi.

La concezione degli infiniti atomi porta Democrito a immaginare infiniti mondi. Tra loro essi sono diversi. Alcuni – dice – sono privi di esseri viventi e di piante e di ogni umidità. "In taluni non vi è né sole né luna, in altri invece sono più grandi che nel nostro mondo, in altri ancora ci sono più soli e più lune".[42]

E' un paesaggio cosmico incredibile, che affascinerà Giordano Bruno.

Infine, il materialismo atomico democriteo finisce per avere connotati di critica alla religione. "Democrito dice che gli uomini primitivi, nell'osservare i fenomeni celesti, come tuoni e lampi e fulmini e aggregati di stelle ed eclissi di sole e di luna, furono presi da terrore e credettero che ne fossero causa gli

---

[41] 985b, 14
[42] Ippolito, Confutazione di tutte le eresie, I, 13,2s

schreibt er das Verdienst zu, diesen letzten Schritt vollbracht zu haben.

Uns liegt daran zu betonen, dass Hegel mit dieser Interpretation wiederum Demokrit in den Blick rückte.

Demokrit kehrt zurück

Im Zuge dieser Abhandlung ist die Bedeutung Demokrits immer klarer geworden.

Allerdings sind in den Untersuchungen der Fachleute aufgrund der jüngsten philologischen Entdeckungen einige neue Aspekte aufgetaucht. Demokrit von Abdera (460–370 v.C.) lebte in der fruchtbarsten Phase der griechischen Philosophie. Geboren wurde er nach Sokrates, dennoch betrachtet man ihn als Vorsokratiker, und er starb, als Platon und Aristoteles noch lebten: er war also Zeitgenosse von Empedokles, Anaxagoras, Melissos, Sokrates und Platon. Er geriet in die lebendige Phase der wichtigsten philosophischen Probleme mit einem umfassenden Wissen und einer reichen Produktion. Uns sind leider nur einige Fragmente und Zitate geblieben.

Für Demokrit reduziert sich alles auf elementare und unsichtbare Teilchen, die Atome. Diese sind verschieden nach Form, Ordnung und Position. Sie befinden sich in einer unaufhörlichen Bewegung im Leeren und bilden, je nachdem, wie sie sich vereinen oder trennen, alle Gegenstände. Demokrit ist im übrigen nicht interessiert an der Ursache dieser

dèi"[43]. Da qui, la critica alle credenze e alle super-
stizioni. Gli uomini "invocano la salute dagli dèi con
preghiere, e non sanno che essa è in loro potere"[44].
Soprattutto, il bene e il male derivano da essi stessi
e non dalla divinità. Infine, "Molti uomini non sanno
che la natura mortale è destinata a dissolversi, e si
mettono in mente un mucchio di favole su ciò che
avviene dopo la morte".[45]
A proposito di tali testimonianze, molti hanno
parlato di un sostanziale ateismo di Democrito.
Anche per questo la filosofia di Democrito fu
oscurata per molti secoli dell'autocrazia scolastica.

Oggi, dicevamo, abbiamo acquisito nuove testimonianze sull'atomismo di Democrito. Riguardano le
idee dell'atomo e del vuoto.
Già Aristotele[46] aveva visto che l'atomo veniva
assimilato all'essere, il vuoto al non essere, e che il
vuoto è la condizione del movimento degli atomi.
Inoltre, sempre Aristotele segnala l'ipotesi ardita di
Democrito, secondo cui l'atomo non è qualcosa di
più del vuoto, cioè l'essere non è più del non essere.
Si introduce quindi nella filosofia una prospettiva
alternativa alla concezione di Parmenide e della sua
scuola. Aristotele completa la descrizione della
filosofia democritea dicendo che per Democrito le
differenze tra gli atomi sono tre: la figura, l'ordine, la
posizione. La stessa versione egli dà nella *Fisica* [47].

---

[43] Sesto Empirico, *Contro i matematici*, IX, 24
[44] D68 B234
[45] D68 B297
[46] *Metafisica*, 985b, 5s
[48] 188a 24

Bewegung, sondern nur daran, die Vielfalt und das Werden der Natur zu erklären oder das große Problem von Schaffen und Vernichten, von Entstehen und Vergehen. Er vermeidet die Überlegungen des Aristoteles, den sein Glaubenssatz umtreibt: „Wissen heißt, die Kenntnis der Ursachen besitzen."[48] Der Begriff Ursache ist in der Philosophiegeschichte vielen Zweifeln begegnet. Doch nun wird er auch von der Wissenschaft diskutiert. Er ist wichtig und bildet eine Grundlage der Newtonschen klassischen Physik. Noch immer spielt er eine gewisse Rolle auf dem Gebiet der experimentellen Physik.

Doch nicht immer funktioniert er, vor allem dann nicht, wenn man im subatomaren Bereich forscht. Die Atomphysik betont, dass die strenge Kausalität entschieden aufgegeben werden müsse. An ihrer Stelle wurde das „Unschärfeprinzip" eingeführt, das Werner Heisenberg 1927 formulierte. Ohne erklären zu wollen, worin dieses besteht, kann man immerhin sagen, dass es eine radikale Wende bedeutet, weshalb jetzt nicht mehr von Sicherheit gesprochen wird, sondern von Wahrscheinlichkeit.

Auf diese Weise erkennt die Wissenschaftsphilosophie der Gegenwart an, dass die Atomphysik sich den intuitiven Erkenntnissen des Demokrit nähert. Wir erleben sozusagen eine Revanche des Demokrit gegen Aristoteles.

Dennoch ist Aristoteles sehr hellhörig für den Atomismus des Demokrit. Platon hingegen erwähnt ihn nicht nur kein einziges Mal, sondern er habe sogar – so berichtet es Diogenes Laertius in seinen

---

48 *Physik*, I, 1, 184a 10

Fin qui la descrizione aristotelica dell'atomismo. Ma c'è un'insidia, che consiste nel tentativo di Aristotele di capire l'atomismo secondo le proprie categorie. Tende per esempio a vedere l'atomo come un elemento di natura corpuscolare, la qual cosa non risulta essere in Democrito. Ma in particolare egli travisa Democrito quando parla della figura degli atomi. Accenna, è vero, al ritmo, ma più col significato di forma statica.

Oggi abbiamo recuperato il significato originario di figura o forma.

Forma in greco si può dire in molti modi, per esempio *schema, morphé, eidos*. Ma nel caso di Democrito la forma dell'atomo è detta il ritmo.

Che cos'è il ritmo? Émile Benveniste[49] , con la sua impareggiabile competenza, traccia una storia di questa parola. Essa compare negli autori antichi, nella poesia lirica e tragica. Soprattutto nella filosofia. Lo usa per esempio Platone in maniera innovativa per esprimere il movimento della danza, cioè la forma dinamica del corpo nella danza; egli adopera ritmo anche per l'andatura, per il canto, una bella voce. Dunque ritmo è la forma del movimento. Ma in modo particolare – conclude Benveniste – ritmo compare come termine tecnico nei creatori dell'atomismo.

Per gli atomisti non si può parlare, come fa Aristotele, di figura come forma fissa, statica. Si deve parlare di ritmo: che "è la forma nell'attimo in cui è assunta da ciò che si muove, è mobile, fluido, la

---

[49] Problemi di linguistica generale, Milano 2010, 392ss

Vitae philosophorum – die Absicht gehabt, alle seine Werke verbrennen zu lassen, „offensichtlich" – so nimmt dieser an – „weil er wusste, dass er mit dem besten Philosophen hätte wetteifern müssen." Dieses Verhalten des Platon behinderte auf vielfältige Weise den Erfolg des Demokrit.

Aristoteles achtete Demokrit sehr, über den er ein sehr schmeichelhaftes Urteil fällt: „Kurz gesagt", so schreibt er, „kein Philosoph hat sich anders als in oberflächlicher Weise mit irgend einer dieser Fragen (Entstehen und Vergehen) beschäftigt – mit Ausnahme Demokrits. Oder vielmehr sieht es so aus, als habe nicht nur dieser allein sich überhaupt über all diese Probleme Gedanken gemacht, sondern er unterscheidet sich auch ganz deutlich von den anderen wegen seiner Art sie darzustellen." [50]

Es scheint sogar – aufgrund eines Zeugnisses des Simplicius (6. Jh. n.C.) –, dass Aristoteles ein Buch über Demokrit geschrieben habe, das verloren gegangen ist.

Er ist ziemlich fasziniert von der Welt des Demokrit. Er trägt mit einer Stelle in der *Metaphysik* auf eindringliche Weise zu seiner Verbreitung bei.[51]

Hier führt er einen Vergleich ein mit dem, was in der Sprache geschieht. Nachdem er die Theorie des Atomismus dargelegt und erklärt hat, wie Demokrit und Leukipp sich die Unterschiede zwischen den Atomen erklären, legt er dar, dass es Gestalt, Ordnung und Stellung seien. Es gehe wie in der

---

[50] De generatione et corruptione (Über Entstehen und Vergehen), A 2 315a
[51] 985b, 14

forma di ciò che non ha consistenza organica"[52]. Dunque, ritmo non si adatta a quel che è di natura corpuscolare. Esprime piuttosto la forma dinamica di un elemento fluido. Non riguarda quel che sta fermo, ma quel che si propaga come un'onda.

Ricordiamo infine il paragone che Aristotele vede tra gli elementi atomici e gli elementi della lingua. Come gli atomi formano i corpi, così le lettere dell' alfabeto formano le parole. Ebbene, le lettere di Aristotele, A, N, Z, H, sono come lettere stampate. Mentre la metafora delle lettere per Democrito va vista pensando alle lettere così come si formano mentre si scrivono. Non si tratta degli elementi di una tastiera, ma di una improvvisazione dello scrivente. Esse prendono forma nel momento in cui vengono tracciate dalla mano. Ed ogni mano le disegna a suo modo. Le lettere vengono dal ritmo della mano. Esse vanno anche considerate nella loro dimensione fonetica, così come vengono pronunciate. Non sono come note scritte, ma come note nel momento dell'esecuzione musicale.

Le cose si chiariscono meglio, ammesso che non diventino più oscure, se citiamo un neologismo coniato da Democrito. Tutti i filosofi, se sono stati originali e innovativi, hanno sentito il bisogno di introdurre parole nuove.

Lo hanno fatto i presocratici, Platone, Aristotele, fino ad Heidegger. Occorre un nuovo linguaggio. Ed è quello che fa Democrito stesso. Il quale, fra l'altro,

---

[52] *Ivi*, 396

Zusammensetzung der Wörter vor sich: „Tatsächlich unterscheidet A sich von N durch seine Form, AN von NA durch die Ordnung, H und Z dagegen durch die Stellung."

Diese Analogie zwischen den Wörtern und den Dingen wird Lukrez aufgreifen in seinem Werk *De rerum natura* (z.b. im Vers 823), wo er sich dieselbe Grammatik in den Atomen vorstellt. Der Begriff der unendlichen Atome führt Demokrit dahin, sich auch unendliche Welten vorzustellen. Es gibt darunter sehr verschiedene. Einige entbehrten – sagt er – der Lebewesen, der Pflanzen und des Wassers. „In einigen gibt es weder Sonne noch Mond, in anderen dagegen sind sie größer als in unserer Welt, in wieder anderen gibt es mehrere Sonnen und Monde."[53] Dies ist eine unvorstellbare kosmische Landschaft, die Giordano Bruno begeistern wird.

„Demokrit sagt, die primitiven Menschen seien bei der Beobachtung der Himmelsphänomene wie Donner und Blitz und Häufungen von Sternen, bei Sonnen- und Mondfinsternissen von Schrecken ergriffen worden und hätten geglaubt, dass die Ursache hierfür die Götter seien."[54] Daher rührte seine Kritik an allen Formen des Glaubens und Aberglaubens. Die Menschen „flehen die Götter mit Gebeten um Gesundheit an und wissen nicht, dass sie in ihrer eigenen Macht steht".[55] Vor allem aber rühren Gut und Böse von ihnen selbst her und nicht

---

53 Hippolytus, Widerlegung aller Häresien, I, 13,2s
54 Sextus Empiricus, *Gegen die Wissenschaftler*, IX, 24
55 D68 B234

venne apprezzato da Cicerone come "egregio nel suo stile".[56]

Leggiamo il famoso frammento 156, riportato da Plutarco e oggi venuto alla luce. Parlando dell'atomo, dice che è un "den". Vuole negare che sia un "hen" – uno, qualcosa – ma non usa, come ci si aspetterebbe, la negazione "meden". Sottrae alla negazione "me" e ottiene "den". E così il "den" è diventato il rompicapo dei filologi, degli interpreti e dei traduttori. Gli editori tedeschi dei frammenti, non potendo usare *Nichts*, dicono *Ichts*. I francesi a loro volta, non potendo usare *Rien*, dicono *Ien*. Compiono tutti una sottrazione dalla negazione. Questo significa che l'atomo sfugge a qualsiasi affermazione o negazione. La sua vera natura, come s'è detto, è il ritmo.

Stabilito che l'atomo si deve intendere in termini di ritmo, viene spontaneo pensare ad alcuni principi base della fisica atomica.

Le questioni sono molto complesse e in continua evoluzione, ma qui ci limiteremo all'essenziale. Nella fisica classica, si pensava che ci fosse una netta distinzione tra i fenomeni corpuscolari e quelli ondulatori. Ma la fisica delle grandezze atomiche e subatomiche ha del tutto messo in crisi quest'idea.

Per esempio, se consideriamo l'elettrone, si osserva che esso a volte si manifesta come una particella di materia, altre volte come un'onda: presenta infatti effetti di interferenza e diffrazione proprio come un' principio, il cosiddetto principio di complementarietà, che fu enunciato da Niels Bohr nel 1927. E' un principio che, insieme a quello di indeterminazione

---

[56] Citato da Leopardi nello *Zibaldone*, 4436

von Gottheiten. Schließlich „wissen viele Menschen nicht, dass die Natur dazu bestimmt ist sich aufzulösen, und sie stopfen sich den Kopf voll mit allen möglichen Märchen über das, was nach dem Tod kommt".[57] Bezüglich solcher Zeugnisse haben viele von einem prinzipiellen Atheismus des Demokrit gesprochen. Auch deswegen wurde die Philosophie des Demokrit über Jahrhunderte von der scholastischen Autorität verdunkelt.

Heute aber haben wir neue Erkenntnisse über den Atomismus des Demokrit. Sie betreffen die Vorstellungen vom Atom und von der Leere.

Schon Aristoteles[58] hatte erkannt, dass das Atom dem Sein, die Leere dem Nichtsein zugeordnet wurde und dass die Leere die Bedingung für die Bewegung der Atome ist. Zudem weist Aristoteles auf die gewagte Hypothese des Demokrit hin, dass das Atom nicht mehr sei als die Leere, das heißt, das Sein ist nicht mehr als das Nichtsein. Damit wird in die Philosophie eine alternative Perspektive zur Auffassung des Parmenides und seiner Schule eingeführt. Aristoteles vervollständigt die Erläuterung der Philosophie des Demokrit, indem er sagt, dass es für Demokrit drei Unterschiede zwischen den Atomen gibt: Gestalt, Ordnung und Stellung. Dasselbe sagt er auch in der *Physik*[59]. So weit die aristotelische Erklärung des Atomismus. Doch es gibt hier eine Falle: Sie besteht in dem Versuch des Aristoteles,

---

[57] D68 B297
[58] *Metaphysik* 985b, 5s
[59] 188a 24

che contesta l'idea di causalità, ha rivoluzionato il nostro modo di vedere la materia.

Esso dice che solo in via approssimativa si può parlare di onde e corpuscoli. Le due descrizioni hanno la stessa validità. E sono due modi complementari per dire la stessa realtà. La materia dunque si può considerare di natura corpuscolare o ondulatoria. Essa è corpuscolare in quanto è ondulatoria e viceversa. Non ha la consistenza di un oggetto, ma è sfuggente come una forma ritmica. In termini democritei, la materia è ritmo.

In questo modo la fisica atomica trova in Democrito la sua prima pagina in forma filosofica.

A tal proposito bisogna sottolineare che la concezione democritea assomiglia più a un'ipotesi scientifica che a una astrazione metafisica. Da qui un altro suo elemento di fascino.

Fin qui ci ha portato il percorso lungo i momenti salienti della filosofia della materia. Lungo la via abbiamo fatto diversi incontri. E tutti ci hanno arricchito con idee più o meno attraenti. Soprattutto abbiamo trovato dei punti fermi: che sono a mio avviso Spinoza e Democrito.

Sin dalle prime pagine compare Democrito. Egli è citato anche tra le preferenze di Spinoza.

Ma oggi è chiaro che la sua materia è di un tipo molto speciale. Essa può essere compresa guardando, più che ai singoli elementi, al modo in cui si organizzano. Essi, combinandosi, possono assumere aspetto corpuscolare oppure ondulatorio. E' la rete di connessioni a determinare la loro forma.

den Atomismus gemäß den eigenen Kategorien zu verstehen. So neigt er etwa dazu, das Atom als ein Element von körperlicher Natur zu sehen, was es bei Demokrit nicht ist. Aber im Besonderen verkennt er Demokrit, wenn er von der Figur der Atome spricht. Er deutet wohl den Rhythmus an, das stimmt, aber mehr im Sinn einer festen Form. Heute haben wir die ursprüngliche Bedeutung von Figur oder Form wiedergewonnen. *Form* kann man auf Griechisch mit verschiedenen Begriffen wiedergeben, etwa *schema*, *morphé, eidos*. Doch im Falle des Demokrit ist die Form des Atoms richtig wiederzugeben mit *Rhythmus*.

Was ist der Rhythmus? Émile Benveniste[60] zeichnet mit seiner unvergleichlichen Kompetenz die Geschichte dieses Begriffs nach. Er taucht bei den antiken Autoren auf in der lyrischen und in der tragischen Dichtung, besonders aber in der Philosophie. So benutzt ihn etwa Platon in innovativer Weise, um damit die Bewegung beim Tanz zu bezeichnen, das heißt die dynamische Form des Körpers beim Tanz. Auch gebraucht er diesen Begriff für die Gangart, für den Gesang, für eine schöne Stimme. Rhythmus ist also die Form der Bewegung. Doch in besonderer Weise, so schließt Benveniste, erscheint Rhythmus als Fachbegriff bei den Schöpfern des Atomismus.

Bei Atomisten kann man nicht, wie es Aristoteles tut, von der Figur als fester, statischer Form spre

---

[60] Probleme der allgemeinen Sprachwissenschaft, München 1974.

Dunque, il materialismo di Democrito è del tutto singolare. E' sorprendente constatare come cada fuori dall'alternativa tra idealismo e materialismo. Da Hegel fu definito un idealismo in senso più alto; ma con altrettanta verità si può definire un più alto materialismo. Ma è certo che esso può essere descritto soltanto in termini di complementarietà tra le due concezioni tradizionali e lasciandoci guidare dall'idea della forma del movimento.

Siamo costretti a concepire inedite categorie filosofiche. E con ciò si apre un nuovo compito per il nostro modo di pensare.

Viene in luce l'importanza e l'originalità di Democrito, così come è riscoperto oggi. Il suo atomismo sfugge alle opposte filosofie che si sono contese il primato nella storia dell'Occidente. Egli va oltre ogni classificazione. Ma ci indica la direzione da prendere. La via si apre attraverso il varco inaugurato da Democrito. Che consiste nel dire che l'essere è inseparabile dal non essere. L'uno e l'altro non si escludono a vicenda, ma reciprocamente si includono. Ed è questo il motivo per cui la sua filosofia elude l'alternativa tra le idee tradizionali dell' essere. Da sempre infatti l'essere è contrapposto al non essere.

Giustamente Democrito è chiamato il passeggero clandestino della storia della filosofia. Sfuggente, ma presente nelle molteplici interpretazioni che ne sono state date.

Anche oggi la sua materia ritorna.

chen. Man muss vielmehr von Rhythmus sprechen: Er ist „die Form, die das Sich-Bewegende im Augenblick der Bewegung annimmt, er ist beweglich, fließend, die Form dessen, was keinen festen Bestand hat".[61] Rhythmus eignet sich also nicht für das, was Teilchen-Natur hat. Er drückt vielmehr die dynamische Form eines flüssigen Elements aus. Er bezieht sich nicht auf etwas, das still steht, sondern was sich fortbewegt wie eine Welle.

Erinnern wir uns an den Vergleich, den Aristoteles anstellt zwischen den atomaren Elementen und den Elementen der Sprache. Wie die Atome die Gegenstände bilden, so bilden die Buchstaben des Alphabets die Wörter. Allerdings sind die Buchstaben des Aristoteles – A, N, Z, H – Druckbuchstaben, während die Buchstabenmetapher für Demokrit so verstanden werden muss, dass man an die Buchstaben denkt, wie sie sich bilden, während man schreibt. Es handelt sich nicht um Teile einer Tastatur, sondern um spontane Bildungen des Schreibenden. Diese erhalten ihre Form in dem Augenblick, in dem sie von der Hand gezeichnet werden. Und jede Hand formt sie in ihrer eigenen Weise. Die Buchstaben kommen aus dem Rhythmus der Hand. Man muss sie auch in ihrer Klangdimension betrachten, wie sie ausgesprochen werden. Sie sind nicht wie geschriebene Noten, sondern wie Noten im Augenblick ihrer musikalischen Ausführung.

Die Dinge werden klarer (wenn sie nicht noch dunkler werden), wenn wir einen von Demokrit geprägten Begriff benutzen. (Alle Philosophen

---

[61] Ebd.

hatten, soweit sie originell und innovativ waren, das Bedürfnis, neue Begriffe zu bilden. Das galt für die Vorsokratiker, für Platon, Aristoteles ... bis hin zu Heidegger.)

Eine neue Begriffssprache ist nötig. Demokrit selbst liefert sie. Der wurde übrigens von Cicero gelobt, er „rage durch seinen Stil hervor".[62]

Lesen wir das berühmte Fragment 156, das Plutarch wiedergibt und das jüngst ans Licht gekommen ist. Darin sagt er, das Atom sei ein „den". Er will damit ausdrücken, dass es kein „hen" (also Eines) ist, aber er gebraucht auch nicht, wie man es erwarten würde, die Verneinung „meden" (Nichts).

Er nimmt also von der Verneinung das „me" – übrig bleibt „den". So wurde dieses „den" zur Denkaufgabe für Philologen und Übersetzer. Die deutschen Herausgeber der Fragmente haben, da sie nicht *Nichts* schreiben konnten, *Ichts* geschrieben. Die Franzosen sagen *Ien* statt *Rien*. Alle ziehen von der Verneinung etwas ab. Damit wird ausgedrückt, dass das Atom sich jeder Behauptung oder Verneinung entzieht.

Seine wahre Natur ist, wie wir gesehen haben, der Rhythmus.

Wenn man festgestellt hat, dass man das Atom mit Begriffen des Rhythmus verstehen muss, denkt man spontan an gewisse Prinzipien, die die Grundlage der Atomphysik bilden.

Die Fragen sind sehr kompliziert und in ständiger Weiterentwicklung. Hier wollen wir uns auf das Wesentliche beschränken. In der klassischen Physik

---

[62] Zitiert von Leopardi im *Zibaldone*, 4436

dachte man, es gebe eine klare Unterscheidung zwischen Teilchen- und Wellen-Phänomenen. Doch die Elementarteilchenphysik hat diese Sicht komplett über den Haufen geworfen. Wenn wir etwa das Elektron betrachten, stellen wir fest, dass es sich einmal wie ein Materieteilchen, ein anderes Mal aber wie eine Welle verhält. Ebenso wenn wir das Licht betrachten: Es ist Welle, aber man kann es auch als Korpuskel beschreiben, wenn man es sich aus Energiepaketen, den Photonen, zusammengesetzt vorstellt.

Angesichts dieser Tatsachen kam man dazu, ein neues Prinzip zu formulieren, das Prinzip der Komplementarität, das Niels Bohr im Jahre 1927 verkündete. Es ist ein Prinzip, das zusammen mit der Unschärferelation, die den Gedanken der Ursache bestreitet, unser Bild der Materie revolutioniert hat. Es besagt, dass man nur näherungsweise von Teilchen oder Wellen sprechen kann. Beide Definitionen besitzen die gleiche Geltung. Es sind zwei komplementäre Weisen, dieselbe Realität zu beschreiben. Man kann die Materie also entweder als Korpuskel oder als Welle betrachten. Sie besitzt Korpuskelcharakter, soweit sie Wellencharakter besitzt und umgekehrt. Sie besitzt nicht die Konsistenz eines Gegenstandes, sondern ist flüchtig wie eine rhythmische Form. In den Begriffen des Demokrit: Die Materie ist Rhythmus.

In dieser Weise findet die Atomphysik ihre erste Adresse in philosophischer Form.

In diesem Zusammenhang muss betont werden, dass die Sicht Demokrits eher einer wissenschaftlichen Hypothese gleicht als einer metaphy-

sischen Abstraktion. Das stellt ein weiteres faszinierendes Element dar.

Bis hierher hat uns der Weg entlang der entscheidenden Momente der Philosophie der Materie geführt. Auf diesem Weg sind wir verschiedenen Autoren und Gedanken begegnet. Sie haben uns alle mit mehr oder weniger anziehenden Ideen bereichert. Vor allem haben wir einige Fixpunkte gefunden: das sind meiner Ansicht nach Spinoza und Demokrit.

Von den ersten Seiten an war Demokrit immer gegenwärtig. Er wird auch von Spinoza als einer seiner bevorzugten Autoren genannt.

Aber heute ist klar, dass seine Materie von ganz besonderer Art ist. Sie kann verstanden werden, wenn man, mehr als auf ihre einzelnen Elemente, auf die Art achtet, wie sie sich organisieren. Sie können, je nach ihrer Kombination, Teilchen- oder Korpuskelcharakter annehmen. Es ist das Netz der Verbindungen, das ihre Form bestimmt.

Der Materialismus des Demokrit ist also von einer ganz singulären Art. Es überrascht festzustellen, wie sie sich außerhalb der Alternative Idealismus oder Materialismus stellt. Hegel hat einen Idealismus in höherem Sinn definiert, aber mit gleicher Berechtigung kann man auch einen höheren Materialismus definieren. Sicher aber ist, dass dieser nur in den Begriffen der Komplementarität beschrieben werden kann zwischen den beiden traditionellen Konzepten und indem wir uns von der Form der Bewegung leiten lassen.

Wir sehen uns gezwungen, bisher unbekannte philosophische Kategorien zu entwickeln. Damit

eröffnet sich eine neue Aufgabe für unsere Art zu denken.

Der Weg führt dorthin, wo Demokrit die Türe geöffnet hat. Er besteht darin, dass wir feststellen, das Sein sei nicht zu trennen vom Nichtsein. Beide schließen einander nicht aus, sondern ein. Aus diesem Grund umgeht seine Philosophie die alternativen traditionellen Ideen über das Sein. Das Sein wurde schon immer als der Gegensatz zum Nichtsein gesehen. Doch die Hypothese vom Atom und der Leere öffnet einen Ausweg. Darin liegt seine Genialität, die alle Karten neu mischt.

Es werden die Bedeutung und die Originalität Demokrits offenbar, wie er heute neu entdeckt wird. Sein Atomismus entzieht sich den gegensätzlichen Philosophien, die sich um den Primat in der Geschichte des Westens gestritten haben. Er steht außerhalb jeder Klassifikation, aber er zeigt uns – über die Neuinterpretation des Atoms und der Leere – die einzuschlagende Richtung über die Neudefinition von Atom und Leere.

Zu Recht wird Demokrit der blinde Passagier der Philosophiegeschichte genannt. Er entzieht sich leicht, ist aber in den verschiedenen Interpretationen gegenwärtig, die von seiner Lehre gegeben werden. Heute erlangt sein Denken wieder eine hohe Aktualität wegen des großen Interesses für die jüngsten physikalischen Entdeckungen.

Il labirinto geometrico di Spinoza

*

Spinozas geometrisches Labyrinth

Il labirinto geometrico di Spinoza

Per poter comprendere Spinoza, bisogna sintonizzarsi su due diversi momenti della storia del pensiero. Che sono: il naturalismo dei presocratici e la speculazione teologica.

La sua scrittura – in particolare quella dell'*Etica* – ha la forma di un labirinto geometrico, dove ci si può smarrire. Lungo i diversi tracciati si possono incontrare molti rimandi impliciti, e poche citazioni esplicite – tra queste Democrito, Epicuro, Lucrezio. È una scrittura che può anche essere paragonata allo spartito di una musica polifonica: tutta orchestrata con ritmi incalzanti e con improvvisi acuti. Sono molti i suoni e gli echi che vi si rincorrono.

Ma le voci dominanti del grande olandese dalla breve vita (1632–1677) sono appunto due: la filosofia presocratica e la tradizione teologica.

Spinoza e i presocratici

La presenza dei presocratici nell'opera di Spinoza viene decisamente asserita da F. H. Jacobi (1743–1819), nelle sue *Lettere sulla dottrina di Spinoza*. Il metodo ermeneutico di Jacobi è quello di cercare i principi comuni che stanno in profondità sotto ogni sistema filosofico, guardando alla direzione della loro forza di gravità. E in profondità Jacobi vede in Spinoza il pensiero aurorale dei primi filosofi greci.

Spinozas geometrisches Labyrinth

Um Spinoza verstehen zu können, muss man sich auf zwei verschiedene Momente der Geistesgeschichte einstellen, nämlich den Naturalismus der Vorsokratiker und die theologische Spekulation.

Spinozas Schriften – besonders die *Ethik* – haben die Gestalt eines geometrischen Labyrinths, in dem man sich verlaufen kann. Auf den verschiedenen Wegen kann man viele implizite Verweise und einige wenige ausdrückliche Zitate finden, darunter von Demokrit, Epikur, Lukrez. Es ist ein Werk, das man mit der Partitur einer polyphonen Komposition vergleichen kann: Es gibt bedrängende Rhythmen und überraschende Schärfen. Viele Klänge und Echos lösen einander ab.

Doch die dominierenden Stimmen des großen Niederländers mit dem kurzen Leben (1632–1677) sind zwei: die vorsokratische Philosophie und die theologische Tradition.

Spinoza und die Vorsokratiker

Die Rolle der Vorsokratiker in Spinozas Werk wird von F.H. Jacobi (1743–1819) klar festgestellt in seiner Schrift *Über die Lehre des Spinoza in Briefen an den Herrn Moses Mendelssohn*. Jacobis hermeneutische Methode besteht darin, die gemeinsamen Grundlagen der philosophischen Systeme zu suchen und dabei in Richtung ihrer Anziehungskraft zu

Su questo Jacobi non si sbaglia, pur avendo delle notevoli riserve nei riguardi di Spinoza. Secondo Jacobi, è il naturalismo dei presocratici a costituire l'origine stessa del pensiero spinoziano.

Uno dei motivi forti di questa affermazione è che il primo principio formulato dai presocratici coincide del tutto con quello di Spinoza. Esso suona: ex nihilo nihil fit. Nulla nasce dal nulla. Nelle *Lettere*, Jacobi afferma che l'anima della filosofia di Spinoza sta nell'aver egli ripreso e sostenuto col massimo rigore il principio che nulla nasce dal nulla e nulla ritorna nel nulla.

Spinoza lo afferma molto chiaramente nei *Cogitata metaphysica* e nel *Breve Trattato*. E lo ribadisce nell'*Etica*: "E' impossibile che dal nulla nasca qualcosa.".[1]

Ma c'è un più profondo motivo della connaturalità di Spinoza con i presocratici. Ed è che Spinoza riprende l'intuizione che sta all'origine della filosofia greca: la quale consiste nel fatto straordinario che, con un solo sguardo, si comincia a considerare il tutto come una cosa sola.

Jacobi afferma che proprio sulla base di queste premesse il sistema spinoziano si sviluppa di conseguenza in modo assolutamente inconfutabile. Spinoza - dice - ti costringe a un aut-aut. O fai un salto e scegli la sua filosofia, oppure opti per una sua totale negazione. Non esistono vie di mezzo.

Jacobi segnala che, proprio per questa concezione dell'infinito Uno-Tutto, c'è una presenza mal dissimulata di Spinoza in tutto il pensiero europeo.

---

[1] *Etica* (E), IV, prop. 20, scolio

blicken. In der Tiefe sieht Jacobi bei Spinoza den Beginn des Denkens der ersten griechischen Philosophen. Darin täuscht er sich nicht, auch wenn er deutliche Vorbehalte gegen Spinoza hat. Nach Jacobi bildet der Naturalismus der Vorsokratiker den Ursprung von Spinozas Denken.

Eines der starken Motive für diese Feststellung ist, dass das erste der von den Vorsokratikern formulierten Prinzipien ganz mit jenem von Spinoza übereinstimmt. Es lautet: Ex nihilo nihil fit – Aus nichts kann nichts entstehen. In den *Briefen* stellt Jacobi fest, dass die Seele der spinozaischen Philosophie darin besteht, dass er dieses Prinzip aufgegriffen und sehr strikt darauf bestanden hat: Nichts kann aus nichts entstehen und nichts in das Nichts zurückkehren.

Spinoza stellt das sehr deutlich in seinen *Cogitata metaphysica* und in der *Korte Verhandeling van God (Kurze Abhandlung von Gott, dem Menschen und dessen Glück)* fest. Und er bekräftigt es in der *Ethik*: „Es ist unmöglich, dass aus dem Nichts etwas entstehe."[2]

Doch es gibt noch einen tieferen Grund für die Wesensverwandtschaft zwischen Spinoza und den Vorsokratikern, und zwar insofern, als Spinoza die Intuition wieder aufgreift, die am Beginn der griechischen Philosophie steht und in der außerordentlichen Tatsache besteht, dass man mit einem Blick das Ganze wie eine einzige Sache zu sehen beginnt.

Jacobi weist darauf hin, dass es aufgrund dieses Begriffs des unendlichen Ein-Alles eine kaum zu ver-

---

[2] *Ethik* (E), IV, prop. 20, Sch. („Sch." = „Scholium", d.h. Anmerkung)

Spinoza – egli dice – è un fantasma che si aggira per la Germania, sotto ogni veste, riguardato con eguale riverenza sia dai miscredenti sia dai superstiziosi. E rivela il caso emblematico di Lessing il quale, prima di morire, gli confessò di essere spinozista. Per Lessing (1729–1781) lo spinozismo si poteva sintetizzare nella formula: *hen kai pan*: uno e tutto. Ecco dunque le due facce della stessa medaglia: *ex nihilo nihil fit* e *hen kai pan*.

Il principio del *nihil ex nihilo* rappresenta il suggello dell'Uno-Tutto, perché chiude ogni possibilità che esista una causa che crei stando al di fuori e al di sopra del Tutto. Qualsiasi ipotesi di trascendenza infatti comprometterebbe l'intuizione fondamentale dell'unità del tutto.

Il Tutto per i presocratici è la *Physis*, la Natura, la quale ha in sé il dinamismo del divenire, rimanendo sempre sé stessa. Questo è il pensiero che con la filosofia irrompe nella storia, soprattutto ad opera di Anassimandro, Parmenide, Eraclito.

Physis viene da *phyo*, che significa cresco. I latini tradussero il termine con Natura, che viene da *nasci*, nascere. La meraviglia dei primi pensatori fu proprio nel vedere questo continuo scaturire da sé, che è proprio della natura. Un continuo sbocciare, aprirsi, rigenerarsi, in mille forme.

Spinoza esprimerà a suo modo lo stesso pensiero, dicendo, con una affermazione decisa: "Di tutte le cose la causa è immanente, e non transeunte."[3]

Con ciò Spinoza opera una sterzata e riporta la filosofia alla sua origine, dove regna la Natura, in

---

[3] E, I, prop. 18

hüllende Präsenz Spinozas im gesamten europäischen Denken gibt. Spinoza – sagt er – ist wie ein Gespenst, das in Deutschland umgeht in vielerlei Gestalten, von den Ungläubigen wie von den Abergläubischen in gleicher Weise verehrt. Er erwähnt den emblematischen Fall Lessings, der vor seinem Tod bekannte, ein Anhänger Spinozas zu sein. Für Lessing (1729–1781) konnte die Lehre Spinozas in der Formel *hen kai pan*, Eines und Alles zusammengefasst werden. Dies sind also die beiden Seiten derselben Medaille: *ex nihilo nihil fit* und *hen kai pan*.

Das Prinzip des *nihil ex nihilo* stellt das Siegel des All-Einen dar, da es die Möglichkeit ausschließt, dass es eine Ursache geben könnte, die etwas schafft und außer- oder oberhalb des Alles stünde. Jede Hypothese einer Transzendenz würde die grundlegende Intuition der Einheit des Alles kompromittieren.

Das Alles ist für die Vorsokratiker die *Physis*, die Natur, die in sich die Dynamik des Werdens enthält und doch stets sie selbst bleibt. Dies ist der Gedanke, der mit der Philosophie in die Geschichte einbricht, vor allem durch Anaximander, Parmenides und Heraklit.

Physis kommt von *phyo*, ich wachse. Im Lateinischen wurde es mit natura übersetzt, das von *nasci* – geboren werden – kommt. Die ersten Denker staunten gerade über dieses ständige Aus-sich-selbst-Entspringen, das für die Natur bezeichnend ist, dieses unaufhörliche Austreiben, Sich-Öffnen, Sich-Erneuern in tausend Gestalten.

assoluto. Prima di lui, abbiamo il potente naturalismo rinascimentale, soprattutto nelle pagine di Giordano Bruno. E dopo di lui abbiamo la prima grande ripresa dell'infinito spinoziano nel romanticismo, che coinvolge la pittura e la poesia. C'è il grande senso di identificazione dell'uomo con la natura di Goethe e soprattutto il grande canto all'*En kai Pan* di Hölderlin – il cui spinozismo di fondo è in gran parte determinato dalla lettura di Jacobi. Strettamente parlando, la formula *hen kai pan* non si trova nei presocratici; essa è stata introdotta da R. Cudworth alla fine del '600. Ma il concetto che la formula esprime è senz'altro il loro pensiero centrale, come dice molto chiaramente Aristotele: per tutti loro, pur nella varietà delle singole posizioni, l'essere, cioè il tutto, è una unità (*einai to pan*).[4]

C'è dunque connaturalità di Spinoza con i presocratici.

Questo indubbio carattere dell'opera spinoziana viene oggi in luce in un modo singolare. Si assiste a una ripresa dei presocratici e di Spinoza contemporaneamente. Il che conferma il loro reciproco legame.

Il richiamo ai presocratici porta grandi firme. Campeggiano Nietzsche (1844-1900) e Heidegger (1889-1976).

Nietzsche rappresenta il più decisivo ritorno della filosofia ai presocratici. La svolta comincia con *La nascita della tragedia* ma informa tutta la sua opera.

Egli scopre l'elemento dionisiaco, che sta oltre le forme compiute e perfette dell'apollineo.

---

[4] *Metafisica*, 984, b1

Spinoza drückt diesen Gedanken auf seine Weise aus, wenn er sehr entschieden sagt: „Die Ursache aller Dinge ist immanent und nicht vergänglich."[5] Damit vollzieht Spinoza eine Kehrtwende und führt die Philosophie zu ihrem Ursprung zurück, wo die Natur absolut herrscht. Vor ihm gab es den einflussreichen Naturalismus der Renaissance, vor allem im Werk Giordano Brunos. Nach ihm wurde sein Konzept des Unendlichen in der Romantik wiederbelebt, wo es Malerei und Poesie beeinflusste. Bei Goethe finden wir den tiefen Sinn für die Einheit von Mensch und Natur, und dann vor allem Hölderlins großen Gesang auf das *hen kai pan*. Hölderlins Spinozismus ist größtenteils durch die Deutung Jacobis bestimmt. Genau besehen, stammt die Formel *hen kai pan* nicht von den Vorsokratikern, sondern wurde von R. Cudworth am Ausgang des 17. Jahrhunderts eingeführt. Doch ist der Gedanke, der in der Formel ausgedrückt wird, ohne Zweifel ihr zentraler Gedanke, wie auch Aristoteles sehr klar sagt: Für sie alle ist – wenn auch unterschiedlich – das Sein, das heißt das Alles, eine Einheit (*einai to pan*).[6]

Es besteht also eine natürliche Nähe zwischen Spinoza und den Vorsokratikern.

Dieser unzweifelhafte Charakter des Werkes von Spinoza wird heute auf einzigartige Weise deutlich. Wir erleben eine gleichzeitige Neubelebung der Vorsokratiker und Spinozas. Darin wird das zwischen ihnen bestehende Band deutlich.

---

5 E, I, prop. 18
6 *Metaphysik*, 984, b1

Dioniso con le sue menadi è l'altra faccia della Grecia: quella Grecia che, essendo già stata intuita da Hölderlin, ora viene riscoperta da Nietzsche con l'appoggio degli studi filologici del suo amico Erwin Rohde (1845-1898). Il culto dionisiaco, sotto l'apparenza di una totale irrazionalità, nasconde un'idea che caratterizza la sapienza greca in generale. L'esito ultimo dell'esaltazione orgiastica consiste nella liberazione dai limiti dell'individuo, affinché egli possa gettare lo sguardo sul presente, il futuro, e andando oltre sé possa afferrare la totalità della vita e goderne. La natura è tutto ciò che è, così come è, senza alcun significato che ne sia la ragione. Essa non ha nessuna causa e nessun fine. In questo aperto orizzonte, l'uomo vive le sue angosce unite a ineffabili gioie.

Questo è ciò che si cela nell'intuizione che "tutto è uno". Che diventa d'ora in poi il motivo che "incontriamo in tutte le filosofie insieme ai sempre rinnovati tentativi di esprimerlo meglio" [7].

Ancor più pressante diventa l'esigenza del ritorno ai presocratici in Heidegger. Ci sono interi scritti che gli dedica ad Anassimandro, Eraclito, Parmenide. Ma tutta la sua opera evoca di continuo "il pensiero iniziale, e perciò sommo"[8], dei primi filosofi greci. C'è in loro "il primo e decisivo fiorire della filosofia occidentale, dal quale ha tratto origine la domanda sull'essente come tale nella sua totalità".[9] Ecco, anche per Heidegger l'intuizione della totalità segna

---

[7] La filosofia nell'età tragica dei greci, cap. 3
[8] *Segnavia*, Milano 1987, pag. 197
[9] Introduzione alla metafisica, Milano 1968, pag. 24

Diese Entwicklung wird von großen Namen repräsentiert, vor allem von Nietzsche (1844–1900) und Heidegger (1889–1976). Nietzsche vertritt am entschiedensten die Rückkehr zur Philosophie der Vorsokratiker. Die Wende beginnt mit *Die Geburt der Tragödie*, bestimmt aber sein gesamtes Werk. Er entdeckte das dionysische Element, das jenseits der vollendeten und vollkommenen apollinischen Formen steht.

Dionysos mit seinen Mänaden ist das andere Gesicht Griechenlands: jenes Griechenlands, das schon Hölderlin geahnt hatte und das nun von Nietzsche wiederentdeckt wird mithilfe der philologischen Studien seines Freundes Erwin Rohde (1845–1898). Der Kult des Dionysos verbirgt unter der scheinbaren Irrationalität eine Idee, die für die Weisheit der Griechen im allgemeinen charakteristisch ist. Das letzte Ergebnis der orgiastischen Erhebung besteht in der Befreiung des Individuums von seinen Grenzen, damit es seinen Blick auf Gegenwart und Zukunft werfen und sich selbst überschreitend die Fülle des Lebens ergreifen und genießen könne. Die Natur ist all das was ist, so wie es ist, ohne irgendeine Bedeutung, die dafür die Ursache sein könnte. Sie hat keinen Grund und kein Ziel. In diesem offenen Horizont lebt der Mensch sowohl seine Ängste wie auch unaussprechliche Freuden.

Das ist es, was sich verbirgt in der Erkenntnis des Ein-Alles. Dies wird von nun an das Motiv, das wir „in allen Philosophien vorfinden zusammen mit den

l'inizio del pensiero come tale. Allora i greci dissero la parola *physis*. Questa parola – come s'è visto – venne tradotta in latino con *natura*. Ma – dice Heidegger – tale traduzione aprì la strada alla concezione deviante del medioevo cristiano che la considerò nell'ambito dell'idea della creazione, contrapponendo il naturale al soprannaturale. Così la natura diventa fonte "di passioni e causa di rovina per l'uomo; perciò deve essere *sottomessa*: in un certo senso essa è ciò che non deve essere"[10], deve cioè essere negata. Ma la *physis* ha "il senso dello schiudersi e la si può riscontrare nei fenomeni celesti, nell'ondosità marina, nel crescere delle piante, nell'uscire dell'animale e dell'uomo dal grembo materno... e non è un processo come gli altri che noi osserviamo. La *physis* è lo stesso essere"[11]. Dunque la natura significa la totalità dell'essere.

Ma come è possibile per noi pensare l'essere? Heidegger ricorda che Teofrasto, il discepolo di Aristotele, osservava che Anassimandro "espose in termini poetici ciò che si propose di dire"[12]. Da qui passa a generalizzare: "Il pensiero dell'essere è il *modo originario del poetare*". O anche: *"Il pensare è poetare"*[13]. Da qui, la svolta di Heidegger: che concepisce una filosofia in ascolto dei poeti. Filosofi e poeti hanno in comune il dire. Ma i poeti sono i più dicenti. Tra questi egli privilegia George, Trakl, Rilke. Ma soprattutto Hölderlin.

---

[10] *Segnavia* cit., pag. 193
[11] *Ivi*, pag. 26
[12] *Sentieri interrotti*, Firenze 1968, pag. 307
[13] *Ivi*, pag. 306

immer wieder neuen Versuchen es besser auszudrücken".[14]

Noch dringlicher wird das Bedürfnis, zu den Vorsokratikern zurückzukehren, bei Heidegger. Ganze Schriften widmet er Anaximander, Heraklit und Parmenides. Doch sein ganzes Werk erinnert immer wieder an den „anfänglichen und wichtigsten Gedanken"[15] der ersten griechischen Philosophen. Bei ihnen findet sich „die erste und maßgebliche Blüte der abendländischen Philosophie, von der die Frage nach dem Seienden als solchem in ihrer Totalität ihren Ausgang genommen hat".[16] Auch für Heidegger bedeutet das Verständnis des Ganzen den Beginn des Denkens überhaupt. Die Griechen nannten es damals *physis*. Dieses Wort ist – wie wir bereits bemerkten – in das Lateinische mit *natura* übersetzt worden. Doch diese Übersetzung machte – sagt Heidegger – den Weg frei für das irreführende Verständnis des christlichen Mittelalters, das es im Zusammenhang mit der Schöpfungsidee sah und das Natürliche dem Übernatürlichen gegenüberstellte. So wurde die Natur zur Quelle „von Leidenschaften und zur Ursache von Verderben für den Menschen; daher muss sie *unterworfen* werden; in gewissem Sinn ist sie etwas, was nicht sein dürfte",[17] also muss sie geleugnet werden. Doch die *physis* hat „die Bedeutung des Aufbrechens und man kann sie antreffen in den himmlischen Erscheinungen, in den Meereswellen, im Wachsen der

---

[14] *Die Philosophie im tragischen Zeitalter der Griechen*, Kap. 3
[15] *Wegmarken*, Frankfurt 2004
[16] *Grundbegriffe der Metaphysik*
[17] *Wegmarken.*

79

Ho fatto i nomi di Nietzsche e Heidegger non per dirne la filosofia, ma per citare i due più grandi testimoni che portano ancora nell'attualità la presenza dei presocratici.

Un'ultima citazione va riservata al filosofo austriaco di origine ebraica Karl R. Popper (1902-1994), famoso per la sua logica della scoperta scientifica. Significativo è il suo *Ritorno ai presocratici*[18]. In un'epoca in cui – egli osserva – erano dominanti i miti della cosmogonia, i presocratici, a cominciare da Talete e soprattutto da Anassimandro, fondano la cosmologia, cioè il sapere critico razionale della totalità. Essi, con le poche osservazioni empiriche a loro disposizione, ebbero l'arditezza delle idee e pensarono il tutto sul terreno teoretico, fondando con ciò il nuovo mondo del sapere: la filosofia.

Ritorno a Spinoza

Dicevo che oggi si assiste, accanto al forte richiamo dei presocratici, a una ripresa degli studi spinoziani. Tanto che si parla di una vera e propria "rinascita spinoziana".

A fine '800, è stato Nietzsche a dare il via, consegnando il testimone al '900. È famosa la sua esclamazione nella lettera a Overbeck del 1881: "Sono pieno di meraviglia e di entusiasmo, ho un precursore e quale precursore! questo pensatore, il più abnorme e solitario, mi è vicino in sommo grado,

---

[18] Cf. *Congetture e confutazioni*, Bologna 1976 e *Il mondo di Parmenide*, Milano 1998

Pflanzen, im Hervortreten des Tieres und des Menschen aus dem Mutterschoß ... und das ist kein Prozess wie die anderen, die wir sehen. Die *physis* ist das Sein selbst".[19] Also bedeutet die Natur die Totalität des Seins.

Aber wie ist es uns möglich, das Sein zu denken? Heidegger erinnert daran, dass Theophrast, der Schüler von Aristoteles, bemerkt hatte, dass Anaximander „in poetischen Begriffen das darlegte, was er sagen wollte".[20] Von hier aus verallgemeinert er: „Der Gedanke des Seins ist die ursprüngliche Form des Dichtens." Oder auch: „Denken ist Dichten."[21] So ergibt sich eine Wende in Heideggers Philosophie: er begreift sie hinfort als ein Hören auf die Dichter. Philosophen und Dichtern ist das Wort gemeinsam. Doch die Dichter sind die Ausdrucksstärkeren. Unter ihnen schätzt er besonders George, Trakl, Rilke, vor allem aber Hölderlin.

Ich habe Nietzsche und Heidegger nicht genannt, um über deren Philosophie zu sprechen, sondern um sie als die beiden wichtigsten Zeugen zu nennen, die zur Aktualität der Vorsokratiker beigetragen haben.

In der Folge haben zahlreiche Philosophen von heute die Spinoza-Studien kräftig vorangetrieben.

Ein letztes Zitat soll dem österreichisch-britischen Philosophen Karl R. Popper (1902–1994) gewidmet sein, der durch seine Logik der wissenschaftlichen Erkenntnis berühmt wurde. Bezeichnend ist seine

---

[19] Ebd
[20] *Holzwege (?)*
[21] Ebd.

la tendenza generale della sua filosofia è identica alla mia".

Facendo seguito a questo avvio, numerosi filosofi d'oggi hanno spinto molto in là gli studi su Spinoza. Il numero dei nostri contemporanei è talmente grande, che non è possibile farne l'elenco. Per molti di loro vale una osservazione. Essi danno l'impressione che non si entra impunemente nei testi spinoziani, senza che in qualche modo se ne esca un po' spinozisti.

Una menzione a sé merita Karl Löwith (1897-1973), filosofo tedesco allievo di Husserl e di Heidegger.

Egli fa al caso nostro. Infatti, per elaborare la sua filosofia, ricorre sia ai presocratici sia a Spinoza. Löwith, quanto alla necessità di un ritorno alla *physis* dei presocratici, si muove nella scia del pensiero di Nietzsche e Heidegger. Ma ne vede i limiti, dell'uno nell'eccesso antropologico della "volontà di potenza", dell'altro in una sorta di difetto antropologico per cui l'uomo non è pensato nella sua naturalità. Tra questi due estremi, Löwith propone una antropologia all'interno della cosmologia. "Alla domanda chi sono io – dice – non si può rispondere prescindendo da dove sono io, cioè nel tutto del mondo".[22] Bisogna passare da un mondo dell'uomo e per l'uomo a un uomo concepito come parte del mondo. Consiste in questo il vero ritorno al cosmo delle origini greche.

---

[22] Karl Löwith, *Dio, uomo e mondo nella metafisica da Cartesio a Nietzsche*, Roma 2000, pag. 42

Schrift *Die Welt des Parmenides*[23]. Zu einer Zeit, in der, wie er feststellt, die Mythen der Kosmogenese vorherrschend waren, haben die Vorsokratiker, beginnend bei Thales und vor allem Anaximander, eine Kosmologie begründet, das heißt ein kritisch-rationales Wissen vom Ganzen. Mit den wenigen empirischen Kenntnissen, die sie besaßen, hatten sie ihre kühnen Ideen und dachten das Ganze auf theoretischem Gebiet, so die neue Welt des Wissens begründend: die Philosophie.

Rückkehr zu Spinoza

Wir erleben heute, neben der betonten Berufung auf die Vorsokratiker, eine Wiederaufnahme der Spinoza-Studien. Man spricht sogar von einer echten „Wiedergeburt Spinozas".

Am Ende des 19. Jahrhunderts gab Nietzsche den Anstoß dazu und reichte den Stab dann dem 20. Jahrhundert weiter. Berühmt ist seine Äußerung in seinem Brief an Overbeck 1881: „Ich bin voller Bewunderung und Begeisterung: ich habe einen Vorläufer und was für einen Vorläufer! Dieser Denker, der ungewöhnlichste und einsamste, ist mir in höchstem Grade nahe, die allgemeine Richtung seiner Philosophie ist mit meiner identisch."

Für viele von ihnen gilt: Man lässt sich nicht folgenlos auf Spinozas Texte ein, man wird davon immer ein wenig Spinozist.

Eine besondere Erwähnung verdient der deutsche Philosoph Karl Löwith (1897–1973), Schüler Hus-

---

[23] Vgl. auch *Vermutungen und Widerlegungen*.

Ed ecco, per riguadagnare questa prospettiva, Löwith pensa che l'unica via praticabile sia quella che passa per Spinoza. Il quale - come si vedrà - parla dell'uomo come parte della natura.

Ma dopo questi accenni ai vari atteggiamenti dei filosofi contemporanei, è ora di tentare un ascolto più diretto di Spinoza.

Deus sive Natura

S'è detto all'inizio che, per comprendere Spinoza, bisogna sintonizzarsi sui presocratici e sulla tradizione teologica.

Non deve sorprendere che entri in campo la teologia. Quello di Spinoza è il secolo in cui tutti i filosofi parlano di Dio. Basti pensare a Cartesio, Malebranche, Leibniz e appunto Spinoza. Sembra che sia quasi scomparsa la linea divisoria tra la filosofia e la teologia.

Dunque, Spinoza parla di Dio, o meglio non fa che parlare di Dio.

E tuttavia è considerato un ateo. Feuerbach lo definì il Mosè dei moderni liberi pensatori e materialisti. Voltaire scrisse categoricamente che Spinoza non solo era ateo ma insegnò l'ateismo. E tali giudizi verranno in seguito ribaditi.

Del resto, della sua miscredenza nel Dio giudaico cristiano si accorsero subito i rabbini della comunità ebraica di Amsterdam, alla quale Spinoza apparteneva. I rabbini pronunciarono contro di lui, ventiquattrenne, la più terribile scomunica (*cherem* per

serls und Heideggers. Er passt gut zu unserem Thema. Denn er bezieht sich in seiner Philosophie sowohl auf die Vorsokratiker wie auf Spinoza.

Löwith bewegt sich, soweit es die Notwendigkeit einer Rückkehr zur *physis* der Vorsokratiker betrifft, auf den Bahnen von Nietzsche und Heidegger. Aber er sieht deren Grenzen: Bei dem einen die anthropologische Übertreibung im „Willen zur Macht", bei dem anderen eine gewisse anthropologische Beschränktheit, da er den Menschen nicht in seiner Natürlichkeit sieht. Zwischen diesen beiden Extremen steht Löwith, der eine Anthropologie innerhalb der Kosmologie bietet. „Auf die Frage ‚Wer bin ich?' kann man nicht antworten, indem man von der Frage absieht, woher ich komme, das heißt nach der ganzen Welt."[24] Man muss von einer Welt des Menschen und für den Menschen zu einem Menschen kommen, der als Teil der Welt begriffen wird. Darin besteht die wahre Rückkehr zum Kosmos der griechischen Anfänge.

Um diese Perspektive zurückzugewinnen, sei der einzig gangbare Weg der über Spinoza, der vom Menschen als Teil der Natur spricht.

Nach diesen Bemerkungen zu den unterschiedlichen Einstellungen der zeitgenössischen Philosophen wollen wir nun Spinoza selbst hören.

---

[24] Karl Löwith, Dio, uomo e mondo nella metafisica da Cartesio a Nietzsche, Roma 2000, 42.

gli ebrei). "Con l'aiuto del giudizio dei santi e degli angeli, con il consenso di tutta la santa comunità e al cospetto di tutti i nostri Sacri Testi e dei 613 comandamenti che vi sono contenuti, escludiamo, espelliamo, malediciamo ed esecriamo Baruch Spinoza. Che sia maledetto di giorno e di notte, mentre dorme e quando veglia, quando entra e quando esce. Che l'Eterno non lo perdoni mai. Che l'Eterno accenda contro quest'uomo la sua collera e riversi su di lui tutti i mali menzionati nel libro della Legge; che il suo nome sia per sempre cancellato da questo mondo e che piaccia a Dio di separarlo da tutte le tribù di Israele affliggendolo con tutte le maledizioni contenute nella Legge. E quanto a voi sappiate che non dovete avere con Spinoza alcun rapporto né scritto né orale. Che non gli sia reso alcun servizio e che nessuno si avvicini a lui più di quattro gomiti. Che nessuno dimori sotto il suo stesso tetto e che nessuno legga alcuno dei suoi scritti."[25]

Spinoza non volle essere presente alla sua scomunica. Era ancora vivo l'episodio della condanna di Uriel da Costa (1585–1640). Nei suoi scritti, da Costa aveva criticato le dottrine e le pratiche della religione ebraica. Soprattutto aveva negato l'immortalità dell'anima. Fu chiamato dai rabbini a ritrattare pubblicamente le sue idee. Egli accettò. Ma per penitenza, davanti a tutti, venne legato a una colonna per ricevere 39 frustate. Poi fu costretto a sedersi per terra davanti alla sinagoga e

---

[25] Emilia Giancotti Boscherini, *Baruch Spinoza 1632–1677, Dichiarazione rabbinica autentica*, Roma, 1985, 13 ss.

Gott oder Natur

Wir stellten zu Beginn fest, dass man sich, um Spinoza zu verstehen, auf die Vorsokratiker und auf die theologische Tradition einlassen müsse. Es sollte nicht überraschen, dass wir uns auf das Gebiet der Theologie begeben. Im Jahrhundert Spinozas sprechen alle Philosophen von Gott. Man denke – neben Spinoza – an Descartes, Malbranche, Leibniz. Es scheint beinah, als sei die Trennlinie zwischen Philosophie und Theologie verschwunden. Spinoza spricht also auch von Gott – oder besser: er tut nichts anderes, als von Gott zu sprechen.

Dennoch wird er als Atheist betrachtet. Feuerbach bezeichnete ihn als den „Moses der modernen Freidenker und Materialisten". Voltaire schrieb ganz entschieden, dass Spinoza nicht nur Atheist gewesen sei, sondern den Atheismus auch gelehrt habe. Und solche Urteile werden hinfort wiederholt werden.

So haben die Rabbiner der jüdischen Gemeinde von Amsterdam, zu der Spinoza gehörte, dessen Unglauben bezüglich des jüdisch-christlichen Gottes schnell begriffen. Sie verfluchten ihn, den Dreiundzwanzigjährigen, mit dem schlimmsten Bann der jüdischen Gemeinde, dem *cherem*: „Mit dem Urteil der Engel, mit dem Ausspruch der Heiligen, mit der Zustimmung des Gebenedeiten Gottes und dieser ganzen heiligen Gemeinde und dieser heiligen Bücher, mit den Sechshundertdreizehn Geboten, die in ihnen geschrieben sind, mit dem Fluch, mit dem Joshua Jericho verflucht hat, und mit dem Fluch, mit dem

fu fatto obbligo ai fedeli che, uscendo, lo cal-
pestassero. Per l'umiliazione, da Costa, pochi giorni
dopo, pose fine alla sua vita con un colpo di pistola.

Spinoza, non solo non volle ritrattare, ma scrisse
la sua autodifesa. Fu la prima scelta di libertà.
Compì un'altra scelta del genere quando, dopo la
morte del padre, rinunciò alla propria eredità. Volle
vivere del proprio lavoro. E si dedicò al mestiere di
molatore di lenti. Le polveri di vetro gli procurarono
la tisi, di cui morì. Il '600 è il secolo dell'ottica. Vi si
appassionarono scienziati, filosofi e gli artisti con le
loro camere oscure. In quel mestiere Spinoza diventò
un maestro. Tanto che lo stesso Leibniz volle il suo
giudizio su un proprio scritto di ottica. Un'altra
scelta fu la rinuncia a una cattedra universitaria ad
Heidelberg, perché non ebbe sufficienti garanzie per
la propria indipendenza. E così, sia nella vita sia
nella sua opera, la figura di Spinoza si staglia come
uno dei più forti difensori dei diritti civili e della più
assoluta libertà di pensiero.

Dicevamo, Spinoza è considerato un ateo. Al
contrario, alcuni sono stati talmente suggestionati
dal suo ricorrente appello a Dio da spingersi a
parlare di lui come di un mistico, "ebbro di Dio". E si
è pure detto che da nessun altro luogo, come dalla
casa di Spinoza, Dio fu visto tanto da vicino.

In effetti chiunque si dispone a leggere le sue opere
rimane disorientato. Si trova davanti a un ateo che
parla continuamente di Dio. Molti sono ricorsi a
ipotesi fantasiose per spiegare una tale abnorme
contraddizione. La spiegazione più semplicistica è

Elisha die Burschen verflucht hat, und mit allen Flüchen, die im Gesetz geschrieben sind, verbannen, verstoßen, verwünschen und verfluchen wir Baruch de Espinosa. Verflucht sei er bei Tag und verflucht sei er bei Nacht, verflucht sei er, wenn er sich hinlegt, verflucht sei er, wenn er aufsteht, verflucht sei er, wenn er hinein geht und verflucht sei er, wenn er hinaus geht. Möge ihm der Herr nie vergeben; möge er seinen Zorn gegen ihn entfachen und ihn mit allen Übeln überschütten, die im Buch dieses Gesetzes geschrieben sind, seinen Namen für immer aus dieser Welt auslöschen und möge es Gott gefallen, ihn aus allen Stämmen Israels zu entfernen und ihn mit allen Flüchen des Gesetzbuches zu quälen. Und ihr, die ihr dem Herrn, eurem Gott, ergeben seid, wisset, dass ihr mit Spinoza keine Art Umgang haben dürft, weder schriftlich, noch mündlich, noch ihm irgendeinen Gefallen tun noch mit ihm unter einem Dach noch ihm näher als vier Ellen sein noch irgendein von ihm geschriebenes Blatt lesen darf.".

Spinoza wollte bei der Verkündigung nicht anwesend sein. Es war noch die Verbannung Uriel da Costas (1585–1640) lebendig, der in seinen Schriften die Lehren und Praktiken der jüdischen Religion kritisiert hatte. Vor allem hatte er die Unsterblichkeit der Seele geleugnet. Er wurde von den Rabbinern aufgefordert, seine Schriften öffentlich zu widerrufen. Er beugte sich. Aber zur Buße wurde er vor den Augen aller an eine Säule gebunden und erhielt

che egli si sia voluto coprire contro l'accusa di ateismo, che a quei tempi faceva rischiare la testa, anche in Olanda. Oppure che egli abbia voluto seguire la moda di teologizzare nel filosofare. Ma questi motivi spiegano solo in parte l'atteggiamento di Spinoza. Secondo me, l'enigma si scioglie prestando ascolto contemporaneamente, come dicevo, sia ai presocratici sia alla teologia.

Dai presocratici viene a Spinoza l'intuizione dell' essere come Uno-Tutto. Questo l'abbiamo visto. E da quelle origini vengono a lui altri messaggi.

Si può risalire fino a Parmenide (VI-V sec. a.c.) e alle importanti correzioni rivoltegli dal suo discepolo Melisso di Samo (V sec. a.C.). Si tratta degli attributi dell'essere. Essi sono l'unicità, l'eternità, l'infinità, insieme all' esclusione del nulla.

Ebbene, Spinoza trasferisce questi attributi a Dio. A Dio – dice – appartengono assolutamente l'unicità, l'eternità, l'infinità. Inoltre – aggiunge – questi sono gli attributi che vengono riferiti a Dio dalla stessa teologia. Cita addirittura i tomisti: "Anche i tomisti hanno inteso Dio allo stesso modo"[26].

E così scatta il corto circuito.

Egli stabilisce in modo esplosivo il più stretto contatto tra il pensiero presocratico e la tradizione teologica.

Ecco, tra i molti, un suo passo decisivo: "Della Natura viene affermato assolutamente tutto e la Natura consiste perciò in infiniti attributi ciascuno dei quali è perfetto nel suo genere: il che concorda perfettamente con la definizione che si dà di

---

[26] *Breve Trattato*, Libro I, cap. 8

39 Hiebe. Danach musste er sich vor der Synagoge auf den Boden setzen, und die Vorbeigehenden mussten ihn treten. Da Costa diese Demütigung nicht länger ertrug, setzte er seinem Leben nach wenigen Tagen mit einer Pistole ein Ende.

Spinoza war nicht nur nicht bereit zu widerrufen, sondern schrieb eine Verteidigungsschrift. Das war seine erste freie Entscheidung. Die zweite traf er, als er nach dem Tod seines Vaters auf sein Erbe verzichtete. Er wollte von seiner eigenen Arbeit leben und ergriff daher den Beruf des Linsenschleifers. Durch den Glasstaub erkrankte er an einer Lungenschwindsucht, an der er 1640 starb.

Das 17. Jahrhundert war das Jahrhundert der Optik. Wissenschaftler, Philosophen und Künstler widmeten sich ihr leidenschaftlich mit ihren camere oscure. Auf diesem Gebiet wurde Spinoza ein Meister. Selbst Leibniz wünschte sein Urteil über eine Schrift über ein Thema der Optik.

Schließlich verzichtete er auf einen Lehrstuhl an der Universität Heidelberg, da er keine ausreichenden Garantien für seine Unabhängigkeit erhielt. So wurde Spinoza in seinem Leben und in seinem Werk einer der stärksten Verteidiger der Bürgerrechte und der Gedankenfreiheit.

Wir stellten fest, Spinoza werde als Atheist betrachtet. Doch einige waren von seinem ständigen Reden von Gott so beeindruckt, dass sie sogar von Spinoza als einem Mystiker, einem „von Gott Trunkenen" sprachen. Und es wurde auch gesagt, dass an keinem anderen Ort Gott so nahe gesehen worden sei wie am Hause Spinozas.

Dio"[27]. Infatti anche di Dio si deve affermare che "ha infiniti attributi ciascuno dei quali esprime un'essenza eterna e infinita"[28]. Dunque, per Spinoza le due definizioni, di Dio e della Natura, sono del tutto sovrapponibili. La Natura prende il nome di Dio. Dio è la Natura.

Si deve concludere che Spinoza è "ebbro della Natura", poiché la assolutizza fino a chiamarla Dio.

Questa sovrapposizione tra il Dio delle religioni rivelate e la Natura collima per gli attributi di unicità, eternità, infinità. Ma qui si ferma.

Il Dio di Spinoza non è infatti quello che viene tramandato dalla tradizione teologica. Lo dice senza mezzi termini nel *Breve Trattato*, in un capitolo in cui elenca ciò che Dio non è. Dichiara che non è di Dio che sia onnisciente, misericordioso, sapiente, sommo bene e così via.[29]

E ancor più scava un abisso tra il Dio dell'ortodossia e il suo Dio-Natura in tutto lo svolgimento della sua opera maggiore, l'*Etica*. Dio non è causa libera del mondo, non è creatore, non è provvidenza, non è fine ultimo. E soprattutto: "Né l'intelletto né la volontà appartengono alla natura di Dio"[30], cioè Dio non è persona.

Ma Dio come essere personale è la parola fondamentale della teologia. Dunque, negando Dio come persona, si taglia la testa in un sol colpo a tutta la fede proposta dalla teologia.

---

[27] Ivi, cap. 2
[28] E, I, def. 6
[29] *Breve Trattato*, Libro I, cap. 7
[30] E, I, prop. 17, scolio

Tatsächlich verliert, wer sich in seine Werke ein-
liest, die klare Orientierung. Er sieht sich einem
Atheisten gegenüber, der ständig von Gott spricht.
Viele phantastische Hypothesen wurden erdacht, um
diesen abnormen Widerspruch zu erklären. Die ein-
fachste Erklärung ist jene, die behauptet, er habe
sich gegen den Vorwurf des Atheismus schützen
wollen, der einen in jenen Tagen den Kopf kosten
konnte, auch in den Niederlanden. Eine andere
Hypothese sagt, Spinoza habe der Mode des Theo-
logisierens in der Philosophie folgen wollen. Doch
damit lässt sich das Verhalten Spinozas nur zum
Teil erklären. Meiner Meinung nach löst sich das
Rätsel, wenn man, wie ich oben sagte, gleichzeitig
die Vorsokratiker und die Theologie beachtet.

Von den Vorsokratikern hatte Spinoza, wie wir
sahen, die Erkenntnis des Seins als des All-Einen.
Doch aus dieser Quelle erhielt er noch andere Bot-
schaften.

Man kann zurückgehen bis zu Parmenides (VI./V.
Jh. v.C.) mit den wichtigen Korrekturen seines
Schülers Melissos von Samos (V. Jh. v.C.). Es han-
delt sich um die Attribute des Seins: Einzigartigkeit,
Ewigkeit, Unendlichkeit und der Ausschluss des
Nichts.

Spinoza überträgt nun diese Attribute auf Gott. Zu
Gott gehören in absoluter Weise Einzigartigkeit,
Ewigkeit und Unendlichkeit. Diese Attribute würden
Gott auch von der Theologie selbst zugeschrieben.

E allora che cos'è Dio? Dio è la Natura. Deus sive Natura. In questo modo Spinoza decide di elaborare il suo sistema filosofico imbarcandosi nell'ambiguità tra Dio e Natura. E proprio per questo egli è costretto ripetutamente a specificare, a dire ad ogni piè sospinto: "cioè". Il più grande cioè (in latino *sive*) è proprio quello del Deus sive Natura. Ma, nell'Etica, il *sive* ricorre innumerevoli volte. Se si possiede un testo dell'Etica in latino in una versione digitale e si chiede al computer di cercare *sive*, compare un impressionante elenco a pioggia, e compare soprattutto nei passi decisivi delle definizioni e degli assiomi, delle dimostrazioni e dei corollari. A tal punto è presente che Spinoza si potrebbe definire il filosofo del "cioè". Ma "cioè" è una parolina da nulla, nella grammatica rappresenta una congiunzione. Questa parola insignificante però, nella penna di Spinoza, esplode con una forza dirompente, perché ad opera sua la Natura appare come Dio e Dio come la Natura.

Comunque, per fugare ogni dubbio su ciò che egli intende per Dio, Spinoza scrive una conclusione della prima parte dell'Etica, dove si sferra una critica radicale alla fede religiosa, in una disamina graffiante dei pregiudizi che la sostengono.

Si tratta di una Appendice, ma val la pena citarla. "Tutti i pregiudizi che sto per indicare dipendono da uno solo, e cioè che gli uomini comunemente ritengono che tutte le cose naturali, e loro stessi, agiscano in vista di un fine; e addirittura si ritengono certi che Dio stesso diriga tutte le cose verso un fine determinato: dicono infatti che Dio ha

Er führt sogar die Thomisten an: „Auch die Thomisten haben Gott auf dieselbe Weise verstanden."[31]

Und so schließt sich der Kreis. Er stellt in explosiver Weise einen sehr engen Kontakt zwischen dem vorsokratischen Denken und der theologischen Tradition her.

Dies ist einer seiner vielen wichtigen Sätze: „Von der Natur wird absolut alles gesagt, und die Natur besteht so aus einer unbegrenzten Zahl von Attributen, deren jedes auf seine Art vollkommen ist; und dies stimmt genau überein mit der Definition Gottes."[32] In der Tat muss man auch von Gott feststellen, dass er „unendlich viele Attribute besitzt, deren jedes ein ewiges und unendliches Wesen bestimmt".[33] Für Spinoza sind also beide Definitionen – für Gott und für die Natur – deckungsgleich. Die Natur erhält den Namen Gott. Die Natur *ist* Gott.

Man muss daraus schließen, dass Spinoza „von der Natur berauscht" ist, da er sie derart verabsolutiert, dass er sie schließlich Gott nennt.

Diese Überlagerung zwischen dem Gott der Offenbarungsreligionen und der Natur stimmt in den Attributen Einzigartigkeit, Ewigkeit und Unendlichkeit überein. Aber weiter reicht sie nicht.

Spinozas Gott ist in der Tat nicht derselbe wie jener der theologischen Tradition. Das sagt er deutlich im *Kurzen Traktat*, in einem Kapitel, in dem er aufzählt, was Gott nicht ist. Er erklärt, dass es nicht

---

[31] *Kurzer Traktat*, 1. Buch, Kap. 8
[32] *Ebd.*, Kap. 2
[33] E, I, def. 6

creato tutte le cose in vista dell'uomo, e poi ha creato l'uomo perché lo adorasse"[34]. È una critica nettamente materialista. Infatti aggiunge che gli uomini credono e fanno tutto in vista di un fine perché si muovono in vista del loro utile. "Gli uomini nascono ignari delle cause delle cose, ma hanno l'impulso a ricercare il proprio utile". E "poiché in sé e fuori di sé trovano parecchi mezzi che contribuiscono non poco al conseguimento del loro utile, per esempio gli occhi per vedere, i denti per masticare, le erbe e gli animali per nutrirsi, il sole per illuminare, il mare per nutrire i pesci, hanno finito per considerare tutte le cose naturali come mezzi per il loro utile; e poiché sanno di aver trovato, ma non approntato questi mezzi, ne hanno tratto motivo per credere che vi sia qualcun altro che li ha approntati per il loro uso". In questo modo, ognuno ha escogitato una maniera diversa per adorare Dio. E così – conclude – quel pregiudizio "si è mutato in superstizione".

Ma poiché, tra i tanti vantaggi della natura, gli uomini "dovettero trovare non pochi inconvenienti, come le tempeste, i terremoti, le malattie, ecc. si sono rifugiati nella volontà di Dio, cioè nel rifugio dell'ignoranza" (*ignorantiæ asylum*).

E prosegue, nella Prefazione al *Trattato teologico-politico*: "Gli uomini spesso si trovano di fronte a difficoltà che non sanno risolvere e perlopiù sono miseramente agitati dalla tempesta delle speranze e dei timori, per la precarietà dei beni della sorte che essi smodatamente desiderano. Così sono quanto

---

[34] Per questa e per le citazioni immediatamente seguenti, *Etica* I, appendice

zu den Eigenschaften Gottes gehört, allwissend, barmherzig, weise, höchstes Gut usw. zu sein.[35] Der Graben zwischen dem Gott der Orthodoxie und seinem Gott-Natur wird noch tiefer in der Entfaltung seines Hauptwerkes, der *Ethik*. Gott ist nicht freie Ursache der Welt, er ist nicht Schöpfer, nicht Vorhersehung, nicht letztes Ziel. Und vor allem: „Weder der Intellekt, noch der Wille gehören zu Gott"[36], das heißt: Gott ist keine Person.

Doch Gott als persönliches Sein ist der grundlegende Begriff der Theologie. Leugnet man also das Personsein Gottes, entzieht man mit einem Schlag dem von der Theologie definierten Glauben die Grundlage.

Was also ist Gott? Gott ist die Natur. *Deus sive Natura.* Gott, das heißt Natur. Auf dieser Basis entwickelt Spinoza sein philosophisches System, indem er sich auf die Zweideutigkeit von Gott und Natur einlässt. Und eben deswegen ist er jeden Augenblick gezwungen klar zu stellen: „das heißt". Das wichtigste „das heißt" (lateinisch *sive)* ist eben jenes „Deus sive Natura". In der *Ethik* begegnet einem das *sive* unzählige Male. Wenn man einen lateinischen Text der Ethik in digitaler Version besitzt, kann man das Wort *sive* suchen lassen und erhält eine beeindruckende Liste. Man wird feststellen, dass das Wort vor allem in den entscheidenden Sätzen der Definitionen, Axiome, Beweise und Zusätze erscheint. Es ist derart häufig vertreten, dass man

---

[35] *Kurzer Traktat*, 1. Buch, Kap. 7
[36] E, I, prop. 17, Sch.

mai disposti, nella generalità dei casi, alla credulità. E' dunque il timore la causa che genera, mantiene ed alimenta la superstizione". Per non parlare poi dell'uso politico che si fa della religione: infatti, "nessun mezzo è più efficace della superstizione al governo della moltitudine" e di conseguenza il potere è interessato a sostenere "la schiavitù degli uomini come se fosse la loro salvezza".

Tutto invece si deve spiegare, restando all'interno delle leggi della necessità della natura. Senza appellarsi a nessun finalismo e a nessuna causa fuori della natura stessa.

Spinoza è consapevole di essere un sovversivo.

L'uomo, parte della Natura

Nelle loro credenze gli uomini concepiscono Dio a loro immagine, lo pensano come la proiezione dei loro desideri. E' la critica spinoziana all'antropomorfismo. A questa si affianca la critica dell'antropocentrismo.

Si pensa che tutto sia in vista dell'uomo, che il fine della natura e l'attenzione di Dio stesso siano rivolti all'uomo. L'uomo viene posto al centro.

Ma così non è. L'uomo non è il centro a cui tutto è finalizzato. Prima di tutto, perché "la Natura non agisce in vista d'un fine. Non ha alcuna ragione né alcuno scopo."[37]

Ma la Natura non può avere l'uomo come fine soprattutto perché l'uomo è parte di essa: "L'uomo è

---

[37] E, IV, prefazione

Spinoza den Philosophen des „sive" nennen könnte. Doch „sive" ist eigentlich nur eine Konjunktion ohne besondere Bedeutung. In der Hand Spinozas erhält es jedoch eine große Sprengkraft, da es ermöglicht, die Natur als Gott erscheinen zu lassen und Gott als die Natur.

Um schließlich jeden Zweifel über das, was er unter Gott versteht, auszuschließen, beendet Spinoza den ersten Teil der *Ethik* mit einer radikalen Kritik des religiösen Glaubens in einer bissigen Untersuchung der Vorurteile, auf die sich dieser stützt.

Es handelt sich zwar nur um einen Anhang, aber er ist es wert, zitiert zu werden: „Alle Vorurteile, die ich anführen werde, beruhen auf einem einzigen, nämlich dem, dass die Menschen glauben, alle natürlichen Dinge und ihr eigenes Handeln dienten einem Zweck; sie wähnen sich sogar sicher, dass Gott selbst alles auf ein bestimmtes Ziel hin steuere: tatsächlich behaupten sie, Gott habe alles im Hinblick auf den Menschen geschaffen und dann diesen selbst, damit er ihn anbete."[38] Das ist eine rein materialistische Kritik. Er fügt noch hinzu, dass die Menschen alles glauben und tun im Hinblick auf ein Ziel, weil sie sich in Richtung ihres Nutzens bewegen. Und „weil sie in sich selbst und außerhalb ihrer selbst viele Mittel finden, die nicht wenig dazu beitragen, den eigenen Nutzen zu verfolgen, so etwa die Augen zum Sehen, die Zähne zum Kauen, Pflanzen und Tiere als Nahrung, die Sonne zum Leuchten,

---

[38] Für dieses und die folgenden Zitate vgl. Ethik I, Anhang.

parte della Natura."[39] "E' impossibile che l'uomo non sia parte della Natura."[40]

Ed insiste: parlando delle loro cose, gli uomini sembrano "occuparsi non di cose naturali, soggette alle ordinarie leggi della natura, ma di cose estranee alla natura stessa; e addirittura sembrano consi- derare la posizione dell'Uomo nella Natura come quella di uno Stato in uno Stato (*imperium in imperio*)".[41] L'uomo non è uno stato con delle proprie leggi al di sopra della natura, ma rientra in tutto e per tutto nell'ordine naturale, è un essere naturale.

Spinoza compie una svolta copernicana. Ma per comprendere il rapporto dell'uomo con la Natura, bisogna aprire il grande argomento della sostanza con i suoi attributi e i modi degli attributi stessi. Spinoza riprende – come s'è visto – la totalità unica della Physis greca; e la ripropone in maniera potente chiamandola Dio.

Comincia l'Etica introducendo l'idea di sostanza, e ne dà una definizione di impronta aristotelica. Per sostanza – dice – intendo ciò che è in sé ed è concepito per sé. Ma, al contrario di Aristotele, afferma che c'è un'unica sostanza, eterna e infinita. Questa svolta è decisiva.

Qui è il centro del pensiero spinoziano. C'è un'unica sostanza, infinita, che si manifesta nei suoi molti attributi. E' il grande inizio dell'Etica.

Ed ecco la definizione dell'unica sostanza che egli chiama Dio. "Per Dio intendo l'ente assolutamente infinito, cioè la sostanza che consta di infiniti attri-

---

[39] *Trattato teologico politico*, IV
[40] E, IV, prop. 4
[41] Ivi, III, prefazione

das Meer als Nahrung für die Fische – schließlich betrachten sie alle natürlichen Dinge als Mittel zu ihrem eigenen Nutzen; und da sie wissen, dass sie diese Mittel gefunden, nicht aber selbst erzeugt haben, schlossen sie daraus, dass es jemand anderen gebe, der sie für ihren Gebrauch bereitgestellt hat". So hat jeder seine eigenen Gründe erdacht, warum er Gott anbeten müsse. Und so wurde – so schließt er – „dieses Vorurteil zum Aberglauben".

Da die Menschen aber neben all den Vorzügen der Natur auch „nicht wenige Übel erkennen mussten wie Stürme, Erdbeben, Krankheiten usw., haben sie Zuflucht gesucht im Willen Gottes, das heißt im Schutz der Unwissenheit" (*ignorantiæ asylum*).

Und im Vorwort zum *Theologisch-politischen Traktat* schreibt er: „Die Menschen sehen sich oft Schwierigkeiten gegenüber, die sie nicht lösen können, und insbesondere werden sie von ihren Hoffnungen und Ängsten hin- und hergeworfen wegen der Unsicherheit der Güter, die sie ohne Maß erstreben. Daher sind sie in der Regel um so mehr bereit zur Leichtgläubigkeit. So ist die Angst die Ursache für die Entstehung, Erhaltung und Nährung des Aberglaubens." Ganz zu schweigen von dem politischen Gebrauch, der von der Religion gemacht wird: Tatsächlich ist „kein Mittel für die Beherrschung der Masse wirksamer als der Aberglaube", und folglich sind die Mächtigen interessiert, „die Unfreiheit der Menschen aufrecht zu erhalten, als wäre sie ihr Heil".

Tatsächlich aber muss alles im Rahmen der natürlichen Gesetze erklärt werden, ohne sich dabei

buti, ognuno dei quali esprime un'essenza eterna e infinita."[42]

Spinoza comincia dall'infinito. Ma questo non è qualcosa di indifferenziato. Esso è articolato. Spinoza vuole vederci dentro.

L'infinito è come un grande volume con molti capitoli, che si possono aprire. Le pagine dei capitoli saranno, come vedremo, i modi. I capitoli sono gli attributi. In essi si può leggere e capire qualcosa dell'infinito.

Gli attributi sono le manifestazioni e le stesse strutture dell'unica sostanza.[43]

Ogni ente, più ha realtà ed essere, più ha attributi. Quindi l'ente infinito ha infiniti attributi.[44] Ma per intravedere la totalità degli attributi, noi – dice – ne possiamo pensare sostanzialmente due, che sono gli unici che riusciamo a conoscere: il pensiero e il corpo o materia, quelli che Cartesio chiamava rispettivamente *res cogitans* e *res extensa*.

Per quanto riguarda la corporeità, la cosa suona singolare quando la sostanza la chiamiamo Dio. Infatti, tutti "negano che Dio sia corporeo".[45] Ma – spiega – i negatori della corporeità come attributo di Dio si "fondano unicamente sull'ipotesi che la sostanza corporea sia composta di parti, il che è assurdo".[46] Infatti se l'attributo fosse divisibile e misurabile e quantificabile anche la sostanza lo sarebbe – e questo è l'assurdo. "La sostanza assolu-

---

[42] Ivi, I, defin. 6
[43] Cf. Ivi, I, defin. 4
[44] Cf. Ivi, I, prop. 10, scolio
[45] Ivi, I, prop. 15, scolio
[46] Ivi

auf irgendeine Bestimmung oder eine außerhalb der Natur liegende Ursache zu berufen. Spinoza ist sich dessen bewusst, ein Umstürzler zu sein.

Sein Biograph Johannes Colerus erzählt, er habe sich gern in der Gestalt des rebellischen neapolitanischen Fischers Masaniello gesehen.

Der Mensch als Teil der Natur

In ihrem Glauben begreifen die Menschen Gott nach ihrem Bild und stellen ihn sich vor als die Projektion ihrer Sehnsüchte. Dies ist Spinozas Kritik des Anthropomorphismus. Dazu gehört die Kritik des Anthropozentrismus.

Man glaubt, alles sei im Hinblick auf den Menschen geschaffen, die Bestimmung der Natur und selbst die Aufmerksamkeit Gottes seien auf den Menschen gerichtet. Der Mensch wird in das Zentrum gestellt.

Aber so ist es nicht. Der Mensch ist nicht das Zentrum, auf das hin alles ausgerichtet wäre, einmal, weil „die Natur nicht auf ein Ziel hin handelt. Sie besitzt keinen Grund und kein Ziel".[47]

Doch vor allem kann die Natur nicht den Menschen zum Ziel haben, da dieser ja Teil der Natur ist: „Der Mensch ist Teil der Natur."[48] „Es ist nicht möglich, dass der Mensch nicht Teil der Natur sei."[49]

---

47 E, IV, Vorwort
48 *Theologisch-politischer Traktat (TTP)*, IV
49 E, IV, prop. 4

tamente infinita è indivisibile. Da ciò deriva che nessuna sostanza, e quindi nessuna sostanza corporea, in quanto è sostanza, è divisibile".[50] Sottolineiamo "in quanto è sostanza". Poiché, è proprio in quanto tale che è infinita. "La materia è dovunque la stessa e in essa non si distinguono parti".[51] E aggiunge quasi in modo divulgativo: "Per esempio noi pensiamo che l'acqua sia divisibile, e che le sue parti siano separabili l'una dall'altra, in quanto acqua, ma non in quanto sostanza corporea; infatti in quanto tale non si divide né si separa. Inoltre l'acqua, in quanto acqua, si genera e si corrompe; ma in quanto sostanza non si genera né si corrompe". Conclusione : "La sostanza corporea non può essere concepita se non come infinita, unica e indivisibile". Essa è un attributo di Dio.

Il secondo attributo è il pensiero. Anche qui si può rimanere perplessi. Ha detto prima che Dio non ha intelletto né volontà. E ora dice che Dio è una cosa pensante: "Il pensiero è un attributo di Dio, ossia Dio è cosa pensante"[52]. Fa seguire la dimostrazione. In quanto ci sono i nostri singoli pensieri, questi, poiché noi siamo parte della Natura, sono pensieri della Natura stessa. Dunque la Natura, o Dio, è cosa pensante. Per capire bene, occorre fare una importante precisazione. L'intelletto non appartiene a Dio se inteso come Natura Naturans, ma a Dio inteso come Natura Naturata [53]. La Natura Naturans è Dio in quanto è causa di sé e infinita attività che

---

[50] Ivi, I, prop. 13 e corollario
[51] Ivi
[52] Ivi, II, prop. 1
[53] Cf. Ivi, I, prop. 31 e *Lettera* IX a De Vries

Und er hakt nach: Die Menschen scheinen, wenn sie von ihren Dingen sprechen, „sich nicht mit natürlichen Dingen zu beschäftigen, die den gewöhnlichen Naturgesetzen unterworfen sind, sondern mit außerhalb der Natur liegenden Dingen; ja, sie scheinen die Stellung des Menschen in der Natur so zu betrachten, als bilde er ein Reich in einem anderen (*imperium in imperio*)".[54] Doch der Mensch ist nicht ein Reich mit besonderen Gesetzen oberhalb der Natur, sondern er gehört mit allem und in jeder Hinsicht zur Natur, er ist ein natürliches Wesen.

Spinoza vollzieht eine kopernikanische Wende.

Doch um das Verhältnis des Menschen zur Natur zu begreifen, muss man sich mit der wichtigen Frage der Substanz und ihrer Attribute und den Arten dieser Attribute selbst befassen. Spinoza greift, wie wir gesehen haben, die All-Einheit des griechischen Naturbegriffs auf, und er gibt ihm eine neue, mächtige Bedeutung, indem er die Natur als Gott bezeichnet.

Er beginnt die Ethik damit, dass er den Begriff der Substanz einführt und ihr eine aristotelische Definition gibt. Unter Substanz verstehe ich, sagt er, das, was in sich steht und für sich selbst gedacht ist. Doch im Gegensatz zu Aristoteles sagt er, es gebe nur eine ewige und unendliche Substanz. Darin liegt die entscheidende Wende.

Es ist der zentrale Punkt des spinozistischen Denkens: Es gibt nur eine unendliche Substanz, die sich in ihren zahlreichen Attributen äußert. Dies ist der großartige Beginn der *Ethik*.

---

54 Ebd., III, Vorwort

sempre di nuovo produce natura, mentre la Natura Naturata è ciò che segue necessariamente dalla Natura Naturans, come appunto gli attributi e i modi degli attributi. Tutto questo viene chiarito nelle definizioni di Natura Naturante e di Natura Naturata che si trovano nell'Etica.[55]

Ma le cose si complicano ulteriormente quando egli afferma che ciò che è pensante è la stessa cosa di ciò che è corporeo. Cartesio aveva nettamente distinto, anzi contrapposto, le due *res*. E ciò lo collocava lungo tutta la tradizione filosofico-teologica del passato. Spinoza spazza via questa secolare dicotomia e si pone all'avanguardia della modernità. Con un solo potente colpo d'ala Spinoza afferma: "La sostanza pensante e la sostanza estesa sono una sola e medesima sostanza, compresa ora sotto l'uno ora sotto l'altro attributo".[56] Vedremo più avanti come si chiarisce questa identità quando si parlerà, nell'uomo, del rapporto tra mente e corpo.

Comunque, tutte le sconvolgenti affermazioni di Spinoza dipendono da quello che è il principio primo della sua filosofia: c'è una sostanza unica e infinita. Hegel ha colto e a suo modo tradotto nel proprio sistema questo orizzonte che si apre nella filosofia occidentale: e vi ha sentito, oltre che la lontana voce di Parmenide, "un'eco dell'oriente". "Questa profonda unità in cui lo spirito, l'infinito e il finito, sono identici in Dio, è un'eco dell'Oriente... Con Spinoza per la prima volta l'intuizione orientale dell'identità

---

[55] Cf. Ivi, I, prop. 29, scolio
[56] Ivi, prop. 7, scolio e prop. 10, scolio

Und so definiert er die einzige Substanz, die er Gott nennt: „Unter Gott verstehe ich das absolut unendliche Sein, das heißt, die Substanz, die aus unendlich vielen Attributen besteht, deren jedes eine ewige und unendliche Essenz darstellt."[57] Spinoza beginnt beim Unendlichen. Aber dieses Unendliche ist nicht etwas Undifferenziertes. Es ist etwas Gegliedertes. Spinoza möchte das Innere sehen. Das Unendliche ist wie ein großes Buch mit vielen Kapiteln, die man aufschlagen kann. Die Seiten der Kapitel sind, wie wir sehen werden, die Arten. Die Kapitel sind die Attribute. In ihnen kann man lesen und etwas von dem Unendlichen verstehen. Die Attribute sind die Äußerungen und die Strukturen der einzigen Substanz.[58]

Jedes Seiende hat um so mehr Realität und Sein, je mehr Attribute es besitzt. Also hat das unendliche Sein unendlich viele Attribute.[59] Aber um das Gesamt der Attribute zu ahnen, können wir, sagt Spinoza, im Wesentlichen zwei denken, welche die einzigen sind, die wir erkennen können: Gedanke und Körper (oder Materie), das sind jene, die Descartes *res cogitans* und *res extensa* nannte.

Soweit es die Körperlichkeit betrifft, klingt es sehr merkwürdig, wenn wir die Substanz Gott nennen. Denn alle „leugnen, dass Gott körperlich sei".[60] Doch jene, die die Körperlichkeit als Attribut Gottes leugnen, erklärt er, „stützen sich allein auf die Hypo-

---

57 Ebd., I, defin. 6
58 Vgl. ebd., I, defin. 4
59 Vgl. ebd., I, prop. 10, Sch.
60 Ebd., I, prop. 15, Sch.

assoluta è stata accostata al modo di pensare europeo"[61]. Ecco perché – come dice coniando un nuovo verbo – non si può più filosofare senza spinozare: "Philosophieren ist spinozieren".

Una volta esposto l'argomento degli "attributi", Spinoza passa a considerare i "modi" degli attributi stessi. Con ciò egli, avendo preso le mosse dall'infinito, volge l'attenzione al finito. Infatti, con gli attributi siamo ancora nell'infinito, mentre coi modi si passa a ciò che è finito.

Ecco la definizione di "modo": "Per modo intendo una manifestazione circoscritta e individuabile della sostanza."[62] Così, dalla totalità e infinità dell'essere della sostanza, si va alla individualità degli esseri, cioè alle cose singole.[63] Per esempio un corpo è un modo finito dell'attributo dell'estensione, e un'idea è un modo finito dell'attributo del pensiero. Anche l'uomo è un modo, in quanto composto di corpo e mente.

Il finito dice in maniera limitata e parziale quel che viene detto infinitamente dagli attributi. Ma questa è la grandezza del finito. Il finito è lo specchio nel quale traluce l'infinito.

O anche, il finito è come l'increspatura dell'infinito. Immaginiamo il mare come l'infinito, il finito è paragonabile alle sue onde[64]. L'acqua è sempre la stessa, ma una cosa è la totalità del mare, altra cosa è la singolarità delle onde. E peraltro, il mare rima-

---

[61] Hegel, *Lezioni sulla storia della filosofia*, Firenze 1967, pag. 104
[62] E, I, def. 7
[63] Cf. Ivi, II, def. 7
[64] Cf. Filippo Mignini, *Introduzione a Spinoza*, Bari 2009

these, dass die körperliche Substanz aus Teilen zusammengesetzt sei – was aber absurd ist".[65] In der Tat: Wenn das Attribut teilbar und messbar und quantifizierbar wäre, dann wäre es auch die Substanz – und das ist das Absurde. „Die absolut unendliche Substanz ist unteilbar. Daraus folgt, dass keine Substanz und folglich auch keine körperliche Substanz, sofern sie Substanz ist, teilbar ist."[66] Wir unterstreichen: „sofern sie Substanz ist". Sie ist ja eben gerade als solche unendlich. „Die Materie ist überall dieselbe und in ihr kann man keine Teile unterscheiden."[67] Und er schließt eine leicht verständliche Erklärung an: „Wir denken zum Beispiel, das Wasser sei teilbar und seine Teile voneinander zu trennen; aber das trifft nur für das Wasser als Wasser zu, nicht aber für das Wasser als körperliche Substanz; tatsächlich kann man es als solche weder teilen noch trennen. Außerdem kann das Wasser als Wasser entstehen und vergehen – aber nicht als Substanz." Folgerung: „Die körperliche Substanz kann nur als unendliche, einzige und unteilbare konzipiert werden." Dies aber ist ein Attribut Gottes.

Das zweite Attribut ist der Gedanke. Auch hier können Spinozas Äußerungen erstaunen. Vorhin hat er gesagt, dass Gott weder Intellekt noch Willen habe – jetzt aber sagt er, Gott sei eine denkende Sache: „Der Gedanke ist ein Attribut Gottes, Gott ist

---

[65] Ebd.
[66] Ebd., I, prop. 13 und Anhang
[67] Ebd.

ne, le onde vengono e vanno. Le onde sono la breve apparizione del mare.

Si può fare un altro paragone, ricorrendo alla matematica. Si sa dalla geometria che una circonferenza è individuata da tre punti non allineati; ma tre punti non allineati individuano anche un triangolo. Però una cosa è la circonferenza, un'altra cosa sono i triangoli inscrivibili nella circonferenza prendendo di volta in volta su di essa tre punti. Da una parte c'è l'unità, dall'altra la molteplicità.

Oppure, si può tornare alla metafora del libro. E dire che, se il volume è l'infinito e gli attributi sono i capitoli, i modi sono le singole pagine dei capitoli.

Ma come intendere l'uomo, in questa prospettiva? Già s'era detto che egli non è il centro né il fine, ma solo una parte della natura. Ora possiamo vederlo da vicino. L'uomo è come ogni cosa singola. E' un modo. E dunque egli non è sostanza, perché la sostanza è unica infinita immutabile indivisibile. "All'essenza dell'uomo non appartiene l'essere della sostanza."[68] Questa affermazione riassume in sé la rivoluzione copernicana. Una rivoluzione completa.

Per questa via si viene a scardinare l'idea stessa del soggetto quale fondamento di ogni realtà e di ogni sapere.

A questo punto, viene a proposito un'altra testimonianza poetica. Abbiamo visto come lo spinozismo attraverso Jacobi, sia penetrato nei poeti del romanticismo tedesco. Ebbene, esso ha influenzato anche la poesia italiana, attraverso Pierre Bayle

---

[68] E, II, prop. 10

ein denkendes Sein."[69] Er lässt den Beweis folgen:
Soweit unsere Gedanken existieren, wir aber Teil der
Natur sind, sind es Gedanken der Natur selbst. Also
ist die Natur – oder Gott – ein denkendes Sein. Um
das richtig zu verstehen, muss man etwas Wichtiges
klarstellen. Der Intellekt gehört nicht zu Gott, verstanden als Natura Naturans, wohl aber als Natura
Naturata.[70] Die Natura Naturans ist Gott insofern,
als er Ursache seiner selbst ist und unendliche Aktivität, die immer wieder neu die Natur erzeugt, während die Natura Naturata das ist, was notwendi-
gerweise aus der Natura Naturans folgt, wie eben die
Attribute und die Seinsweisen der Attribute. Dies
alles wird in den Definitionen von Natura Naturans
und Natura Naturata erklärt, die sich in der Ethik
finden.[71]
Doch die Dinge werden noch komplizierter, wenn
Spinoza sagt, dass das Denkende dasselbe ist wie
das Körperliche. Descartes hatte streng unterschieden zwischen den beiden *res*, ja, er hatte sie gegen-
einander gestellt. Und daran hat die philosophisch-
theologische Tradition der Vergangenheit stets
festgehalten. Spinoza fegt diese Dichotomie hinweg
und setzt sich an die Spitze der Modernität. Mit
einem einzigen machtvollen Federstrich stellt Spinoza fest: „Die denkende und die ausgedehnte
[materielle, körperliche] Substanz sind ein und dieselbe, einmal mit dem einen, das andere Mal mit

---

[69] Ebd., II, prop. 1
[70] Vgl. ebd., I, prop. 31 und *Brief* IX an De Vries
[71] Vgl. ebd. I, prop. 29, Sch.

(1647–1706). Ne è una eccezionale testimonianza Giacomo Leopardi (1798–1837).

Nel suo *Dizionario*, Bayle aveva accostato Spinoza a Stratone di Lampsaco (circa 335–269 a.C.), successore di Aristotele alla guida del Peripato, dopo Teofrasto. E Leopardi, nelle *Operette Morali*, immagina di tradurre dal greco un frammento apocrifo di Stratone. Il testo è una pagina "spinozista", sia perché vi domina l'idea della materia che, senza alcuna causa che la trascenda, da sé produce una illimitata varietà di forme, sia perché vi si afferma un assoluto antifinalismo.

Ecco come viene esaltata la potenza della materia. "La forza della materia forma di essa materia innumerabili creature. Ma imperciocché la detta forza non resta mai di operare e di modificar la materia, quelle creature che essa continuamente forma, essa altresì le distrugge, formando della materia loro nuove creature. Né perciò la materia è venuta meno in qual si sia particella, ma solo sono mancati que' suoi tali modi di essere, succedendo a ciascuno di loro un altro modo, cioè un altro mondo, di mano in mano".

Tutto questo incessante divenire avviene per la semplice necessità e nell'assoluta indifferenza della natura.

La tesi non è diversa da quella del *Dialogo della Natura e di un Islandese*, sempre nelle *Operette Morali*. Nel *Dialogo* c'è la presenza dell'uomo che esprime il proprio risentimento verso la natura – la quale sarà chiamata, nella Ginestra, "Madre di parto e di voler matrigna". L'islandese è il tipo dell'uomo antropocentrico, che immagina che tutto debba es-

dem anderen Attribut verstanden."[72] Weiter unten werden wir sehen, wie er diese Identität erklärt, wenn er vom Verhältnis Geist – Körper beim Menschen spricht.

Alle verblüffenden Feststellungen Spinozas hängen von dem ersten Prinzip seiner Philosophie ab: Es gibt nur eine Substanz, und die ist unendlich. Hegel hat diesen Horizont, der sich in der westlichen Philosophie öffnet, auf seine Weise in sein eigenes System übertragen und darin – neben der fernen Stimme des Parmenides – „ein Echo des Orients" gehört. „Diese tiefe Einheit, in der der Geist, das Unendliche und das Endliche in Gott identisch sind, ist ein Echo des Orients [...] Mit Spinoza wurde die östliche Intuition von der absoluten Identität zum ersten Mal mit der europäischen Denkweise verbunden."[73] Daher kann man – wie er ein neues Verb bildend – nicht mehr philosophieren, ohne zu spinozieren: „Philosophieren ist spinozieren."

Nachdem Spinoza das Argument der „Attribute" behandelt hat, geht er dazu über, die „modi", also die „Arten" der Attribute zu untersuchen. Damit wendet er sich nach dem Unendlichen – den Attributen – nun dem Endlichen – den „modi" – zu.

Dies ist die Definition des „modus": „Unter „modus" verstehe ich eine begrenzte und feststellbare Erscheinung der Substanz."[74] So geht er von der Gesamtheit und Unendlichkeit des Seins der Substanz zu den individuellen Wesen, d.h. den ein-

---

72 Ebd., prop. 7, Sch. und prop. 10, Sch.
73 *Vorlesungen über die Geschichte der Philosophie.*
74 E, I, def. 7

sere finalizzato a sé. Ma la Natura lo respinge con parole durissime: "Quando io vi offendo in qualunque modo e con qual si sia mezzo, io non me n'avveggo: come, ordinariamente, se io vi diletto o vi benefico, io non lo so; e non ho fatto, come credete voi, quelle tali cose, o non fo quelle tali azioni, per dilettarvi o giovarvi. E finalmente, se anche mi avvenisse di estinguere tutta la vostra specie, io non me ne avvedrei". Nel *Frammento* non c'è più traccia del pathos dell'uomo che difende un qualsiasi finalismo, c'è soltanto la natura con la sua eternità e nei suoi modi di essere. E il tono è più distaccato, quasi per dare maggiore forza speculativa alla tesi sostenuta.

Infine non si può non citare un'altra bella pagina "spinozista". Che si trova nello *Zibaldone*.[75] L'argomento è ora il rapporto tra materia e pensiero. Abbiamo visto come per Spinoza la sostanza pensante e la sostanza corporea siano una sola e medesima sostanza. Ecco come vi fa eco Leopardi.

"La materia pensante si considera come un paradosso, un'assurdità enorme. Diversamente andrebbe la cosa, se il filosofo considerasse come un paradosso, che la materia non pensi. Or che la materia pensi, è un fatto. Un fatto, perché noi pensiamo. Un fatto perché noi veggiamo che le modificazioni del pensiero dipendono totalmente dalle sensazioni, dallo stato del nostro fisico; che l'animo nostro corrisponde in tutto alle varietà ed alle variazioni del nostro corpo. Un fatto, perché noi sentiamo corporalmente il pensiero: ciascun di noi sente che egli

---

[75] *Zibaldone*, 4288 s.

zelnen Dingen über.[76] Zum Beispiel ist ein Körper eine endliche Art des Attributes der Ausdehnung, und eine Idee ist eine endliche Art des Attributes des Gedankens. Auch der Mensch ist eine Art (ein modus), insofern er aus Körper und Geist zusammengesetzt ist.

Das Endliche sagt in begrenzter und partieller Weise das aus, was in unendlicher Art von den Attributen gesagt wird. Doch dies ist die Größe des Endlichen. Das Endliche ist der Spiegel, durch den das Unendliche leuchtet. Anders gesagt: Das Endliche ist wie die Kräuselung des Unendlichen. Stellen wir uns das Meer vor als das Unendliche; dann ist das Endliche seinen Wellen vergleichbar.[77] Das Wasser ist immer dasselbe, doch eines ist die Gesamtheit des Meeres, etwas anderes die je einzelnen Wellen. Und im Übrigen bleibt das Meer, während die Wellen kommen und gehen. Die Wellen sind das kurze Erscheinungsbild des Meeres.

Man kann noch einen anderen Vergleich anführen, der aus der Mathematik genommen ist. Man weiß, dass der Umfang des Kreises von drei Punkten bestimmt wird, die nicht auf einer Linie liegen. Aber diese drei Punkte bilden auch ein Dreieck. Doch eines ist der Umfang, etwas anderes sind die Dreiecke, die in einen Umfang eingeschrieben werden können, indem man jedes Mal drei Punkte auf ihm festlegt. So gibt es auf der einen Seite die Einheit, auf der anderen die Vielheit.

---

76 Vgl. ebd., II, def. 7
77 Vgl. Filippo MIGNINI, *Introduzione a Spinoza*, Bari 2009

115

pensa con una parte materiale di sé, cioè col suo cervello."

Ho riportato questa pagina, perché ci introduce pienamente nella comprensione di quanto dice Spinoza sul rapporto tra mente e corpo.

Mente e corpo

Riprendiamo l'affermazione fondamentale che – come s'è detto – rimette in questione il pensiero occidentale: cioè che la sostanza pensante e la sostanza corporea sono una sola e medesima sostanza.

Consideriamo adesso i rispettivi modi, relativi all' uomo.

Un modo della sostanza pensante è la mente, un modo della sostanza corporea è il corpo. La conseguenza necessaria, e altrettanto rivoluzionaria, è che il corpo e la mente sono la stessa cosa, solo espressa in due diverse maniere [78]. Lo ribadisce nella parte terza dell'*Etica*: "La mente e il corpo sono una sola e medesima cosa che viene concepita ora sotto l'attributo del pensiero ora sotto quello dell' estensione" [79].

Lo sottolinea, con grande forza, nella famosa proposizione: "L'oggetto dell'idea che costituisce la mente umana è il corpo e nient'altro." [80] O anche la mente è "l'idea del corpo". [81]

Nient'altro.

---

[78] Cf. E, II, prop. 7, scolio
[79] Ivi, III, prop. 2, scolio
[80] Ivi, II, prop. 13
[81] Ivi, II, prop. 15, dim.

Man könnte auch zur Metapher des Buches zurückkehren und sagen, das ganze Buch sei das Unendliche, die Attribute die Kapitel, und die einzelnen Seiten die modi. Wie aber kann man den Menschen verstehen unter dieser Perspektive? Wir hatten schon festgestellt, dass er weder der Mittelpunkt ist noch das Ziel, sondern nur ein Teil der Natur. Jetzt können wir ihn näher betrachten. Der Mensch ist wie jede einzelne Sache. Er ist ein modus. Er ist also keine Substanz, da die Substanz eine einzige, unendliche, unveränderliche und unteilbare ist. „Zum Wesen des Menschen gehört nicht das Substanz-Sein."[82] Diese Behauptung fasst die kopernikanische Revolution zusammen. Es ist eine vollständige Revolution. Auf diesem Weg gelangt man dahin, die Idee des Subjekts als Fundament jeder Wirklichkeit und allen Wissens zu untergraben.

An dieser Stelle stoßen wir auf ein anderes dichterisches Zeugnis. Wir haben gesehen, wie der Spinozismus über Jacobi in die Dichter der deutschen Romantik eingedrungen ist. Doch er hat über Pierre Bayle (1647–1706) auch die italienische Dichtung beeinflusst. Ein außerordentlicher Zeuge hierfür ist Giacomo Leopardi (1798–1837).

Bayle hatte in seinem *Dictionnaire* Spinoza dem Straton von Lampsacos (circa 335–269 v.C.), zur Seite gestellt, dem Nachfolger des Aristoteles als Leiter des Peripatos nach Theophrast. Leopardi stellt sich vor, in seinen *Operette Morali* ein apokryphes

---

[82] E, II, prop. 10

Fino a questo punto si propaga il suono iniziale del Deus sive Natura: Dio cioè la Natura. Dopo questo primo *sive* si passa alla res cogitans *sive* res extensa. Qui, di balza in balza, diventa: la Mente cioè il Corpo.

Si deve ammirare la modernità dello stile. Spinoza non dice anima e corpo. Il termine anima è quasi del tutto inesistente in tutta la sua opera. Ma dice mente e corpo. La scelta linguistica ha spesso una importanza decisiva. In questo caso, se si dice anima e corpo, si cade più facilmente nella trappola delle due sostanze opposte.

Va detto di sfuggita che l'unità mente-corpo è oggi l'argomento più affascinante delle complesse ricerche delle neuroscienze cognitive, in cui a volte si fa riferimento esplicito a Spinoza.[83]

Se la mente è l'idea del corpo, mente e corpo sono unite in maniera indissolubile, come la mente e la sua idea. In altri termini: "L'idea del corpo, cioè la mente, e il corpo stesso costituiscono un unico Individuo". Essi sono diversi solo secondo i due diversi punti di vista, quello del pensiero o quello del corpo.[84]

Ma sentiamo le grandi affermazioni che seguono. "E nulla accadrà mai in questo corpo che non sia percepito dalla mente."[85] La mente percepisce ciò che accade al corpo. Ciò che accade al corpo, Spinoza lo chiama affezione, per distinguerlo dall'affetto.

---

[83] Cf. per fare un solo esempio, Antonio Damasio, *Alla ricerca di Spinoza, emozioni sentimenti e cervello*, Milano 2003.
[84] Cf. E, II, prop. 21, scolio
[85] Ivi, II, prop. 12

Fragment des Straton aus dem Griechischen zu übersetzen. Der Text ist „spinozistisch", sei es, weil darin die Idee der Materie dominiert, die ohne jede sie transzendierende Ursache aus sich eine unendliche Zahl von Formen erzeugt, sei es, weil darin jeder Finalismus geleugnet wird.

So wird die Kraft der Materie gepriesen: „Die Kraft der Materie formt aus dieser Materie unzählige Geschöpfe. Aber da diese Kraft nie aufhört, zu wirken und die Materie zu verändern, zerstört sie auch wieder die Geschöpfe, die sie kontinuierlich schafft, und bildet aus deren Materie neue Geschöpfe. Deshalb ist die Materie nicht weniger geworden in irgendeinem Teil, sondern es fehlen ihr nur jene Seinsweisen, da jeder von ihr ein anderer Modus, das heißt eine andere Welt gefolgt ist, Schritt für Schritt." Dieses unaufhörliche Werden geschieht aus einfacher Notwendigkeit und wegen der absoluten Indifferenz der Natur.

Diese These unterscheidet sich nicht von jener im *Dialogo della Natura e di un Islandese (Dialog zwischen der Natur und einem Isländer)* in den *Operette Morali*. Im *Dialog* ist der Mensch gegenwärtig, der sein eigenes Ressentiment gegen die Natur ausdrückt – die in der Ginestra „leibhafte Mutter und Stiefmutter" genannt wird. Der Isländer ist der anthropozentrische Mensch, der sich einbildet, alles müsse auf ihn hin ausgerichtet sein. Doch die Natur weist ihn mit sehr harten Worten zurück: „Wenn ich euch in irgendeiner Weise und mit irgendeinem Mittel kränke, dann merke ich es nicht einmal: wie wenn ich euch liebe oder Gutes

Ebbene, le percezioni delle affezioni del corpo costituiscono le idee della mente. Sono queste le idee della mente e nient'altro. Tutto circola tra corpo e mente. L'esperienza della realtà plasma continuamente la nostra mente e questa diventa capace con ciò stesso di spiegare la realtà.

Ma Spinoza fa un passo ulteriore. E aggiunge una importante conclusione. Dice: allo stesso modo per cui uno che sa qualcosa, sa anche di sapere, così la mente "non solo percepisce le affezioni del corpo ma anche le idee di queste affezioni".[86] Cioè, la mente si fa le idee delle affezioni del corpo, ma si fa anche le idee di tali idee. Introduce in questo modo le idee delle idee. E in ciò consisterebbe quello che si potrebbe chiamare coscienza di sé. In questo modo infatti "la mente conosce sé stessa".[87]

Discendono da un tale forte impianto teorico altre affermazioni di eccezionale portata. Spinoza approfondisce il rapporto fra mente e corpo. Tra la mente e il corpo non esiste nessun rapporto di causalità né di superiorità o trascendenza della mente rispetto al corpo. "Né un corpo può determinare una mente a pensare, né una mente può determinare un corpo al moto, o alla quiete, o ad altro (se c'è altro)".[88] Ancor di più dice nel modo più perfetto e incisivo: "Le azioni e le passioni del nostro corpo corrispondono per natura, simultaneamente, alle azioni e alle passioni della nostra mente."[89]

---

[86] Ivi, II, prop. 22
[87] Ivi, II, prop. 22, dim.
[88] Ivi, III, prop. 2
[89] Ivi, scolio

tue, weiß ich es nicht; und ich habe nicht, wie ihr glauben mögt, jene Dinge getan und ich unternehme nicht jene Handlungen, um euch zu erfreuen oder zu nützen. Und schließlich würde ich mich selbst dann nicht scheuen, wenn ich eure ganze Art auslöschen müsste." Im *Frammento (Fragment)* ist keine Spur jenes Pathos' des Menschen mehr zu finden, der irgendein Ziel verteidigt, es gibt nur noch die Natur in ihrer Ewigkeit und ihren Seinsweisen. Und der Ton ist distanzierter, um damit der vertretenen These mehr spekulative Kraft zu verleihen.

Und schließlich muss noch eine weitere schöne „spinozistische" Seite aus dem *Zibaldone* zitiert werden.[90] Das Thema ist hier das Verhältnis zwischen Materie und Gedanken. Wir haben gesehen, dass für Spinoza die denkende und die körperliche Substanz ein und dieselbe sind. So greift Leopardi diesen Gedanken auf:

„Die denkende Materie betrachtet man wie ein Paradox, eine enorme Absurdität. Anders würde es sich darstellen, wenn der Philosoph es sich als Paradox vorstellte, wenn die Materie nicht dächte. Nun ist es aber eine Tatsache, dass die Natur denkt – ein Faktum, weil wir denken, ein Faktum auch, weil wir sehen, dass die Änderungen der Gedanken völlig von den Sinneseindrücken abhängen, von unserem physischen Zustand; dass unser Gemüt in allem und in seiner Vielfalt den Änderungen unseres Körpers entspricht. Eine Tatsache auch, weil wir den Gedanken körperlich fühlen: jeder von uns fühlt,

---

[90] *Zibaldone*, 4288f.

La parola chiave è "simul", simultaneamente. Non c'è un prima della mente e un dopo del corpo o viceversa. Tutto avviene tra loro simultaneamente. Lo ribadisce con una forza impressionante, lì dove afferma che le decisioni della mente non sono altro che gli appetiti del corpo. Testualmente: "I decreti della mente non sono altro che gli appetiti stessi del corpo e perciò variano a seconda della varia disposizione del corpo."[91] Così per fare un solo esempio - dice - gli uomini credono di parlare per libero decreto della mente, mentre invece non riescono a frenare la loro lingua; se vi riuscissero, le faccende del mondo andrebbero parecchio meglio.

L'affermazione per cui si riportano le decisioni della mente agli appetiti del corpo cambia nella maniera più radicale il modo di concepire il rapporto mente-corpo. E ci vorrà l'ardire di Nietzsche per riprenderla con la massima incisività, quand'egli nega che l'azione sia al seguito della conoscenza, sia cioè decisa dalla mente, e inserisce l'azione nell'ordine degli istinti vitali.

Questa tesi toglie lo sgabello sotto i piedi a ogni possibilità di pensare qualsiasi tipo di trascendenza. E scardina i fondamenti della morale che si costruisce sulla premessa che la mente possa esercitare un dominio sulle passioni. La pretesa preminenza della mente sul corpo è una pura illusione.

Spinoza è consapevole che tutte le sue convinzioni non possono essere condivise dal modo comune di pensare. Si crede ciecamente - dice - che "il corpo, per il solo comando della mente, ora si muova ora

---

[91] Ivi

dass er mit einem materiellen Teil seiner selbst denkt, nämlich seinem Gehirn."

Ich habe diese Seite zitiert, weil sie genau zum Verständnis dessen führt, was Spinoza über das Verhältnis zwischen Geist und Körper sagt.

Geist und Körper

Ich will noch einmal die grundlegende Feststellung aufgreifen, die das westliche Denken – wie wir gesehen haben – in Frage stellt: dass die denkende Substanz und die körperliche Substanz ein und dasselbe sind.

Nun wollen wir die jeweiligen Modi in Bezug zum Menschen betrachten.

Ein Modus der denkenden Substanz ist der Geist, ein Modus der körperlichen Substanz der Körper.

Die notwendige und gleichermaßen revolutionäre Konsequenz ist: Körper und Geist sind dasselbe in zwei verschiedenen Arten ausgedrückt.[92] Das betont Spinoza nochmal im dritten Teil der *Ethik*: „Geist und Körper sind ein und dasselbe, einmal begriffen mit dem Attribut des Gedankens, das andere Mal mit dem Attribut der Ausdehnung."[93]

Er unterstreicht es mit großem Nachdruck in dem berühmten Satz: „Das Objekt des Gedankens, der den menschlichen Geist bildet, ist nichts anderes als der Körper.[94] Oder auch: Der Geist ist „die Idee des Körpers".[95]

---

[92] Vgl. E, II, prop. 7, Sch.
[93] Ebd., III, prop. 2, Sch.
[94] Ebd., II, prop. 13
[95] Ebd., II, prop. 15, dim.

stia fermo, ora compia moltissime azioni che dipendono dalla sola volontà della mente". Si è presi dalla considerazione delle grandi capacità della mente e non si è capaci di stupirsi dinanzi alla potenza del corpo. "In effetti, che cosa propriamente possa il corpo, nessuno l'ha ancora determinato. Il corpo, in base alle sole leggi della sua natura, può molte cose di cui la sua stessa mente si meraviglia."[96]

Dall'unità di mente e corpo deriva poi che la mente si spegne insieme al corpo. Cioè l'anima – per usare questo termine – non è immortale.

Ma poi Spinoza ci sorprenderà ancora una volta, quando dirà che, sebbene la mente non sia immortale, tuttavia essa può essere eterna. Lo vedremo più avanti.

L'uomo e la sua potenza

Se chiediamo a Spinoza che cosa è l'uomo, non risponde. Nelle definizioni classiche si diceva: l'uomo è un animale razionale, oppure è un animale che possiede il linguaggio. Spinoza non dice che cosa è l'uomo. Per lui, decisivo è sapere che cosa egli può. E in questo egli fa sua una tesi fondamentale di Hobbes, sviluppandola poi a suo modo. In generale - dice Spinoza - di ogni ente si tratta di conoscere quanto può fare, la sua positiva affermazione di esistere. Questa è infatti l'unica ragione di essere, che è immanente al suo stesso essere. Tutti gli esseri quindi si qualificano e si distinguono tra loro per il

---

[96] Ivi

Nichts weiter.

Bis zu diesem Punkt reicht der ursprüngliche Klang des „Deus sive Natura". Nach diesem ersten *sive* geht er über zur res cogitans *sive* res extensa. Hier wird es Schritt für Schritt zu: der Geist, das heißt der Körper.

Man muss die Modernität des Stils bewundern. Spinoza sagt nicht „Seele und Körper". Der Begriff anima existiert praktisch in seinem gesamten Werk nicht. Vielmehr sagt er „Geist und Körper". Die Wortwahl hat oft eine entscheidende Bedeutung. In diesem Fall gerät man leicht in die Falle zweier gegensätzlicher Substanzen, wenn man von „Seele und Körper" spricht.

Flüchtig soll hier noch angemerkt werden, dass die Körper-Seele-Einheit heute der faszinierendste Gegenstand der komplexen Forschung im Bereich der kognitiven Neurowissenschaften ist, bei denen gelegentlich ausdrücklich auf Spinoza Bezug genommen wird.[97]

Wenn der Geist die Idee des Körpers ist, sind Geist und Körper unlösbar miteinander verbunden wie der Geist und seine Idee. Mit anderen Worten: „Die Idee des Körpers, also der Geist, und der Körper selbst bilden ein einziges Individuum." Sie sind nur durch die verschiedenen Sichtweisen – jene des Gedankens und jene des Körpers – unterschieden.[98]

Aber hören wir noch die gewichtigen Feststellungen, die folgen: „Nichts wird je in diesem Körper

---

[97] Vgl. z.B. António Damásio, *Descartes' Irrtum – Fühlen, Denken und das menschliche Gehirn*. München 1994
[98] Vgl. E, II, prop. 21, Sch.

maggiore o minor grado di potenza. Così, per l'uomo, bisogna considerare non ciò che egli è, ma ciò che egli può. Non si tratta del suo essere, ma si tratta della sua potenza di essere. E in questo, ogni uomo è assolutamente singolare.

La forma più originaria di questa potenza è la forza (*conatus*) con cui ogni cosa vuole perseverare nel proprio essere. Questa è l'essenza di ogni cosa. "La potenza di qualsiasi cosa, ossia lo sforzo con cui cerca di rimanere nel proprio essere, non è altro che l'essenza data o attuale della cosa stessa"[99]. E dunque è l'essenza dell'uomo.

Ogni individuo non porta in sé alcun seme della propria distruzione. Al contrario, si oppone a tutto ciò che possa in qualsiasi maniera insidiare la propria esistenza. Egli è radicato nell'esistenza e in essa vuole persistere.

Spinoza disegna in questo modo la positività pura e l'affermazione incondizionata dell'esistenza.

Ed ecco le forme del *conatus*. "Quando si riferisce alla sola mente, si chiama volontà; quando invece si riferisce contemporaneamente alla mente e al corpo si chiama appetito, il quale dunque non è altro che l'essenza stessa dell'uomo."[100] E l'appetito nell'uomo, in quanto ne ha consapevolezza, si chiama desiderio o cupidità.

L'uomo dunque nasce con questo appetito primordiale. Questa è la potenza prima e assoluta. Ma poi, nella vita, accade che si presentino momenti che possono o accrescere o diminuire tale potenza.

---

[100] Ivi, III, prop. 7
[100] Ivi, III, prop. 9, dim.

geschehen, was der Geist nicht wahrnähme."[101] Der Geist nimmt also wahr, was dem Körper widerfährt, und das nennt Spinoza Empfindung im Unterschied zum Gefühl. Nun, die Wahrnehmung der Empfindungen bilden die Ideen des Geistes. Dies und nichts anderes sind die Ideen des Geistes. Alles kreist zwischen Körper und Geist. Die Erfahrung der Wirklichkeit prägt ständig unseren Geist, und dieser wird dadurch fähig, die Wirklichkeit zu erklären. Doch Spinoza geht noch einen Schritt weiter und schließt eine wichtige Schlussfolgerung an. Er sagt: Auf dieselbe Weise weiß jemand, der weiß, dass er weiß, und so „nimmt der Geist nicht nur die Empfindungen des Körpers wahr, sondern auch die Ideen dieser Empfindungen".[102] Das heißt, der Geist macht sich Vorstellungen der Empfindungen des Körpers, aber er macht sich auch Vorstellungen von diesen Vorstellungen. In dieser Weise führt er die Ideen der Ideen ein. Und darin könnte das bestehen, was man Selbstbewusstsein nennen könnte. Und auf diese Weise „erkennt der Geist sich selbst".[103]

Aus dieser starken Theorie ergeben sich andere Feststellungen von außerordentlicher Tragweite. Spinoza vertieft noch die Aussagen über das Verhältnis von Geist und Körper. Zwischen Geist und Körper gibt es weder ein Kausalitätsverhältnis noch eine Höherwertigkeit oder eine Transzendenz des Geistes im Verhältnis zum Körper. „Weder kann ein Körper einen Geist auf das Denken festlegen, noch ein

---

[101] Ebd., II, prop. 12
[102] Ebd., II, prop. 22
[103] Ebd., II, prop. 22, dim.

E qui si apre una delle pagine più belle dell'opera di Spinoza.

Ora la parola chiave diventa *affectus* – affetto. Spinoza ne dà una chiara definizione: "Per affetto intendo le affezioni del corpo, dalle quali la potenza di agire del corpo stesso viene aumentata o diminuita, aiutata o impedita, e insieme anche le idee di queste affezioni."[104] Il corpo viene "affetto" dal mondo. Viene interessato e interessa gli altri corpi; e la stessa cosa succede alle idee. Lo dice già nella seconda parte dell'Etica: "Il corpo umano è affetto da corpi esterni in moltissimi modi, ed è disposto così da modificare i corpi esterni in moltissimi modi" e contemporaneamente "la mente è atta a percepire moltissime cose."[105] Il corpo "è come rigenerato"[106] dagli altri corpi. E a su volta li rigenera. Allo stesso modo le idee si influenzano reciprocamente.

E' il grande disegno che riguarda il corpo e la mente di ogni uomo. Tutto dipende dal proprio rapporto con i corpi e con le menti del maggior numero possibile degli altri corpi e delle altre menti.

Dipende dalla propria disponibilità e dalle occasioni. Che cosa succede infatti nel rapporto con le cose e con gli altri? La risposta di Spinoza è fra le sue cose più rilevanti. Succede che la vita possa cambiare profondamente. La potenza può cambiare. La potenza del corpo e la potenza della mente possono essere o accresciute o diminuite. Sono in gioco due sentimenti opposti. Negli incontri possiamo provare o letizia o tristezza.

---

[104] Ivi, III, definizione generale degli affetti
[105] Ivi, II, prop. 14
[106] Ivi, II, prop. 19, dim.

Geist den Körper auf Bewegung oder Ruhe oder anderes (wenn es anderes gibt)."[107] Noch deutlicher sagt er weiter auf sehr prägnante Art: „Die Handlungen und Leidenschaften unseres Körpers entsprechen aufgrund ihrer Natur gleichzeitig den Handlungen und Leidenschaften des Geistes."[108] Der Schlüsselbegriff ist „simul", gleichzeitig. Es gibt kein Vorher des Geistes und kein Nachher des Körpers oder umgekehrt. Alles geschieht gleichzeitig. Das bekräftigt er mit beeindruckender Energie dort, wo er sagt, die Entscheidungen des Geistes seien nichts anderes als die Bedürfnisse des Körpers. Wörtlich: „Die Beschlüsse des Geistes sind nichts anderes als die Wünsche des Körpers, und deshalb verändern sie sich je nach den verschiedenen Zuständen des Körpers."[109] So glauben – um nur ein Beispiel zu nennen – die Menschen, sie würden aufgrund eines freien Geistesentschlusses sprechen, während sie doch nicht in der Lage sind, ihre Zunge zu zähmen; wenn es ihnen aber gelänge, stünde es viel besser um die Angelegenheiten der Welt.

Die Feststellung, die Entscheidungen des Geistes würden sich auf die Bedürfnisse des Körpers übertragen, stürzt in ganz radikaler Weise das Verständnis des Verhältnisses Geist–Körper um. Und es wird der Kühnheit eines Nietzsche bedürfen, um sie adäquat wieder aufzunehmen, wenn er leugnet, dass die Handlung dem Bewusstsein folge, also vom Geist entschieden werde, und sie stattdessen unter die vitalen Instinkte einordnet.

---

[107] Ebd., III, prop. 2
[108] Ebd., Sch.
[109] Ebd.

Cominciamo dalla mente. La mente può cambiare in meglio o in peggio. Si potenzia se negli incontri trova letizia, si deprime se prova tristezza. "Intenderò per letizia la passione per cui la mente passa a una maggiore perfezione, per tristezza la passione per la quale essa passa a una minor perfezione."[110]

Da qui viene una regola per una maggiore leggerezza della vita. La mente dovrà tendere a immaginare le cose liete piuttosto che quelle tristi.

Questo riguarderà direttamente il corpo." La mente, per quanto può, si sforzerà di immaginare ciò che aumenta o favorisce la potenza del corpo."[111]

La maggiore potenza della mente darà maggiore potenza al corpo. E viceversa.

Ancora una volta, c'è una perfetta reciprocità. Così, finché la mente immagina ciò che favorisce la potenza di agire del corpo, questa a sua volta favorisce la potenza di pensare della mente.[112] Ecco come, nel flusso continuo della vita, cambia la potenza.

Tutto si sviluppa negli incontri con gli altri. E sono incontri di idee e incontri di corpi. Tra le idee e tra i corpi può avverarsi una concordanza o una discordanza. Quindi, verrà maggiore letizia, o tristezza.

L'uomo – dicevamo – cercherà le cose liete con la stessa immaginazione. Nello stesso tempo praticherà cose liete. Spinoza tratteggia, quasi nei minimi particolari, uno stile di vita che dia benessere e piacere. È una pagina da leggere.[113]

---

[110] Ivi, III, prop. 11, scolio
[111] Ivi, III, prop. 12
[112] Cf. Ivi, dim.
[113] Ivi, IV, prop. 45, scolio

Diese These entzieht jeder Möglichkeit, an irgendeine Art von Transzendenz zu denken, die Grundlage. Und sie hebt die Fundamente einer Moral aus den Angeln, die auf der Voraussetzung beruht, dass der Geist die Leidenschaften beherrschen könne. Der beanspruchte Vorrang des Geistes über den Körper ist nichts als eine Illusion.

Spinoza ist sich dessen bewusst, dass all seine Überzeugungen von der gemeinen Denkweise nicht geteilt werden können. Man glaube blind, sagt er, dass „der Körper allein aufgrund eines Kommandos des Geistes einmal sich bewege, einmal still stehe, ein anderes Mal vielerlei Handlungen ausführe, die nur vom Willen des Geistes abhängen". Man ist eingenommen von der Betrachtung der großen Geisteskräfte und ist nicht fähig, angesichts der Kraft des Körpers zu staunen. „Tatsächlich hat noch niemand bestimmt, wozu der Körper fähig ist. Allein aufgrund der Naturgesetze vermag er vieles, worüber selbst der Geist nur staunen kann."[114]

Aus der Einheit von Geist und Körper ergibt sich schließlich auch, dass der Geist zugleich mit dem Körper erlischt. Mit anderen Worten: Die Seele – um diesen Begriff zu gebrauchen – ist nicht unsterblich.

Doch Spinoza wird uns noch einmal überraschen, wenn er sagt, die Seele könne, wiewohl sie nicht unsterblich ist, dennoch ewig sein. Weiter unten wird davon die Rede sein.

---

[114] Ebd,

Comincia col raccomandare il riso e il gioco, e commenta: "Niente proibisce di divertirsi se non una triste superstizione. Per qual motivo sarebbe lecito estinguere la fame e la sete e non lo sarebbe scacciare la malinconia? Questa è la mia norma e così ho regolato il mio animo." E prosegue sollecitando di godere, anche se moderatamente, in tutti i modi che ci si offrono. "Trarre profitto delle cose e goderne, quanto è possibile, è proprio dell'uomo saggio. E lo è anche, io dico, ristorarsi e ricrearsi in giusta misura con cibi e bevande gradevoli, con profumi, con l'amenità degli alberi verdeggianti, con gli ornamenti, con la musica, con gli esercizi del corpo, con gli spettacoli teatrali e altre cose del genere di cui ciascuno può godere senza alcun danno per gli altri."

Conclude con l'immagine del corpo formato di molte parti che bisogna nutrire: "Il corpo umano è composto di moltissime parti di diversa natura che hanno continuamente bisogno di nuovo e vario nutrimento, affinché il corpo tutto sia armonicamente disponibile per tutte quelle cose che possono derivare dalla propria natura, e di conseguenza anche la mente sia armonicamente disposta a comprendere molte cose insieme."

Sembra di vedere un "interno" dell'altro grande olandese, il pittore Jan Vermeer, nato nello stesso anno di Spinoza. Vi sono rappresentati tutti gli agi e i piaceri della società olandese del tempo. Vetrate dipinte, tappeti di seta, oggetti preziosi, strumenti musicali, le lettere e gli amori. In uno di questi, un virginale, è inciso il detto "Musica laetitiae comes

Der Mensch und seine Fähigkeiten

Wenn wir Spinoza fragen, was der Mensch sei, gibt er keine Antwort. In den klassischen Definitionen wurde gesagt: Der Mensch sei ein vernunftbegabtes oder ein sprachbegabtes Lebewesen. Spinoza sagt nichts darüber, was der Mensch ist. Für ihn ist entscheidend zu wissen, was der Mensch kann. Und hier macht er sich eine grundlegende These von Hobbes zu eigen, die er auf seine Art weiterentwickelt. Im allgemeinen – sagt Spinoza – sei es nötig, von jedem Seienden zu wissen, was es kann, also seine Existenzberechtigung. Diese allein ist sein Daseinsgrund, der in seinem eigenen Sein liegt. Alle Seienden qualifizieren und unterscheiden sich durch ihren größeren oder kleineren Grad an Potenz. Und so muss man beim Menschen nicht abwägen, was er ist, sondern was er kann. Es geht nicht um sein Sein, sondern um seine Seinspotenz. Und hierin ist jeder Mensch absolut einmalig.

Die ursprünglichste Form dieser Potenz ist die Kraft (*conatus*), mit der jede Sache im eigenen Sein zu verharren sucht. Dies ist der Wesenskern jeder Sache. „Die Potenz einer jeden Sache oder ihr Bemühen, das eigene Sein zu erhalten, ist nichts anderes als die gegebene oder aktuelle Essenz der Sache selbst."[115] Es ist also das Wesen des Menschen.

Kein Individuum trägt in sich einen Keim der Selbstzerstörung. Im Gegenteil widersetzt es sich allem, was in irgendeiner Weise seine Existenz ge-

---

[115] Ebd., III, prop. 7

medicina dolorum". La musica compagna della letizia, medicina dei dolori. E' letteralmente un tema spinoziano.

Dicevamo, la mente volgerà tutta la propria attenzione a ciò che è bene. E fuggirà ciò che per lei è male. Spingendo all'estremo questo discorso e concludendolo, Spinoza afferma che l'uomo eviterà, per quanto possibile, il pensiero della morte. La sua sapienza sarà una meditazione della vita.[116]

Platone aveva detto che la filosofia è una mediazione della morte. Spinoza propone l'opposto: la filosofia è una meditazione della vita.

Ma la potenza si accresce in modo esponenziale nel rapporto con gli altri. "Noi non possiamo mai fare in modo da non aver bisogno di niente fuori di noi per conservarci nel nostro essere; e se inoltre consideriamo la nostra mente, il nostro intelletto sarebbe certamente più imperfetto se la mente fosse sola e non comprendesse null'altro se non sé stessa."[117]

Sottolineiamo quest'ultima affermazione. La nostra mente sarebbe poca cosa da sola. Lasciando da parte il rapporto con le cose, Spinoza prende in considerazione il rapporto per eccellenza. È il rapporto di ogni uomo con gli altri. Spinoza scrive una pagina indimenticabile: "Vi sono molte cose fuori di noi che ci sono utili e che perciò dobbiamo desiderare. Fra queste, non se ne possono pensare altre più eccellenti di quelle che concordano interamente con la nostra natura". Cioè gli altri uomini. "Se infat-

---

[116] Cf. Ivi, IV, prop. 67
[117] Ivi, prop. 18, scolio

fährden könnte. Es ist in der Existenz verwurzelt und möchte auch darin verbleiben. Spinoza stellt so die reine Positivität und die unbedingte Bejahung der Existenz dar.

Und dies sind die Arten der Kraft (*conatus*): „Wenn man sich nur auf den Geist bezieht, spricht man von Willen; wenn man sich aber gleichzeitig auf Geist und Körper bezieht, nennt man es Verlangen, und dies ist also nichts anderes als das Wesen des Menschen."[118] Und dieses Verlangen heißt, soweit man sich dessen bewusst ist, Wunsch oder Begierde. Der Mensch wird also mit diesem Urverlangen geboren. Dies ist die erste und absolute Kraft. Doch im Verlauf des Lebens treten Ereignisse ein, die diese Kraft steigern oder verringern können. Hier beginnt eine der schönsten Seiten in Spinozas Werk.

Nun wird *affectus* – Empfindung – zum Schlüsselbegriff. Spinoza gibt dafür eine klare Definition: „Unter Affekt verstehe ich die körperlichen Empfindungen, durch welche die Kraft des Körpers zu handeln vermehrt oder verringert wird, unterstützt oder behindert, und gleichzeitig auch die Ideen dieser Empfindungen."[119] Der Körper wird von der Welt „befallen". Er erfährt Interesse von anderen und interessiert sich für andere, und das gleiche geschieht mit den Ideen. Spinoza schreibt schon im 2. Teil der *Ethik*: „Der menschliche Körper wird auf vielfältige Weise von äußeren Körpern betroffen, und so ist er auch gewillt, seinerseits die äußeren Körper

---

[118] Ebd., III, prop. 9, dim.
[119] Ebd., III, Allgemeine Definition der Affekte

ti due individui si uniscono, formano un individuo due volte più potente dell'individuo singolo". Deduce: "All'uomo niente è più utile dell' uomo". Ma gli altri sono altre menti e altri corpi.

Sicché compie un volo spingendosi a dire: "Gli uomini non possono desiderare per la conservazione del proprio essere niente di più eccellente se non che tutti concordino in tutto, in modo che le menti e i corpi formino quasi una sola mente e un solo corpo."[120]

Tutto questo avrà un grande sviluppo nella sua concezione politica.

Dunque, c'è un punto fermo. La moltitudine è come un solo essere. Perciò ogni uomo, per il suo stesso bene, vorrà il bene di tutti. Ecco come si conclude il tema della variazione della potenza. La mia potenza viene accresciuta o diminuita se, insieme, la potenza degli altri viene accresciuta o diminuita o estinta.

L'intelletto unico

Finalmente, nell'ultima parte dell'*Etica*, Spinoza ci riserva una sorpresa, per la quale sono stati versati fiumi d'inchiostro.

Abbiamo visto che un punto di forza del suo pensiero è l'unità assoluta di mente e corpo. Mente e corpo sono un unico corpo. Da cui deriva che non esiste l'immortalità. La mente muore insieme al corpo. La durata della mente c'è finché dura il corpo.

---

[120] Ivi

auf vielfältige Weise zu verändern", und gleichzeitig „ist der Geist fähig, viele Dinge wahrzunehmen".[121] Der Körper wird „regeneriert" von den anderen Körpern, und regeneriert seinerseits die anderen.[122] Auf die gleiche Weise wirken die Ideen. Es ist der große Entwurf, der Körper und Geist eines jeden Menschen betrifft. Alles hängt von der eigenen Beziehung zu den Körpern und dem Geist der größtmöglichen Zahl von Individuen ab. Und das hängt wiederum von der eigenen Neigung und den Gelegenheiten ab. Was geschieht tatsächlich in den Beziehungen mit den anderen Dingen und Menschen? Spinozas Antwort gehört zu seinen wichtigsten Aussagen. Es kommt vor, dass das Leben sich tief verändert. Auch die Kraft kann sich ändern. Die Kraft des Körpers und jene des Geistes können wachsen oder sich vermindern. Es geht um zwei entgegengesetzte Gefühle. In den Begegnungen können wir entweder Freude finden oder Trauer.

Beginnen wir mit dem Geist. Der Geist kann sich zum Besseren oder zum Schlechteren verändern. Er wird stärker, wenn er in den Begegnungen Freude findet, und er wird schwächer, wenn er Traurigkeit erfährt. „Unter Freude verstehe ich die Leidenschaft, durch die der Geist zu größerer Vollkommenheit findet, unter Traurigkeit jene, die den Geist weniger vollkommen werden lässt."[123]

---

[121] Ebd., II, prop. 14
[122] Ebd., II, prop. 19, dim.
[123] Ebd., III, prop. 11, Sch.

Ma ecco l'inattesa proposizione: "La mente umana non può essere assolutamente distrutta insieme al corpo, ma di essa rimane qualcosa che è eterno."[124] C'è "una parte eterna della mente".[125]

E' inevitabile che ci si chieda che cosa sia questo qualcosa o questa parte eterna della mente. Gli interpreti si affollano per darne una spiegazione. Alcuni di loro leggono nelle righe di Spinoza l'influsso dei commentatori medievali di Aristotele: Averroè (1126–1198), Maimonide (1135–1204), Gersonide (1288–1344).

Per esempio, Gersonide distingue tra un intelletto materiale che muore col corpo e un intelletto acquisito, che non muore. L'intelletto acquisito è la somma delle conoscenze vere raggiunte dalla totalità degli uomini. L'intelletto materiale muore. Cioè, l'anima di ciascun essere è mortale. Ma non tutto l'intelletto muore. L'intelletto acquisito permane. Questo è l'intelletto eterno in cui tutti noi pensiamo e siamo pensati. Ma questa parte eterna del nostro intelletto non è individuale. Pertanto, noi siamo individualmente mortali, ma abbiamo una sovra-individualità non mortale.

Oggi si abbandona il ricorso alle complicate dispute medievali. Si preferisce un'altra lettura alla luce di nuove categorie.

Ma prima di arrivare alla considerazione del sovraindividuale, bisogna partire dalla potenza di ogni individualità. Tale potenza consiste nella forza dell' autoconservazione. E questa – come abbiamo visto –

---

[124] Ivi, V, prop. 23
[125] Ivi, prop. 40

Hieraus ergibt sich eine Regel für eine größere Leichtigkeit des Lebens: Der Geist muss sich eher die guten Dinge vorstellen als die schlechten. Dies betrifft unmittelbar auch den Körper. „Der Geist wird sich, so gut er kann, bemühen, sich das vorzustellen, was die Körperkraft vermehrt oder fördert."[126] Eine größere Geisteskraft verleiht auch eine größere Körperkraft, und umgekehrt.

Noch einmal: Es gibt eine perfekte Wechselwirkung. Solange also der Geist sich das vorstellt, was die Tatkraft des Körpers fördert, wird er seinerseits die Denkkraft des Geistes stärken.[127] So verändert sich mit dem ständigen Lebensfluss die Kraft. Alles entwickelt sich in den Begegnungen mit den anderen. Dies sind Begegnungen von Ideen und von Körpern. Zwischen den Ideen und den Körpern kann sich eine Übereinstimmung ergeben oder eine Diskordanz. Es wird also größere Freude oder größere Trauer ergeben.

Der Mensch wird die erfreulichen Dinge mit der gleichen Vorstellungskraft suchen. Zur selben Zeit wird er sich mit erfreulichen Dingen beschäftigen. Spinoza skizziert bis in Details einen Lebensstil, der Wohlbefinden und Genuss bietet. Dies ist eine Seite, die zu lesen sich lohnt.[128] Er beginnt damit, Lachen und Scherzen zu empfehlen. Er sagt dazu: „Nichts verbietet, sich zu vergnügen, außer einem traurigen Aberglauben. Aus welchem Grunde sollte es erlaubt

---

[126] Ebd., III, prop. 12
[127] Vgl. ebd., dim.
[128] Ebd., IV, prop. 45, Sch.

– si accresce con l'immaginazione. Nell'ordine, c'è il *conatus*, la forza di voler esistere. Segue l'*affectus*, che è la variazione della forza di esistere, in quanto siamo continuamente affetti dal mondo con letizia o tristezza: con l'affectus entriamo come in un fiume, nel flusso continuo della vita. Da questo fiume emergiamo con l'*immaginazione*.

L'affectus non è né sentimento né emozione. E ciò perché i sentimenti sono personali e le emozioni sono relazionali.

Invece l'affetto sta più a monte. E' la capacità di essere toccati e di toccare. In quanto tale, non dipende dalle nostre intenzioni o dalle nostre decisioni: esso è una realtà prepersonale.

Radicati in questa realtà prepersonale, che ha anche una connotazione passiva, veniamo fuori per così dire con l'immaginazione, nel senso che questa è una forza attiva.[129]

L'immaginazione è creativa. Essa è talmente potente da poter rappresentare cose presenti o assenti o inesistenti – e goderne o rattristarsene come se fossero presenti.[130] Cose del passato e addirittura dello stesso futuro: infatti Spinoza attribuisce a una grande immaginazione, e non a una rivelazione divina, la stessa pretesa preveggenza dei profeti.

E così l'immaginazione, contrariamente a quel che diceva la filosofia del passato fino a Pascal e Cartesio non costituisce il lato debole del nostro pensiero. Piuttosto, si configura come la forza con cui si animano le stesse altre potenze.

---

[129] Cf· E, II, prop. 17 e 18
[130] Ivi

sein, Hunger und Durst zu löschen, nicht aber, die Melancholie zu vertreiben? Das ist meine Regel, und so habe ich meinen Geist eingestellt." Weiter ruft er dazu auf, maßvoll, aber auf alle sich bietenden Weisen zu genießen. „Aus den Dingen Profit zu ziehen und sie, wenn möglich, zu genießen, ist charakteristisch für den weisen Menschen. Und auch, sich zu erholen und sich in der rechten Weise an angenehmen Speisen und Getränken zu laben, mit Düften, an der Schönheit der begrünten Bäume, an Zierrat, an der Musik, an Körperübungen, an Theateraufführungen und anderen derartigen Dingen, die jeder genießen kann, ohne jemand anderem zu schaden." Er schließt mit dem Bild des Körpers, der aus vielen Teilen gebildet ist und den man ernähren muss: „Der menschliche Körper ist zusammengesetzt aus sehr vielen Teilen verschiedener Art, die laufend neue und verschiedenartige Nahrung brauchen, damit der ganze Körper ständig in harmonischer Verfassung für jene Dinge bereit stehe, die sich aus der eigenen Natur ergeben können, und damit auch der Geist folglich ebenso harmonisch bereit sei, viele Dinge gemeinsam zu begreifen".

Es sieht so aus, als sähe man die Innenseite des zweiten großen Niederländers, des Malers Jan Vermeer, der im selben Jahr geboren wurde wie Spinoza. Es sind alle Annehmlichkeiten und Sinnesfreuden der niederländischen Gesellschaft jener Zeit geschildert. Bemalte Fenster, Seidenteppiche, wertvolle Gegenstände, Musikinstrumente, Briefe und Amouren. In einem Virginal ist der Spruch eingraviert: „Musica laetitiae comes medicina

Essa è il primo genere di conoscenza. Ma l'immaginazione, pur occupando un vasto spazio nella vita dell'uomo, è tuttavia esposta al rischio dell'imprecisione e dell'errore. Sicché è necessario che intervenga la potenza della ragione, con la quale si passa al secondo genere di conoscenza. L'immaginazione coglie ciò che viene di volta in volta dalla "casualità" degli incontri. Essa si limita alle determinazioni estrinseche delle cose, a ciò che in esse è contingente. Ma ora sopraggiunge la ragione, la quale, sul fondamento di "nozioni comuni" che sorgono da ciò che è comune ai corpi, vede le cose nella loro reciproca causalità.

Per cominciare, vediamo il ruolo che la ragione svolge sul piano etico e politico.

A questo riguardo, giova leggere un testo, che è nella quarta parte dell'Etica. Si tratta della proposizione 18 e suo scolio. Vi si anticipano i principi di quel che sarà la teoria del diritto e la relativa dottrina politica di Spinoza. Comincia dicendo che la ragione nulla esige che sia contro natura, e per natura essa vuole che ognuno ami sé stesso e ricerchi il proprio utile, che in senso assoluto è di conservare il proprio essere. Ma a tale scopo noi non possiamo non aver bisogno di ciò che è fuori di noi. Ebbene - come s'è visto - quel che di più eccellente è fuori di noi è l'essere che concorda con la nostra natura, cioè l'altro uomo. All'uomo niente è più utile dell'uomo stesso.

Oltre alla proposizione citata, ne va aggiunta un'altra[131], della quarta parte. Qui Spinoza si dilun-

---

[131] E, IV, prop. 37, scolio

dolorum." Die Musik ist die Gefährtin der Freude, Medizin gegen die Schmerzen. Das ist ganz wörtlich ein Thema Spinozas.

Wir sagten, der Geist richte seine ganze Aufmerksamkeit auf das Gute und er meide das, was für ihn schlecht ist. Wenn wir dieses Thema konsequent zuende denken, stellen wir fest, dass Spinoza behauptet, der Mensch würde, soweit es möglich ist, den Gedanken an den Tod vermeiden. Seine Weisheit bringe ihn dazu, über das Leben zu meditieren.[132] Platon hatte gesagt, die Philosophie sei Nachdenken über den Tod. Spinoza schlägt das Gegenteil vor: Die Philosophie ist Nachdenken über das Leben. Doch die Kraft wächst exponentiell in der Beziehung zu den anderen. „Wir können es nie erreichen, dass wir nichts außerhalb von uns brauchen, um unser Sein zu erhalten; und wenn wir zudem unseren Geist betrachten, müssen wir feststellen, dass unser Intellekt sicher unvollkommener wäre, wenn der Geist allein wäre und nichts anderes verstünde als sich selbst."[133]

Diesen letzten Satz wollen wir unterstreichen. Allein wäre unser Geist wenig wert. Spinoza lässt die Beziehung zu den Dingen außer Betracht und behandelt nur die Beziehung par excellence: die Beziehung des Menschen zu den anderen. Spinoza schreibt hierzu Unvergessliches: „Es gibt viele nützliche Dinge außerhalb von uns, die wir deshalb erstreben müssen. Unter diesen kann man sich kei-

---

[132] Vgl.. ebd. IV, prop. 67
[133] Ebd., prop. 18, Sch.

ga maggiormente sullo stesso argomento. Ciascuno – dice – nascendo acquisisce un illimitato diritto alla vita e si sforza di conservare ciò che ama e di distruggere ciò che odia. Nello stato di natura nessuno è padrone di alcunché, poiché tutto è di tutti. E non esiste il principio che attribuisce a ciascuno il suo.

Lo ribadisce nel capitolo 16 del *Trattato teologico politico*. La natura ha un diritto supremo. E per ciascun essere il suo diritto si estende fin dove giunge la potenza della sua natura. Così, per esempio, "i pesci sono per natura determinati a nuotare, e i più grossi a mangiare i più piccoli" [134]. È un loro diritto di natura. "A questo proposito - dice - non scorgiamo differenze tra gli uomini e gli altri esseri naturali, né tra gli uomini forniti di raziocinio e quelli che ignorano la vera ragione, né tra gli sciocchi, i folli e i sani di spirito"[135]. C'è qui il diritto naturale allo stato puro, definito nel modo più radicale.

Ma come vanno poi le cose con l'intervento della ragione? Torniamo all'Etica. Leggiamo lo scolio della proposizione 18. Ognuno ha diritto assoluto a ricercare il proprio utile, ma la ragione scopre che all' uomo niente è più utile dell'uomo stesso. Qui sta la svolta. Sicché quello che poteva sembrare il fondamento dell'immoralità – che cioè ciascuno ricerca il proprio utile – si rivela un principio di moralità. Un principio di cooperazione, di tolleranza e di concordia. La ragione poi si spinge tanto in là da vedere

---

[134] TTP, cap. 16
[135] *Ivi*

ne wichtigeren denken als jene, die mit unserer Natur vollkommen übereinstimmen." Und dies sind eben die anderen Menschen. „Wenn sich zwei Individuen zusammentun, bilden sie ein Individuum, das doppelt so stark ist wie ein einzelnes." Daraus schließt er: „Dem Menschen ist nichts nützlicher als der Mensch." Aber die anderen besitzen einen anderen Geist[136] und andere Körper. So macht er einen großen Sprung, wenn er sagt: „Die Menschen können sich für die Erhaltung des eigenen Seins nichts Hervorragenderes wünschen, als dass sie in allem übereinstimmten, so dass ihr Geist und ihre Körper beinahe einen einzigen Geist und einen einzigen Körper bilden."[137] Diese Thesen wird er in seiner politischen Theorie noch erheblich weiter entwickeln. Es gibt hier also einen Fixpunkt: Die Vielzahl ist wie ein einziges Sein. Daher erstrebt jeder Mensch in seinem eigenen Interesse das Gute für alle. Der Schluss: Meine Kraft wird verstärkt oder verringert, wenn die Kraft der anderen verstärkt oder verringert wird.

Der einzige Intellekt

Schließlich hält Spinoza im letzten Teil der *Ethik* noch eine Überraschung für uns bereit, über die Ströme von Tinte vergossen wurden.

---

[136] Eigentlich müsste hier ein Pluralbegriff stehen, aber es gibt im Deutschen kein passendes Wort, von dem man den Plural bilden könnte.
[137] Ebd.

addirittura – come già s'è detto – che le menti e i corpi formano quasi una sola mente e un solo corpo.

Questo è il postulato decisivo della ragione: sul quale, come su fondamento stabile, si costruisce la società e l'istituzione dello stato. A questo punto la potenza degli individui diventa potenza della moltitudine. E questa deve imporsi con la forza coercitiva delle leggi, che possano disciplinare e contenere l'appetito sfrenato degli uomini [138].

Ma è ora di considerare il rapporto della ragione con la verità. Già abbiamo visto che essa vede le cose nella loro reciproca causalità. Ora apprendiamo che soprattutto le vede non come contingenti, ma come necessarie. Dice: "E' proprio della natura della ragione percepire le cose in modo vero, cioè come sono in sé, vale a dire non come contingenti ma come necessarie."[139] La natura è necessaria in quanto non può non esserci. Ed è eterna, perché ha un'esistenza infinita. Ebbene, le cose in sé sono espressioni o modi della natura. In quanto tali, esse rivelano il loro volto più vero: che è quello della stessa necessità ed eternità della natura. In questo senso si può dire che "è proprio della ragione considerare le cose sotto questa specie di eternità".[140] E' questa la verità delle cose: ed è ciò che la ragione coglie.

Ma si badi, dice "sotto una qualche specie di eternità" e non ancora dal punto di vista dell'eternità

---

[138] Cf. TTP, cap. 5
[139] E, II, 44, dim.
[140] Ivi, coroll. 2

Wir haben gesehen, dass ein starker Punkt in seinem Gedankensystem die absolute Einheit von Geist und Körper ist. Geist und Körper sind ein einziger Körper. Daraus ergibt sich, dass es keine Unsterblichkeit gibt, denn der Geist stirbt mit dem Körper. Der Geist existiert, solange der Körper existiert.

Doch hier bringt Spinoza eine überraschende Feststellung: „Der menschliche Geist kann nicht zusammen mit dem Körper vollständig zerstört werden; vielmehr bleibt etwas von ihm übrig, das ewig ist."[141] Es gibt „einen ewigen Teil des Geistes."[142]

Die Frage ist unausweichlich, was denn dieses „Etwas" oder dieser ewige Teil des Geistes sei. Zahlreiche Interpreten bemühen sich um eine Erklärung.

Einige finden in den Worten Spinozas den Einfluss mittelalterlicher Kommentatoren des Aristoteles: Averroes (1126–1198), Maimonides (1135–1204), Gersonides (1288–1344).

Gersonides etwa unterscheidet zwischen einem materiellen Intellekt, der mit dem Körper stirbt, und einem erworbenen Intellekt, der nicht stirbt. Dieser erworbene Intellekt ist das Gesamt der Erkenntnisse aller Menschen. Der materielle Intellekt stirbt. Das heißt, die Seele eines jeden Einzelnen ist sterblich. Aber nicht der gesamte Intellekt stirbt; der erworbene Intellekt bleibt erhalten. Dies ist der ewige Intellekt, in dem wir alle denken und gedacht werden. Doch dieser ewige Teil unseres Intellekts ist nichts Individuelles. Insofern sind wir als Individuen sterb-

---

[141] Ebd. V, prop. 23
[142] Ebd., prop. 40

stessa. Ma già così le idee delle cose implicano l'essenza eterna della natura.

Si compie così il secondo genere di conoscenza, una conoscenza adeguata e più vera.

Il terzo genere sarà la conoscenza intuitiva. Questo genere sta su un altro livello rispetto al precedente. La ragione si muove in maniera discorsiva, ora la mente coglie in modo immediato l'essenza delle cose. Spinoza si inoltra in una regione piuttosto oscura.

Ma c'è un passo illuminante che chiarisce, se possibile, di che cosa qui si parla. Fa un esempio. Un uomo può essere causa dell'esistenza di un altro uomo. Ma non sarà causa della sua essenza.[143] Un conto è l'esistenza, altro è l'essenza. Le esistenze sono legate alle cause. Non così le essenze. Ne discende che se per la conoscenza delle cause seguiamo la ragione, non sarà così per la conoscenza delle essenze. Qui – dice Spinoza – alla ragione subentra l'intuizione.

L'intuizione significa il passare dall'esistenza all'essenza. Ebbene, questo passaggio è possibile andando lì dove l'esistenza si identifica con l'essenza. Si ritorna all'inizio dell'Etica, dove è posto il principio assoluto di tutta la sua filosofia. Dice: ciò la cui essenza implica l'esistenza è l'unica sostanza, che è causa di sé. "Per causa di sé intendo ciò la cui essenza implica (involvit) l'esistenza."[144] La serie delle cause si annoda nell'unica causa di sé, e in questa si risolvono, l'una identica all'altra, essenza ed esistenza.

[145] Cf. Ivi, I, prop. 17, scolio
[146] Ivi, I, def. 1

lich, aber wir besitzen ein überindividuelles Wesen, das nicht sterblich ist.

Heute entfernt man sich von dem Rückgriff auf die komplizierten mittelalterlichen Dispute. Man zieht neue Deutungen im Licht neuer Kategorien vor. Doch bevor wir uns mit dem Überindividuellen beschäftigen, müssen wir die Potenz des einzelnen Individuums betrachten. Diese Potenz besteht in der Selbsterhaltung. Und diese nimmt – wie wir gesehen haben – zu mit der *Imagination*. Da gibt es den *conatus*, die Kraft des Existieren-Wollens, dann den *Affekt*, die Empfindung, die eine Variante der Seinskraft ist insofern, als wir ständig von der Welt betroffen sind in Freude oder Trauer. Mit der Empfindung treten wir gleichsam in einen Fluss, den kontinuierlichen Fluss des Lebens. Aus diesem Fluss tauchen wir mit der *Imagination* auf.

Der Affekt ist weder Emotion noch Gefühl, weil nämlich die Gefühle persönlich sind, die Emotionen aber zu Beziehungen gehören.

Insofern hängt die Imagination nicht von unseren Absichten oder Entscheidungen ab; sie ist eine vorpersönliche Realität.

Der Affekt aber steht oberhalb dessen. Es ist die Fähigkeit zu berühren und sich berühren zu lassen.

In dieser Realität verwurzelt, die auch eine passive Komponente hat, können wir aus ihr heraustreten durch die Imagination, die eine aktive Kraft ist.[145]

Die Imagination ist schöpferisch. Sie ist so potent, dass sie anwesende, abwesende oder gar nicht existierende Dinge vergegenwärtigen kann – oder

---

[145] Vgl. E, II, prop. 17 und 18

Si dischiude così la porta verso l'essenza. L'intuizione consisterà nel portare lo sguardo sulle cose pensandole come espressioni della sostanza unica, eterna. Tutte le singole cose ci appariranno come il ve4nire a noi dell'infinito della Natura. Infatti – come sappiamo – le cose sono i modi degli infiniti attributi della Natura. Un filo d'erba, un uccello, un uomo sono espressioni dell'unica sostanza eterna e infinita. Dalla serie e varietà delle cause nel tempo, si passa alla molteplicità delle espressioni dell'unica essenza che non ha tempo.

Accade qualcosa di straordinario. Si perviene a quel che Spinoza chiama "la conoscenza dell'unione che la mente ha con tutta la Natura".[146]

Con ciò la mente attua la massima potenza. Si muove in un'altra dimensione, la dimensione dell' eternità. Infatti, quanto maggiore è il grado di conoscenza – e qui siamo al massimo grado – tanto più decisivo è il passo dentro l'eternità. Lo sviluppo immanente dell'individualità, a partire dall'immaginazione, attraverso la ragione, raggiunge la più alta perfezione. Per questa possibilità della mente possiamo dire: "La nostra mente è eterna."[147]

Ma tutto questo sviluppo della potenza individuale non si realizza senza il concorso degli altri. E la stessa letizia diventa massima quando la si può godere con gli altri.

Già nella quarta parte dell'*Etica* Spinoza aveva detto che le menti e i corpi formano quasi una sola mente e un solo corpo.

---

[146] *De Intellectus Emendatione*, Torino 1942, pag. 13
[147] E, V, prop. 23, scolio

sich an ihnen erfreuen oder durch sie betrübt werden, als wären sie gegenwärtig.[148] Vergangene oder sogar zukünftige Dinge: Spinoza schreibt einer großen Imaginationskraft – und nicht göttlicher Offenbarung – die von den Propheten beanspruchte Vorhersagekraft zu.

Daher stellt die Imagination nicht etwa – wie es die Philosophie in der Vergangenheit bis Pascal und Descartes behauptete – die Schwachstelle unseres Denkens dar. Vielmehr erweist sie sich als die Kraft, die die übrigen Kräfte belebt.

Sie ist die erste Erkenntnisart. Doch obgleich sie im Leben des Menschen einen großen Raum beansprucht, ist sie doch ständig der Gefahr der Ungenauigkeit und des Irrtums ausgesetzt. Daher muss die Kraft der Vernunft zu Hilfe kommen, die die zweite Erkenntnisart darstellt. Die Imagination erfasst, was sich bei „zufälligen" Begegnungen ergibt. Sie beschränkt sich auf die äußeren Bestimmungen, auf die kontingenten Eigenschaften also. Doch hier tritt die Vernunft auf den Plan, die auf der Basis „allgemeiner Kenntnisse", die sich aus dem ergeben, was den Körpern gemein ist, die Dinge in ihrer Wechselwirkung sieht.

Sehen wir uns zunächst die Rolle an, die die Vernunft auf ethisch-politischem Gebiet spielt. Nehmen wir dazu einen Text aus dem 4. Teil der Ethik.

Es handelt sich um die Proposition 18 und ihr Scholium. Hier werden die Prinzipien dessen vorweggenommen, was Spinozas Rechtstheorie und die dazugehörige politische Lehre darstellt. Er beginnt

---

148 Ebd.

Ma si esprime nel modo più incredibile alla fine dell'*Etica*.

Dice: "Noi non attribuiamo alla mente umana alcuna durata se non finché dura il corpo. Nondimeno sentiamo e sperimentiamo che siamo eterni"[149]. Ed ecco la sua parola estrema: "Tutti insieme costituiamo l'intelletto eterno e infinito di Dio"[150]. Naturalmente qui Dio non è la Natura Naturans ma la Natura Naturata, poiché la Natura Naturans – come s'è detto sopra – non ha intelletto.

Qui travalichiamo i confini dell'individualità. Il soggetto è la sovraindividualità. Siamo noi uomini, tutti insieme, che costruiamo qualcosa di eterno. Qualcosa che – come Spinoza aggiunge con un bellissimo inciso – si crea "di pensiero in pensiero", di uomo in uomo.

La potenza del pensiero non può essere integralmente realizzata da un uomo solo o da una sola comunità particolare. E' necessario che vi sia una moltitudine di individui, affinché quella potenza possa dispiegarsi. Il sovraindividuale sta nella moltitudine. Dunque, il sovraindividuale è ciò in cui l'umanità crea e da cui viene creata, di tempo in tempo, attingendo le idee che portano il segno dell' eternità: che sono espressioni della natura comune e voci di un solo corpo.

Su questo argomento entrano in scena, a partire dagli anni '60, gli interpreti contemporanei. Essi scoprono una originale possibile comprensione del problema del sovraindividuale ricorrendo a Marx.

---

[149] Ivi, prop. 23, dim. e scolio
[150] Ivi, prop. 40, scolio

mit der Feststellung, dass die Vernunft nichts verlangt, was gegen die Natur wäre, und Natur sei für sie, dass jeder sich selbst liebe und seinen eigenen Nutzen suche, was in absolutem Sinn heiße, das eigene Sein zu erhalten. Aber zu diesem Zweck brauchen wir auch das, was außerhalb unser selbst ist. Das Wichtigste aber, was außerhalb unser selbst ist, ist das, was mit unserer Natur harmoniert, und das ist der andere Mensch. Nichts nützt dem Menschen mehr als der andere Mensch.

Neben dieser Stelle muss noch eine andere aus dem 4. Teil zitiert werden.[151] Hier äußert Spinoza sich ausführlicher zu dieser Frage. Er schreibt: Jeder Mensch wird mit einem unbegrenzten Recht auf Leben geboren und ist bemüht zu erhalten, was er liebt, und zu zerstören, was er hasst. Im natürlichen Zustand ist niemand Herr von irgendetwas, da alles allen gehört. Und es gibt kein Prinzip, das jedem das Seine zuschriebe.

Dies unterstreicht er im Kapitel 16 des *Theologisch-politischen Traktats*. Die Natur besitzt ein höchstes Recht. Und das Recht eines jeden Seins reicht so weit wie die Kraft seiner Natur. So sind „die Fische von der Natur dazu bestimmt zu schwimmen und die größeren dazu, die kleineren zu fressen".[152] Das ist ein Recht ihrer Natur. „In dieser Hinsicht entdecken wir keinen Unterschied zwischen den Menschen und den anderen Naturdingen, und auch nicht zwischen Menschen mit Denkvermögen und jenen, die den wahren Grund nicht kennen, auch

---

[151] E, IV, prop. 37, scolio
[152] TTP, Kap. 16

L'operazione viene compiuta nell'ambito del cosiddetto marxismo eterodosso.

E' stato Louis Althusser (1918–1990) a proporre la svolta. Da sempre si è sostenuta l'importanza insostituibile della filosofia di Hegel in Marx, anche se lo sviluppo della prospettiva marxiana si manterrà poi a grande distanza da Hegel.[153] Ma ora ad Hegel si intende sostituire Spinoza.

Già Henri Bergson (1859–1941), in Francia, aveva aperto a suo modo la strada a Spinoza. Diceva che ogni filosofo ha due filosofie, una la propria e l'altra quella di Spinoza, come tenuta sotto chiave. E spesso egli usa termini di chiara matrice spinoziana. Ma ora il gioco si fa, come dire, a carte scoperte.

Comincia Althusser. Egli sente che in Marx è presente con maggior forza la voce di Spinoza piuttosto che quella di Hegel: Spinoza sarebbe più connaturale a Marx. Ad Althusser farà seguito Deleuze nel proporre Spinoza come alternativa a Hegel, e così faranno, fra i molti altri, Georges Matheron, Antonio Negri, Étienne Balibar, Emilia Giancotti, Pierre Macherey. Si scopre che Marx era spinozista.

Questi interpreti valorizzano, ciascuno a suo modo, tutti gli sviluppi della potenza spinoziana.

Infine, pensano la potenza transindividuale. La quale non sta in un aldilà ultraterreno. Sta sulla terra.

Il risultato, lo si potrebbe dire in questi termini: così come Marx intese rimettere la filosofia hegeliana coi piedi per terra, la stessa cosa si vuole fare ora

---

[153] Cf. Carmelo Failla, *Introduzione a Marx pro e contro*, Brescia 1977, pag. 23 ss.

nicht zwischen Dummen, Verrückten und geistig Gesunden".[154] Wir haben hier das Naturrecht in reiner Form vor uns, in der radikalsten Weise definiert. Wie gehen die Dinge aber dann, wenn die Vernunft eingreift?

Kehren wir zur Ethik zurück, zur Proposition 18 und ihrem Scholium.

Jeder hat das absolute Recht, den eigenen Nutzen zu suchen, doch die Vernunft entdeckt, dass für den Menschen nichts nützlicher ist als der Mensch selbst. Dies ist der Wendepunkt. Das, was die Basis für unmoralisches Handeln scheinen konnte – dass jeder nur seinen eigenen Vorteil sucht –, offenbart sich nun als ein Prinzip der Moral: Kooperation, Toleranz und Eintracht sind die Prinzipien des Handelns. Die Vernunft führt uns schließlich so weit, dass wir – wie wir bereits feststellten – sehen, dass die Geist- und die Körperanteile sozusagen einen einzigen Geist und einen Körper bilden. Dies ist das entscheidende Postulat der Vernunft, auf dem als einer stabilen Grundlage Gesellschaft und Staat aufgebaut werden können. Die Kraft der Einzelnen wird zur Kraft der Vielen. Und diese muss sich mithilfe von Gesetzen durchsetzen, um die ungezügelte Begierde der Menschen regeln und begrenzen können.[155]

Nun wollen wir das Verhältnis der Vernunft zur Wahrheit betrachten. Wir haben schon gesehen, dass die Vernunft die Dinge in ihrer wechselseitigen Ursächlichkeit sieht. Nun verstehen wir, dass sie

---

[154] Ebd.
[155] Vgl. TTP, Kap. 5

con Spinoza. Ma Spinoza è già tutto coi piedi per terra. Pertanto ciò che si vuole fare è di intenderlo secondo il contesto delle condizioni materiali della società di oggi. E così questa proposta è un modo di dare a Spinoza una impensata attualità. Mentre viene in luce una nuova figura di Marx.

Abbiamo visto, lungo tutto il nostro percorso, come il fantasma di Spinoza ritorni in molte forme, di tempo in tempo. Ora lo vediamo come uscire da alcune pagine di Marx.

Queste pagine si trovano nel secondo volume dei *Grundrisse* [156], nel *Frammento sulle macchine*. Si tratta di un testo che esprime un'intuizione avveniristica, se si considera il tempo in cui è stata formulata. La parola chiave del testo è il *General Intellect*, l'intelletto generale. Bisogna premettere che Marx conosce benissimo Spinoza. Ha alcuni suoi testi nella propria biblioteca. E lo cita più volte. Molto significativa è la citazione che si trova nel sesto quaderno di appunti preparatori per la sua tesi di laurea sulla *Differenza tra le filosofie della natura di Democrito e di Epicuro*. Parla di quelli che sono secondo lui i pensatori più grandi di tutta la storia della filosofia. Sono tre: Aristotele, Spinoza, Hegel. In un altro contesto, nel terzo capitolo della *Ideologia tedesca*, cita Spinoza insieme a Machiavelli e Hobbes.

Ma, al di là delle citazioni pur significative, è molto più interessante la sintonia con certi contenuti spi-

---

[156] *Lineamenti fondamentali della critica dell'economia politica 1857-1858*, Firenze, 1968-1970. Le citazioni che seguono sono in questo vol. II, pag. 400 ss.

diese nicht als kontingent sieht, sondern als notwendig. Spinoza schreibt: „Es gehört zum Wesen der Natur der Vernunft, die Dinge auf die wahre Weise zu sehen, das heißt, wie sie in sich sind, eben nicht kontingent, sondern notwendig."[157] Die Natur ist notwendig, weil sie nicht nicht sein kann. Und sie ist ewig, weil sie unendlich ist. Die Dinge sind in sich Ausdruck oder Weisen der Natur. Als solche offenbaren sie ihr wahres Gesicht: jenes der Notwendigkeit und Ewigkeit der Natur. In diesem Sinn kann man sagen, dass „es zum Wesen der Vernunft gehört, die Dinge unter diesem Aspekt von Ewigkeit zu sehen".[158] Dies ist die Wahrheit der Dinge, und eben dies erfasst die Vernunft.

Doch man beachte, dass er sagt: „unter einem Aspekt von Ewigkeit", nicht aber unter dem Gesichtspunkt der Ewigkeit selbst. Doch auch so schließen die Ideen der Dinge das ewige Wesen der Natur ein.

Dies stellt die zweite Art der Erkenntnis dar, eine angemessene und wahrere Erkenntnis.

Die dritte Art ist die intuitive Erkenntnis. Diese steht auf einer anderen Stufe als die vorhergehende. Die Vernunft bewegt sich auf diskursive Weise. Nun erfasst sie das Wesen der Dinge auf unmittelbare Art. Spinoza stößt in einen ziemlich dunklen Bereich vor. Doch es gibt einen erhellenden Schritt, der klärt, soweit es möglich ist, wovon hier die Rede ist. Er bringt ein Beispiel: Ein Mensch kann die Ursache für die Existenz eines anderen Menschen sein. Aber

---

[157] E, II, 44, dim.
[158] Ebd., coroll. 2

noziani. In particolare con il *General Intellect*. Questa felice espressione spinge gli interpreti di cui abbiamo parlato ad accostarla all'idea dell'intelletto unico spinoziano. Il *General Intellect* si trova, come abbiamo detto, nel *Frammento sulle macchine*.

Perché le macchine, la macchina? Già la parola macchina – come suggeriscono Deleuze e Guattari – ha qualcosa di spinoziano. Infatti, viene dalla radice *mach*, dal sanscrito *mah*, che significa potenza, o meglio accrescimento della potenza.

Di quale accrescimento si tratta?

La macchina accresce il profitto, accresce la ricchezza. Ma ottiene questo risultato riducendo il ruolo del lavoro manuale. Sentiamo Marx stesso. "La premessa è che rimane la quantità di tempo di lavoro immediato, la quantità di lavoro impiegato, il fattore decisivo della produzione della ricchezza". E fin qui è quello che ha sempre sostenuto. Ma subito aggiunge: "Nella misura in cui si sviluppa la grande industria, la creazione della ricchezza reale viene a dipendere meno dal tempo di lavoro e dalla quantità del lavoro impiegato". E allora, da che cosa dipenderà l'accrescimento della ricchezza? La risposta è di un Marx che sembra andare oltre sé stesso. "Dipende dallo stato generale della scienza e dal progresso della tecnologia, o dall'applicazione di questa scienza alla produzione."[159] Dunque, il tempo di lavoro come unità di misura, fin qui sempre sostenuto da Marx, ora, diminuendo, dà luogo – dice – a maggior tempo libero e con ciò a maggior possibilità di conoscenza.

---

[159] Ivi, vol. II, pag. 400

er kann nicht Ursache seines Wesens sein.[160] Eines ist die Existenz, etwas anderes die Essenz, das Wesen. Die Existenz ist an eine Ursache gebunden, nicht aber die Essenz. Daraus ergibt sich, dass wir mit der Vernunft die Ursachen erkennen können, nicht aber das Wesen. Hier tritt – sagt Spinoza – an die Stelle der Vernunft die Intuition. Intuition bedeutet den Schritt von der Existenz zur Essenz. Dieser Schritt ist möglich, wenn wir dorthin gehen, wo Existenz und Essenz identisch sind. Wir kehren zurück zum Beginn der Ethik, wo Spinoza das absolute Prinzip seiner Philosophie nennt. Er sagt dort: Wessen Essenz die Existenz einer Substanz einschließt, ist die einzige Substanz, die Ursache ihrer selbst ist. „Unter Ursache ihrer selbst verstehe ich das, dessen Essenz die Existenz einschließt (*involvit*)."[161] Die Ursachen sind verknüpft in der einzigen Ursache ihrer selbst, und in ihr lösen sich Essenz und Existenz in ihrer Identität auf.

Damit öffnet sich die Tür zur Essenz. Die Intuition besteht darin, dass sie den Blick so auf die Dinge lenkt, dass man sie als Ausdruck der einzigen und ewigen Substanz sieht. Alle einzelnen Dinge werden uns dann erscheinen wie die Ankunft der Unendlichkeit der Natur. Die Dinge sind ja, wie wir wissen, die Arten (modi) der unendlichen Attribute der Natur. Ein Grashalm, ein Vogel, ein Mensch sind Ausdruck der ewigen und unendlichen Substanz.

Von der Serie und der Verschiedenheit der Ursachen in der Zeit gehen wir über zu der Vielfalt der Aus-

---

[85] Vgl. ebd., I, prop. 17, Sch.
[86] Ebd., I, def. 1

L'operaio e il suo tempo di lavoro vengono a occupare un posto marginale nel processo di produzione. Il centro si sposta nel progresso della capacità della conoscenza e nel controllo della tecnologia.

Ebbene, la scienza e la tecnologia non sono più un affare dell'individuo singolo. L'accumulazione della scienza e dell'abilità è propria del "cervello sociale". Entriamo in pieno nella sfera del sovraindividuale. E arriviamo all'Intelletto Generale. Dice con grande chiarezza e, possiamo dire, con sorprendente preveggenza: "Lo sviluppo del capitale mostra fino a quale grado il sapere sociale generale è diventato forza produttiva immediata, e quindi le condizioni del processo vitale stesso sono passate sotto il controllo del *General Intellect*, e rimodellate in conformità a esso."[162]

Il lavoro materiale viene emarginato e al suo posto entra in scena il lavoro immateriale della conoscenza sovraindividuale.

In questa prospettiva viene in evidenza quel che è stato chiamato lo spinozismo di Marx. Il lavoro materiale è secondario e del resto è mortale, muore col singolo. Il lavoro immateriale permane come patrimonio collettivo, esso è per così dire eterno.

Sembra di sentire, ma in modo del tutto inedito, l'interpretazione egli averroisti. L'intelletto materiale è qui il lavoro materiale e l'intelletto eterno è il lavoro immateriale dell'intelletto generale.

Oggi queste affermazioni marxiane acquistano proporzioni sempre maggiori nell'attuale sviluppo industriale. La potenza della macchina si accresce nel-

---

[162] Ivi, pag. 403

drucksweisen in der einzigen Essenz, die keine Zeit kennt.

Da geschieht etwas Außergewöhnliches: Wir gelangen zu dem, was Spinoza „die Erkenntnis der Einheit des Geistes mit der gesamten Natur" nennt.[163] Hiermit aktiviert der Geist seine größte Potenz. Er bewegt sich in einer anderen Dimension, in der Dimension der Ewigkeit. Je höher der Grad der Erkenntnis ist – und hier befinden wir uns auf der höchsten Stufe –, um so entschiedener ist der Schritt in die Ewigkeit. Die immanente Entwicklung der Individualität, von der Imagination über die Vernunft, erreicht den höchsten Grad der Vollkommenheit. Wegen dieser Möglichkeit des Geistes können wir sagen: „Unser Geist ist ewig."[164]

Doch diese gesamte Entwicklung kann das Individuum mit seiner Kraft nicht ohne die Hilfe der anderen verwirklichen. Auch die Freude wird dann besonders groß, wenn man sie gemeinsam mit den anderen genießen kann.

Schon im 4. Teil der *Ethik* hatte Spinoza gesagt, dass der Geist[165] der verschiedenen Individuen und die Körper gleichsam einen Geist und einen einzigen Körper bilden.

Doch er drückt sich noch erstaunlicher aus am Schluss der *Ethik*. Dort führt er aus: „Wir schreiben dem menschlichen Geist keine Dauer zu über das Bestehen des Körpers hinaus. Trotzdem fühlen und erfahren wir, dass wir ewig sind."[166] Und dann

---

[163] *De Intellectus Emendatione*, Torino 1942, 13
[164] E, V, prop. 23, Sch.
[165] Siehe Anm. 65.
[166] Ebd., prop. 23, dim. und Sch.

la misura in cui essa diventa una macchina gestita dall'informatica. Marx conosceva e citava i filatoi automatici – che erano già macchine informazionali allo stato embrionale. Ma non poteva certo prevedere lo sviluppo che in tal senso si sta avverando ai giorni nostri.

Questo sviluppo non riguarda più solo l'ambito dell'industria. Esso sta invadendo tutta la nostra vita. Viviamo in una società informatizzata. La diffusione delle tecnologie informatiche è la grande rivoluzione di cui non sappiamo ancora valutare la portata e le contraddizioni.

A questo punto viene spontanea una nota conclusiva. Nel nostro discorso abbiamo potuto vedere il filo teso dello spinozismo. Esso attraversa tutti i secoli. Una volta collegato al naturalismo presocratico, viene riproposto nel romanticismo, nell'idealismo, nel marxismo. E ora sembra che lo si possa intendere come una interpretazione del nostro futuro.

Si deve pensare che Spinoza sia come una miniera inesauribile. Sotto l'apparenza del rigore geometrico, la sua opera è come una sostanza allo stato magmatico. Sempre di nuovo si offre a essere plasmata, mentre esercita la sua forza attrattiva.

kommt der bemerkenswerteste Satz: „Wir alle zusammen bilden den ewigen und unendlichen Intellekt Gottes."[167] Natürlich ist Gott hier nicht die Natura Naturans, sondern die Natura Naturata, da die Natura Naturans – wie wir oben sahen – keinen Intellekt besitzt.

Hier überschreiten wir die Grenzen der Individualität. Das Subjekt ist die Überindividualität. Wir Menschen, alle zusammen, sind es, die etwas Ewiges errichten, etwas, das – wie Spinoza mit einem schönen Nebensatz sagt – „von Gedanke zu Gedanke", von Mensch zu Mensch geschaffen wird.

Die Kraft des Gedankens kann nicht vollständig von einem einzigen Menschen oder von einer einzelnen Gemeinschaft realisiert werden. Es bedarf einer Vielzahl von Individuen, damit diese Kraft sich entfalten kann. Das Überindividuelle findet sich in der Vielzahl. Es ist also das, worin die Menschheit schafft und wovon sie geschaffen wird, von Zeit zu Zeit aus Ideen schöpfend, die das Merkmal der Ewigkeit tragen, da sie Ausdruck der gemeinsamen Natur und Stimmen eines einzigen Körpers sind.

Diesen Gesichtspunkt greifen die zeitgenössischen Interpreten seit den 1960er-Jahren auf. Sie entdeckten ein originäres mögliches Verständnis des Problems der Überindividualität, indem sie auf Marx zurückgriffen. Dieser Schritt wurde im Bereich des sog. Heterodoxen Marxismus vollzogen.

Es war Louis Althusser (1918–1990), der diese neue Interpretation vorschlug. Schon immer hat man die unersetzliche Bedeutung der Hegelschen

---

167 Ebd., prop. 40, Sch.

Philosophie für Marx gesehen, auch wenn die Entwicklung der Marx'schen Lehre dann auf große Distanz zu Hegel geht.[168] Doch nun meint man, Hegel durch Spinoza ersetzen zu sollen.

Schon Henri Bergson (1859–1941) hatte in Frankreich auf seine Weise den Weg für Spinoza bereitet. Er sagte, jeder Philosoph vertrete zwei Philosophien: die eigene – und die Spinozas, die er aber unter Verschluss halte. Und oft verwendet Bergson Begriffe aus klar spinozistischer Matrix. Doch nun wird mit offenen Karten gespielt.

Es beginnt Althusser. Er fühlt, dass in Marx der Einfluss Spinozas größer ist als der Hegels; Spinoza sei Marx verwandter. Althusser folgt Gilles Deleuze (1925–1995), der Spinoza als Alternative zu Hegel vorschlägt, und dem folgen viele andere wie Georges Matheron, Antonio Negri, Étienne Balibar, Emilia Giancotti, Pierre Macherey. Man entdeckt, dass Marx Anhänger Spinozas war.

Diese Interpreten heben, jeder auf seine Weise, alle Entwicklungsmöglichkeiten der Potenz Spinozas hervor. Schließlich denken sie über die transindividuelle Potenz nach. Die ist nicht irgendwo im Jenseits beheimatet, sondern hier auf unserer Erde.

Das Ergebnis könnte man mit folgenden Worten ausdrücken: Wie Marx es verstand, die Philosophie Hegels wieder „vom Kopf auf die Füße" zu stellen, so würde man nun mit Spinoza gern dasselbe machen. Doch Spinoza steht schon mit den Füßen auf der Erde. Und so möchte man ihn gemäß den ma-

---

[168] Vgl. Carmelo Failla, *Introduzione a Marx pro e contro*, Brescia 1977, 23 ff.

teriellen Bedingungen der heutigen Gesellschaft verstehen. Und so ist dieser Vorschlag ein Weg, Spinoza eine überraschende Aktualität zu verleihen. Gleichzeitig kommt ein neuer Marx zum Vorschein.

Wir haben im Laufe dieser Erörterung gesehen, wie der Geist Spinozas von Zeit zu Zeit unter verschiedenen Gestalten wiederkehrt. Jetzt wollen wir noch untersuchen, wie er in einigen Schriften von Marx zu entdecken ist.

Die Seiten, die wir heranziehen, befinden sich im 2. Band der *Grundrisse*, im *Fragment über die Maschinen*[169]. Es handelt sich um einen Text, der eine zukunftsweisende Intuition zum Ausdruck bringt, wenn man daran denkt, zu welcher Zeit er formuliert wurde. Der Schlüsselbegriff des Textes ist *General Intellect*, allgemeiner Intellekt. Man muss vorausschicken, dass Marx Spinoza sehr gut kannte. Er hatte einige seiner Werke in seiner Bibliothek und zitiert ihn mehrfach. Sehr bezeichnend ist das Zitat, das im 6. Heft seiner Aufzeichnungen zur Vorbereitung seiner Doktorarbeit über *Differenz der demokritischen und epikureischen Naturphilosophie* steht. Dort spricht er über die seiner Ansicht nach größten Denker in der Philosophiegeschichte: Aristoteles, Spinoza, Hegel. In anderem Zusammenhang – im 3. Kapitel der *Deutschen Ideologie* – zitiert er Spinoza neben Machiavelli und Hobbes.

Aber abgesehen von den wenn auch bezeichnenden Zitaten ist der Gleichklang mit einigen Inhal-

---

[169] *Grundrisse der Kritik der politischen* Ökonomie (1858): Das Kapitel vom Kapital, Heft VI, MEW 42, 590ff.

ten bei Spinoza interessant, insbesondere im *General Intellect*. Dieser glückliche Ausdruck hat einige der erwähnten Kommentatoren veranlasst, ihn der Idee des einen Intellekts des Spinoza zur Seite zu stellen. Dieser Begriff findet sich, wie wir sahen, im *Fragment über die Maschinen*.

Warum bei den Maschinen? Schon der Begriff Maschine hat – wie Deleuze und Guattari feststellen – etwas Spinozistisches. In der Tat kommt das Wort aus der Wurzel *mach*, Sanskrit *mah*, was Kraft bedeutet, oder besser: Wachsen der Kraft.

Um welches Wachstum handelt es sich?

Die Maschine steigert den Profit, den Reichtum. Doch diese Wirkung erreicht sie, indem sie die Rolle der Handarbeit reduziert. Marx schreibt dazu: „Die Voraussetzung ist, dass die Zeit unmittelbarer Arbeit, die Zeit abhängiger Arbeit der entscheidende Faktor der Produktion des Reichtums bleibt." Bis hier ist es das, was er immer geschrieben hat. Doch er fügt gleich hinzu: „Im selben Maße, wie sich die große Industrie entwickelt, hängt die Produktion des realen Reichtums weniger von der Arbeitszeit und von der Menge der abhängigen Arbeit ab." Wovon also hängt der Zuwachs an Reichtum ab? Die Antwort ist die eines Marx, der über sich selbst hinaus zu gehen scheint. „Er hängt ab vom allgemeinen Stand der Wissenschaft und vom Fortschritt der Technik oder von der Anwendung dieser Wissenschaft auf die Produktion."[170] Die Arbeitszeit als Maßeinheit, von Marx bis dato immer

---

[170] Ebd.

festgehalten, gibt nun, da sie weniger wird, mehr Raum für freie Zeit und damit für mehr Wissen.

Der Arbeiter und seine Arbeitszeit nehmen immer mehr eine marginale Stellung im Produktionsprozess ein. Der Mittelpunkt verlagert sich auf die Fähigkeit zu wissen und die Technik zu kontrollieren. Wissenschaft und Technik sind keine Angelegenheit des einzelnen Individuums mehr. Die Akkumulation von Wissenschaft und die Fähigkeit sind Sache des „sozialen Gehirns". Hier treten wir völlig in die Sphäre des Überindividuellen ein und erreichen den „Allgemeinen Intellekt". Sehr klar und mit – so können wir sagen – einer überraschenden Weitsicht stellt Marx fest: „Die Entwicklung des Kapitals zeigt, bis zu welchem Grade das allgemeine soziale Wissen eine unmittelbare Produktivkraft geworden ist, und daher sind die Bedingungen des Lebensprozesses selbst unter die Kontrolle des *General Intellect* geraten und in Übereinstimmung mit ihm verändert worden."[171]

Die materielle Arbeit wird an den Rand gedrängt und an ihre Stelle tritt die immaterielle Arbeit des überindividuellen Wissens.

In dieser Perspektive wird evident, was Marx' Spinozismus genannt wurde. Die materielle Arbeit wird zweitrangig und ist außerdem sterblich, vergeht mit dem Einzelnen. Die immaterielle Arbeit jedoch bleibt als kollektives Gut erhalten und ist sozusagen unsterblich.

Man meint, die Interpretation der Anhänger des Averroes zu hören, wenn auch in ganz neuer Weise.

---

[171] Ebd.

Der materielle Intellekt ist hier die materielle Arbeit, und der ewige Intellekt ist die immaterielle Arbeit des *General Intellect*.

Diese Feststellungen von Marx erhalten heute zunehmende Bedeutung in der aktuellen industriellen Entwicklung. Die Potenz der Maschine wächst in dem Maß, wie sie von der Informatik gesteuert wird. Marx kannte und erwähnte die automatischen Spinnmaschinen, die bereits Informatik-Maschinen im Embryonalzustand waren. Aber natürlich konnte er nicht die Entwicklung voraussehen, die diese Technik in unseren Tagen vollziehen würde.

Sie betrifft nicht mehr nur den Bereich der Industrie, sondern sie dringt in alle Lebensbereiche ein. Wir leben in einer Informatik-Gesellschaft. Die Ausbreitung der Technik der Informatik ist die große Revolution, deren Bedeutung und Widersprüche wir noch nicht einzuschätzen vermögen.

Hier kommt einem spontan eine Schlussbemerkung in den Sinn. In dieser Abhandlung konnten wir dem roten Faden des Spinozismus folgen, der sich durch alle Jahrhunderte zieht. War er zunächst mit dem präsokratischen Naturalismus verbunden, tauchte er später in der Romantik auf, dann im Idealismus und sogar im Marxismus. Und nun sieht es so aus, als könnte er uns für die Interpretation unserer Zukunft dienen.

Man muss sich Spinoza als eine unerschöpfliche Fundgrube denken. Unter dem Anschein der geometrischen Strenge wirkt sein Werk wie eine Magmakammer. Sie bietet sich mit ihrer Anziehungskraft immer wieder für eine neue Ausformung an.

Il dolore
negli antichi e nei moderni

*

Der Schmerz
in der Antike und heute

Il dolore
negli antichi e nei moderni

Der Schmerz
in der Antike und heute

"Noi esseri limitati dallo spirito illimitato siamo nati soltanto per la gioia e la sofferenza. E si potrebbe quasi dire che i più eminenti afferrano la gioia attraverso la sofferenza."

(Beethoven, lettera alla contessa Marie von Erdödy)

*"Wir endliche mit dem
unendlichen Geist sind
nur zu Leiden und
Freuden gebohren, und
beinah könnte man
sagen, die ausge-
zeichnetsten erhalten
durch Leiden Freude."*

(Beethoven, Brief an die Gräfin Marie von
Erdödy)

Forme del dolore

Leopardi

L'argomento delle diverse forme del dolore, negli antichi e nei moderni, è messo chiaramente a fuoco da Giacomo Leopardi (1798–1837). Ne parla nello Zibaldone: "C'è una somma differenza tra il dolore antico e il moderno".[1]

Il dolore antico – dice – era assolutamente senza alcuna possibilità di consolazione e speranza. "Sopravvenivano le sventure come impedimenti e contrasti a quella felicità che non pareva un sogno. Quindi il dolor loro era disperato."[2]

Al contrario, per i moderni il dolore non ha più questa connotazione estrema.

Da che cosa viene la differenza? La risposta è precisa. Essa dipende dal fatto che è cambiata la sensibilità.

"La sensibilità era negli antichi in potenza, ma non in atto come in noi."[3] Dall'antichità alla modernità si sono verificati troppe trasformazioni politiche, intellettuali, morali per non incidere sulla cognizione e percezione dell'uomo e del mondo.

Gli antichi avevano altri sentimenti, avevano soprattutto il senso eroico della vita. Addirittura pensavano che gli stessi dèi si interessassero ai fatti degli uomini e avessero le stesse nostre passioni e

---

[1] Zibaldone, 77
[2] *Ivi*
[3] *Ivi*, 78

Arten des Schmerzes

Leopardi

Das Thema, dass die Schmerzen in der Antike und in der Moderne unterschiedlich gesehen werden, hat Giacomo Leopardi (1798–1837) in seinem *Zibaldone* aufgegriffen, wo er schreibt: „Es gibt einen sehr großen Unterschied zwischen dem Schmerz der Antike und dem der Moderne."[4]
In der Antike gab es, so schreibt er, absolut keine Möglichkeit des Trostes und der Hoffnung. „Es geschahen die unglücklichen Ereignisse als Hindernisse und Gegensätze zu jenem Glück, das kein Traum schien. Also war ihr Schmerz verzweifelt."[5]
Im Gegensatz hierzu hat der Schmerz für den heutigen Menschen nicht mehr diesen extremen Beigeschmack.
Woher kommt dieser Unterschied? Die Antwort hierauf ist klar: Er hängt mit der veränderten Sensibilität zusammen.
„Die Sensibilität war bei den Menschen des Altertums eine Möglichkeit, nicht aber eine Realität wie bei uns."[6] Von der Antike bis zur Moderne hat es zu viele politische, intellektuelle und moralische Veränderungen gegeben, als dass sie sich nicht auf

---

[4] *Zibaldone*, 77
[5] Ebd.
[6] Ebd. 78

occupazioni. Insomma la vita era considerata alla stessa stregua del divino.

Nei moderni le proporzioni vengono ridimensionate. La nostra figura viene relativizzata. E con ciò stesso il nostro dolore non è più assoluto.

Quale nuova sensibilità si avvera? Leopardi cita un passo della *Corinna* di Madame de Staël. "Ve l'ho detto tante volte, il dolore mi ucciderebbe; c'è troppa lotta in me contro di esso; bisogna cedergli per non morire."[7]

Bisogna abbandonarsi al dolore. Esso ti toglie tutte le forze. Ma cedendogli, nello sfinimento si apre la possibilità di riposare sul dolore stesso. Sono parole gravi che egli sottolinea e commenta: "Quel se réposer sur sa douleur, quel piacere persino provato dai moderni per la stessa sventura e per la considerazione di essere sventurato era cosa ignota agli antichi."[8] Porta infine un esempio, tratto sempre dalla de Staël: "È nella natura dell'amore di indulgere nella stessa idea di ciò che si teme. C'è come un inebriamento di tristezza che fa all'anima il bene di riempirla tutta intera."[9]

Dunque, il dolore colma per così dire la misura del nostro essere. Dà un nuovo senso, in cui si danno – dice – amaro e dolce. E' una sensibilità aggiunta, che mancava agli antichi. La chiama: "un'amara e dolce tenerezza di se stesso".[10]

---

[7] *Ivi*, 88
[8] *Ivi*
[9] *Ivi*, 88
[10] *Ivi*, 77

die Erkenntnisse und Wahrnehmungen des Menschen und der Welt hätten auswirken müssen. Die Menschen des Altertums hatten andere Gefühle; vor allem aber hatten sie eine heroische Einstellung zum Leben. Sie glaubten sogar, dass die Götter selbst sich um die Fakten der Menschen kümmerten und dieselben Leidenschaften und Sorgen hätten wie wir. Das menschliche Leben wurde mit demselben Maß gemessen wie das göttliche. Die modernen Menschen haben ihre Bedeutung zurückgenommen. Unsere Gestalt wird relativiert. Und allein dadurch ist unser Schmerz nicht mehr absolut. Welche neue Sensibilität zeigt sich? Leopardi zitiert einen Satz aus *Corinna* von Madame de Staël. „Ich habe es euch so oft gesagt, der Schmerz würde mich umbringen; ich muss zu stark gegen ihn ankämpfen; ich muss ihm nachgeben, um nicht zu sterben."[11] Man muss sich dem Schmerz überlassen. Er nimmt dir alle Kräfte. Aber indem du ihm nachgibst, eröffnet sich in der Erschöpfung die Möglichkeit, sich auf dem Schmerz selbst auszuruhen. Es sind gewichtige Worte, die Leopardi betont und kommentiert: „Jenes se réposer sur sa douleur, jener Gefallen, den die heutigen Menschen sogar angesichts des Unglücks und bei dem Gedanken empfinden, dass sie Unglück haben, war den Menschen des Altertums unbekannt."[12] Er bringt schließlich noch ein Beispiel, das ebenfalls von Madame de

---

[11] Ebd., 88
[12] Ebd.

Ma il dolore degli antichi trovava espressione potentemente nella tragedia. Perciò Leopardi considera più decisivo mettere a confronto gli antichi e i moderni in rapporto al tragico.

Pertanto l'argomento diventa il tragico negli antichi e nei moderni.

Gli esempi di dolore antico, che egli indica al seguito della Staël, sono Laocoonte e Niobe e gli eroi dell'Iliade. Prende in considerazione anche Edipo. Lo fa più avanti nello stesso Zibaldone.[13]

Riferendosi a questi esempi, ci introduce in un motivo fondamentale, che ricorre negli antichi. Colpisce la sua individuazione della causa del dolore tragico nei greci. Nella loro concezione – dice – l'infelicità viene a causa di una colpa. Ma – aggiunge – si tratta di una colpa che è "involontaria", come appunto in Edipo.[14]

Dunque, Leopardi parla del più grande dolore dei greci. Esso è il dolore causato da questo tipo di colpa, che è innocente.

La parola colpa in greco è *amartía*, che significa errore, come quando – dice Aristotele nell'*Etica* – tirando con l'arco si manca il bersaglio. Con questa immagine Aristotele afferma che "errare è possibile in molti modi (il male infatti, come congetturavano i Pitagorici, appartiene all'infinito, il bene invece al limitato), mentre operare rettamente è possibile in un sol modo (perciò anche l'uno è facile e l'altro difficile: è facile fallire il bersaglio, e difficile coglierlo).

---

[13] Cf. *ivi*, 3460
[14] *Ivi*.

Staël stammt: „Es liegt in der Natur der Liebe, dass man sich der Vorstellung dessen lustvoll ergibt, was man fürchtet. Es ist wie ein Sich-Betrinken an Traurigkeit, das der Seele die Wohltat bringt, dass sie sie vollkommen erfüllt."[15]
Der Schmerz erfüllt also sozusagen das Maß unseres Daseins. Er gibt einen neuen Sinn, in dem Bitterkeit und Süße sich darbieten, wie er sagt. Das ist eine zusätzliche Sensibilität, die den Menschen der Antike fehlte. Er nennt sie „eine bittere und süße Zärtlichkeit sich selbst gegenüber".[16]

Der Schmerz fand in der Antike seinen kraftvollen Ausdruck in der Tragödie. Daher betrachtet Leopardi es für maßgeblicher, den antiken und den modernen Menschen in ihrem Verhältnis zur Tragödie zu vergleichen.

Und so heißt das Thema eigentlich: Die Tragödie im Altertum und in der Moderne.

Die Beispiele, die Leopardi nennt, das aufgreifend, was Madame de Staël schrieb, sind Laokoon und Niobe und die Helden der Ilias. Er bezieht später im *Zibaldone* auch Ödipus mit ein.[17]

Auf diese Beispiele Bezug nehmend, führt er uns in ein Grundmotiv ein, das man auch in der Antike findet. Seine Fähigkeit, die Ursache des tragischen Schmerzes bei den Griechen zu erkennen, ist beeindruckend. In ihrem Verständnis ist das Unglück, sagt er, die Folge einer Schuld. Doch es

---

[15] Ebd.
[16] Ebd., 77
[17] Vgl. ebd.

E per queste ragioni, dunque, l'eccesso e il difetto sono propri del vizio, mentre la medietà è propria della virtù: si è buoni in un sol modo, cattivi in molte e svariate maniere".[18] Essendo un errore, l'*amartía* è quindi una colpa singolare: è colpa innocente, della quale non si ha la piena responsabilità. Ovviamente c'è colpa e colpa. Questa, pur essendo innocente, può avere effetti devastanti per il singolo o per la società.

La tragedia greca fa leva su questa colpa per lo sviluppo tragico.

Lo dice con chiarezza Aristotele nella *Poetica*: l'eroe tragico "non cade nella disgrazia per causa del vizio e della malvagità, ma per un qualche errore, sul tipo di coloro che si trovano in grande reputazione e fortuna, come ad esempio Edipo". E subito dopo: il racconto deve trattare "di un rovesciamento non dalla sfortuna alla fortuna ma al contrario dalla fortuna alla sfortuna, e non a motivo della malvagità ma per un grande errore".[19]

Anche la commedia si gioca su un errore, ma nella commedia l'errore non provoca né dolore né danno. Invece, nella tragedia, l'errore, o colpa, provoca rovina.

Nella rappresentazione artistica di una simile colpa, la tragedia – superiore in questo a qualsiasi altra forma drammatica – riesce a destare terrore e pietà."[20] E da questo sentimento viene agli spettatori la catarsi, una specie di purificazione che dà piacere, il "piacere che nasce dal terrore e dalla pietà".

---

[18] *Etica*, II, 1106b, 27-35
[19] *Poetica*, 1453a
[20] *Ivi*, 1452b

handelt sich dabei um eine „ungewollte" Schuld, wie gerade bei Ödipus.[21]

Leopardi spricht vom größten Schmerz der Griechen. Es ist der Schmerz, der von dieser Art Schuld verursacht wird, die unschuldig ist.

Das Wort *Schuld* heißt griechisch *amartía*, was Irrtum bedeutet, etwa so, wie wenn man – sagt Aristoteles in der *Ethik* – beim Bogenschießen das Ziel verfehlt. Mit diesem Bild will Aristoteles belegen, dass „Irren auf vielfältige Weise möglich ist (das Böse gehört, wie die Pythagoreer schlossen, zum Unendlichen, das Gute dagegen zum Begrenzten), während das richtige Handeln nur auf eine einzige Weise möglich ist (weshalb das eine leicht, das andere aber schwer ist: es ist leicht, das Ziel zu verfehlen, schwer, es zu treffen). Aus diesen Gründen gehören Übermaß und Mangel zum Laster, während das Mittelmaß der Tugend eigen ist: Man ist gut nur auf eine einzige Weise, böse aber auf viele und unterschiedlichste Arten".[22] Da die *amartía* ein Irrtum ist, ist sie eine einzigartige Schuld: eine unschuldige Schuld, für die man nicht voll verantwortlich ist. Offenbar gibt es Schuld und Schuld. Diese Schuld kann, wiewohl sie unschuldig ist, verheerende Folgen für den Einzelnen oder für die Gesellschaft haben.

Die griechische Tragödie bedient sich dieser Schuld für die Entwicklung der Tragik.

Das sagt Aristoteles deutlich in seiner *Poetik*: Der tragische Held „fällt nicht in Ungnade wegen eines

---

[21] Ebd.
[22] *Ethik*, II, 1106b, 27-35

"La composizione della tragedia più bella deve essere imitazione di casi che destano terrore e la catarsi, una specie di purificazione che dà piacere, il "piacere che nasce dal terrore e dalla pietà".[23]

In questo pensiero della colpa consiste dunque il tragico.

Il tragico nei greci, prima ancora che nella tragedia, trova la sua formulazione subito agli albori del pensiero occidentale. Dove il concetto della colpa innocente e della pena conseguente è espresso nel modo più radicale.

Siamo agli inizi della filosofia. La parola si trova nel celebre frammento di Anassimandro (610–546 a.C.), tramandato da Simplicio.

"Anassimandro ... ha detto ... che principio degli esseri è l'infinito (*ápeiron*) ... da dove infatti gli esseri hanno l'origine, lì hanno anche la distruzione secondo necessità, poiché essi pagano l'uno all'altro la pena e l'espiazione dell'ingiustizia secondo l'ordine del tempo."[24]

C'è un alternarsi degli opposti: la generazione e la corruzione, la nascita e la morte. Questo è il destino (necessità) degli uomini. La loro esistenza singola rende particolare e limitato l'infinito, è per così dire uno strappo al tutto. Questa è la colpa. E dunque la colpa è lo stesso esser nati. Colpa innocente, che paghiamo nel dolore, ciascuno per sé, secondo il proprio tempo.

In questo senso l'uomo è qualcosa di tremendo. Sofocle in greco dice *deinon* (che si può tradurre con

---

[23] *Ivi*, 1453b
[24] Simplicio, *De physica*, 24, 13

182

Lasters und seiner Bösartigkeit, sondern wegen irgendeines Irrtums von der Art, wie man sie bei Menschen großen Ansehens und Glücks findet, wie zum Beispiel Ödipus". Und er fährt fort: Die Erzählung muss „von einem Umsturz handeln, nicht vom Unglück zum Glück, sondern im Gegenteil vom Glück zum Unglück, und nicht aufgrund der Bösartigkeit, sondern wegen eines großen Irrtums".[25] Auch die Komödie bedient sich des Irrtums für ihre Handlung, aber in der Komödie verursacht der Irrtum weder Schmerz noch Schaden, während er in der Tragödie Zerstörung schafft.

Bei der künstlerischen Darstellung einer solchen Schuld kann die Tragödie besser als jede andere dramatische Form Schrecken und Mitleid erregen. „Die Komposition der schönsten Tragödie muss eine Nachbildung von Fällen sein, die Schrecken und Mitleid auslösen."[26] Und aus diesem Gefühl erlangen die Zuschauer die Katharsis, eine Art Reinigung, die Freude macht, eine Freude, „die aus Schrecken und Mitleid entsteht".[27]

In diesem Verständnis von Schuld besteht also das Tragische.

Das Tragische findet in den Griechen, noch vor der Tragödie, seine Formulierung zu Beginn des westlichen Denkens. Hier ist das Konzept der schuldlosen Schuld und der darauf folgenden Strafe in der radikalsten Form ausgedrückt.

Wir stehen am Beginn der Philosophie. Das Wort findet sich in dem berühmten Fragment des Anaxi-

---

25 *Poetik*, 1453a
26 Ebd., 1452b
27 Ebd., 1453b

pauroso, mostruoso, inquietante). Il coro dei vecchi Tebani dell'Antigone dice: "Di tremendo vi è molto, ma niente è più tremendo dell'uomo." Così è l'uomo per sua natura.

Il discorso sul dolore si apre dunque, come s'è detto, sul dolore estremo, il dolore tragico.

Pertanto l'argomento assume un nuovo titolo: il tragico negli antichi e nei moderni.

Così formulato, viene ad essere oggetto della riflessione dei filosofi, fino ai giorni nostri.

La più forte spinta viene da Hegel, Hölderlin e Kierkegaard.

Hegel e Kierkegaard prendono, a simbolo del tragico, Antigone; Hölderlin ne farà un discorso più approfondito.

Hegel

Cominciamo da Hegel. Per lui l'Antigone di Sofocle è, fra tutte le creazioni del mondo antico, l'opera d'arte più eccellente. Ma soprattutto – dice nella *Fenomenologia dello Spirito* – l'Antigone è l'espressione più profonda della realtà del mondo greco.

Il presupposto di Hegel è che nel mondo greco domina un'immediata armonia tra la sfera individuale e quella sociale. Questa si realizza nell'equilibrio di due potenze, due leggi: quella del sangue e quella dello stato. Nell'Antigone queste due forze portanti entrano in conflitto.

La storia è nota. Antigone è figlia dell'incesto tra Edipo e Giocasta. Creonte, fratello di Giocasta, è re a Tebe. Muore in duello un fratello di Antigone, Polinice. Il re ordina di non dargli sepoltura perché ac-

mander (610–546 a.C.), das von Simplicius über-
liefert wird.

„Anaximander ... hat gesagt ..., dass der Anfang
der Dinge das Unendliche (*apeiron*) ist, aus dem
alles Seiende entspringt und wo es, wenn nötig,
auch wieder zerstört wird, da das eine dem anderen
die Strafe und die Sühne für die Ungerechtigkeit
bezahlt gemäß der Ordnung der Zeit."[28]
Da gibt es den Wechsel zwischen den Gegensätzen: Schaffung und Zerstörung, Geburt und Tod.
Dies ist das unausweichliche Schicksal des Menschen. Die Existenz des Einzelnen lässt das Unendliche speziell und endlich werden, ist sozusagen ein
abgerissenes Stück des Ganzen. Dies ist die Schuld.
Also ist es bereits Schuld geboren zu sein. Unschuldige Schuld, die wir mit dem Schmerz bezahlen,
jeder für sich nach seiner eigenen Zeit.

In diesem Sinne ist der Mensch etwas Schreckliches. Sophokles sagt auf Griechisch *deinon* (was
man mit furchterregend, monströs, beunruhigend
übersetzen kann). Der Chor der alten Thebaner in
der Antigone sagt: „Schreckliches gibt es vieles, aber
nichts ist schrecklicher als der Mensch." So ist der
Mensch aufgrund seiner Natur.

Das Thema erweitert sich nun, wie wir gesagt hatten, zum extremen Schmerz: dem tragischen
Schmerz.

Daraus ergibt sich ein neuer Titel: Das Tragische
in der Antike und heute.

---

[28] Simplicius, *De physica*, 24, 13

cusato di tradimento. Ma Antigone rende ugualmente gli onori funebri al fratello, ubbidendo alla legge del sangue. La fine è tragicamente mortale per tutti.

I greci sentivano fortemente le due leggi. Tutta la loro vita si reggeva su questi due pilastri. Da una parte i legami di sangue erano vissuti come costitutivi della loro vita, che era intesa come partecipazione alla stessa stirpe. Allo stesso tempo, come ad Atene, vivevano la vita politica nella partecipazione diretta alla formazione delle leggi e decreti, per cui godevano del massimo senso di libertà.

Ma ora nella vicenda di Antigone, dice Hegel, si manifesta una scissione tra i diritti della famiglia e del sangue, rappresentati da Antigone, e quelli dello stato, rappresentati da Creonte. Essa è insanabile, perché il mondo greco vive in modo naturale nella famiglia e nella convivenza politica. Per Hegel la vicenda mostra nel modo più evidente una verità di fatto, che caratterizza la realtà greca: cioè, il mondo della polis non conosce la mediazione. Antigone e Creonte sono destinati a non conciliarsi. Essi hanno ognuno la propria ragione. La contraddizione non è tra il bene e il male, è tra due ragioni. Di conseguenza, non c'è alcuna colpa nelle due parti. Ecco il tragico degli antichi.

Secondo la concezione hegeliana, Antigone dimostra che il mondo greco non conosce l'individualità autonoma che agisce in proprio con le sue responsabilità; e soprattutto non conosce il movimento che fa dell'altro e del negativo in generale una componente essenziale nella dialettica delle posizioni contrastanti.

In dieser Formulierung wird es zum Objekt der Reflexion der Philosophen bis heute. Die wichtigsten Anstöße kommen von Hegel, Hölderlin und Kierkegaard.

Hegel und Kierkegaard nehmen Antigone als Muster des Tragischen; Hölderlin wird sich tiefer damit auseinandersetzen.

Hegel

Beginnen wir bei Hegel. Für ihn ist die Antigone des Sophokles unter allen Schöpfungen des Altertums das herausragendste Kunstwerk. Aber vor allem ist Antigone – schreibt er in der *Phänomenologie des Geistes* – der tiefste Ausdruck der griechischen Welt. Hegels Voraussetzung ist, dass in der griechischen Welt eine unmittelbare Harmonie zwischen Individuellem und Sozialem herrscht. Sie verwirklicht sich im Gleichgewicht der beiden Mächte und Gesetze: dem des Blutes und dem des Staates. In der Antigone geraten diese beiden Mächte in Konflikt.

Die Geschichte ist bekannt: Antigone ist die Frucht der inzestuösen Liebe zwischen Ödipus und Jokaste. Kreon, der Bruder der Jokaste, ist König in Theben. In einem Duell stirbt ein Bruder der Antigone, Polyneikes. Der König verbietet dessen Bestattung, da er des Verrats beschuldigt wird. Doch Antigone erweist ihrem Bruder dennoch die letzte Ehre, dem Gesetz des Blutes gehorchend. Die Geschichte endet tragischerweise tödlich für alle.

Die Griechen spürten beide Gesetze – das des Blutes und das der Polis – sehr intensiv. Ihr ganzes

È celebre la pagina della Fenomenologia in cui parla dell'assunzione del negativo in generale, che nella sua forma estrema è il dolore e la morte. Dà un'immagine forte della vita che ne viene: "Non quella vita che inorridisce dinanzi alla morte, schiva della distruzione; anzi quella che sopporta la morte e in essa si mantiene, è la vita dello spirito. Esso guadagna la sua verità solo a patto di ritrovare sé nell'assoluta devastazione... Lo spirito è questa forza sol perché sa guardare in faccia il negativo e soffermarsi presso di lui."[29]

Il mondo greco non conosce questo lavoro del negativo. Anche se esso vede l'aspetto positivo della privazione o negazione (*steresis*), come fa Aristotele[30] quando dice che la mancanza ha una sua forma, ha un suo volto: essa è la presenza di un' assenza.

Hegel dice di "guardare in faccia" il negativo, di posare il nostro sguardo sul dolore e la devastazione. Sarà forse questo guardare a farci come spettatori del nostro dolore, e farci simili allo spettatore aristotelico della tragedia? Viene in mente una parola di Bergson, che dice: "Lo spirito (*l'esprit*) consiste nel vedere le cose *sub specie theatri*".[31]

In generale, il discorso hegeliano sostiene che il mondo greco, ignorando il negativo e il ruolo del diverso, non conosce la soggettività moderna. Non conosce l'autocoscienza. Questa non consiste nel semplice conoscersi – secondo l'imperativo socratico del conosci te stesso – ma si compie nel conoscersi e

---

[263] Hegel, Fenomenologia dello Spirito, Prefazione, Firenze 1973, 26
[30] *Fisica*, 193b, 19-20 e *Metafisica* 1022b, 22ss.
[31] *Il riso*, Milano 1990, p.67

Leben ruhte auf diesen beiden Säulen. Auf der einen Seite wurden die Blutsbande als Konstitutive ihres Lebens empfunden, das als Teilhabe an einem Geschlecht verstanden wurde. Auf der anderen Seite aber lebten sie – wie etwa in Athen – das politische Leben als direkte Teilhabe an der Ausgestaltung von Gesetzen und Dekreten, und so erfreuten sie sich der größten Freiheit.

Doch in der Geschichte der Antigone – sagt Hegel – wird ein Riss zwischen den Gesetzen der Familie und des Blutes – repräsentiert von Antigone – und jenen des Staates – repräsentiert durch Kreon – offenbar. Dieser Riss ist unüberbrückbar, da die griechische Welt auf natürliche Weise in der Familie und in den politischen Zusammenhängen lebt. Für Hegel zeigt die Geschichte in unübertrefflicher Deutlichkeit eine Tatsache, die die griechische Realität kennzeichnet: die Welt der polis kennt keine Vermittlung. Antigone und Kreon sind dazu verurteilt, sich nicht versöhnen zu können. Jeder hat seine guten Gründe. Der Konflikt besteht nicht zwischen Gut und Böse, sondern zwischen zwei Rechten. Folglich hat auch keiner eine Schuld. Und genau dies ist die Tragik in der Antike.

Gemäß Hegels Verständnis zeigt Antigone, dass die griechische Welt die autonome Individualität nicht kennt, die auf eigene Rechnung und Verantwortung handelt; und vor allem kennt sie nicht den Vorgang, der aus dem anderen und aus dem Negativen im allgemeinen eine wesentliche Komponente in der Dialektik der gegensätzlichen Standpunkte macht.

insieme riconoscersi attraverso l'altro, sapendo che siamo tutti delle parti di un tutto; e si compie riconoscendo che anche l'opposto ha un ruolo decisivo per una pienezza della vita. La conclusione hegeliana è che bisogna attendere la rivoluzione del mondo moderno per arrivare a queste nuove conquiste.

E allora – dice nelle *Lezioni di estetica* – nel mondo moderno il dramma assumerà la contraddizione e la collocherà all'interno dell'individuo, nel cuore dei sentimenti e nelle particolari qualità di ogni personalità.

Sta in ciò la differenza del moderno dall'antico. Il tragico antico pertanto non esiste più nel moderno. Questa è la sentenza hegeliana.

Kierkegaard

Kierkegaard condividerà le impostazioni di fondo di Hegel. Ma la sua conclusione ultima sarà diametralmente opposta a quella di Hegel. Lo dice lo stesso titolo in cui tratta del mito di Antigone: "Il riflesso del tragico antico nel tragico moderno", che si trova nella prima parte di Aut-Aut. Viene negata l'incompatibilità stabilita da Hegel, e si sostiene un rapporto di riflesso dell'antico nel moderno.

Il saggio di Kierkegaard ha la forma di una conferenza tenuta dinanzi ai membri di una strana società, i cui membri si considerano "come morti".

Antigone viene introdotta come eroina tragica, alla quale è stato dato in dote il dolore fino a morirne. Nel tragico – conferma Kierkegaard – c'è un momento di colpa e un momento di innocenza. Da qui il lato oscuro del dolore tragico, che suscita compassione.

Bekannt ist die Seite der Phänomenologie, auf der Hegel von der Annahme des Negativen im allgemeinen spricht, das in seiner extremen Gestalt Schmerz und Tod ist. Er gibt ein starkes Bild von dem Leben, das sich daraus ergibt: „Aber nicht das Leben, das sich vor dem Tode scheut und von der Verwüstung rein bewahrt, sondern das ihn erträgt und in ihm sich erhält, ist das Leben des Geistes. Er gewinnt seine Wahrheit nur, indem er in der absoluten Zerrissenheit sich selbst findet. Der Geist ist diese Macht nur, indem er dem Negativen ins Angesicht schaut und bei ihm verweilt."[32]

Die griechische Welt kennt diese Wirkung des Negativen nicht. Auch wenn sie den positiven Aspekt der Entbehrung oder Negation sieht wie Aristoteles, wenn er sagt, auch der Mangel habe seine Form, sein Gesicht: es ist die Anwesenheit einer Abwesenheit.[33]

Hegel sagt, man müsse dem Negativen ins Gesicht blicken, unseren Blick auf den Schmerz und die Zerstörung richten. Ist es vielleicht dieser Blick, der uns gewissermaßen zu Zuschauern unseres Schmerzes macht und ähnlich den aristotelischen Zuschauern in der Tragödie? Es fällt einem ein Wort Bergsons ein: „Der Geist (esprit) besteht darin, die Dinge *sub specie theatri* zu sehen."[34]

Im allgemeinen ist Hegel der Auffassung, die griechische Welt ignoriere das Negative und die Rolle der Unterschiede und kenne deshalb die moderne

---

[15] Hegel, *Phänomenologie des Geistes, Vorrede*

[33] *Physik*, 193b, 19-20, *Metaphysik* 1022b, 22ff.

[34] *Le rire*, ch. II, II.

Antigone viene introdotta come eroina tragica, alla quale è stato dato in dote il dolore fino a morirne. Nel tragico – conferma Kierkegaard – c'è un momento di colpa e un momento di innocenza. Da qui il lato oscuro del dolore tragico, che suscita compassione.

Ma qual è il dolore di Antigone? Qui Kierkegaard introduce una sua ipotesi. Secondo lui, il dolore di Antigone consiste nel fatto che lei sa, lei sola sa, della colpa del padre. Nata dall'incesto di Edipo e della madre, Giocasta, è l'unica che ha intuito quella colpa. Questo è il segreto che porta dentro di sé. Non può rivelarlo per non macchiare l'onore del padre, non può dirlo nemmeno all'amato. Rimane murata in se stessa, prigioniera di se stessa. E finisce per essere condannata a una morte lenta, murata viva in una roccia. Questo suo destino ultimo è simile a quello di Niobe: Antigone è chiusa in una roccia, Niobe viene tramutata in pietra.

Il conflitto che secondo Hegel esplodeva tra le due sfere della polis, ora diventa conflitto interiore, individuale, e come tale prende in qualche modo la forma del dramma moderno.

L'esempio tipico del moderno è, per Hegel, Amleto, tormentato dal dubbio, sconvolto dai sospetti, che sprofonda nella follia. Tutto avviene dentro la sua mente.

Ebbene, Kierkegaard, ipotizzando che Antigone sa, può dire che il suo conflitto non è tra la vita della famiglia e quella dello stato, ma è tutto dentro di sé, viene determinato e consumato al suo interno.

In questo modo, Antigone appare come il primo manifestarsi della soggettività moderna e perciò nel

Subjektivität nicht. Sie kennt nicht das Selbstbewusstsein, nicht im Sinne eines einfachen Sich-selbst-Kennens, entsprechend der sokratischen Aufforderung „Erkenne dich selbst!", sondern es vollzieht sich darin, dass man sich selbst kennt und sich gleichzeitig wiedererkennt durch den anderen, wissend, dass wir alle Teile eines Ganzen sind; und es erfüllt sich auch darin, dass wir die entscheidende Rolle auch des Gegensatzes für die Fülle des Lebens anerkennen. Hegels Schluss ist, dass man auf die Revolution der modernen Welt warten müsse, um zu diesen neuen Errungenschaften zu gelangen.

Und also wird das Drama – sagt er in den *Vorlesungen über die Ästhetik* – in der modernen Welt die Gegensätzlichkeit aufnehmen und sie im Inneren des Individuums ansiedeln, im Herzen der Gefühle und in den besonderen Eigenschaften jeder Persönlichkeit.

Hierin besteht der Unterschied zwischen der Antike und der Moderne. Die antike Tragik existiert in der modernen Zeit nicht mehr. Das ist Hegels Feststellung.

Kierkegaard

Kierkegaard teilt den Grundansatz mit Hegel. Doch sein letzter Schluss ist dem Hegels diametral entgegengesetzt. Das sagt schon der Titel seiner Abhandlung über den Antigone-Mythos: *Der Reflex des Antik-Tragischen in dem Modern-Tragischen*, der sich im ersten Teil von *Entweder – Oder* findet.

suo destino tragico si può intravedere il tragico moderno.

Ma il dolore che si interiorizza, dice Kierkegaard, è l'angoscia. E porta l'esempio di Amleto come figura tragica moderna, che vive nell'angoscia.

Dunque – dice – il dolore è ciò che caratterizza la tragedia antica, l'angoscia è ciò che è più proprio della tragedia moderna.

Facendo l'ipotesi che Antigone sa e che quindi il suo conflitto è vissuto nella sua incomunicabile interiorità, il suo dolore appare come il primo manifestarsi dell'angoscia.

Ora, il concetto dell'angoscia è fondamentale nell' opera di Kierkegaard, perché esprime la condizione stessa dell'esistenza gettata nel mondo. L'angoscia è la parola che con lui entra nella filosofia. Ed essa ha una forte risonanza e una enorme importanza nell'analisi esistenziale di Heidegger.

Così Antigone diventa una figura moderna.

Hölderlin

Abbiamo visto le grandi Antigoni di Hegel e di Kierkegaard. Ma abbiamo lasciato in sospeso Hölderlin e la sua concezione del tragico. Hölderlin si interessa alla rappresentazione del tragico nelle tragedie e quindi anche ad Antigone ed Edipo. Ma soprattutto egli va dentro i frammenti della filosofia greca per scavare nell'idea del tragico. Già le opere d'arte – secondo Heidegger – e quindi le tragedie sono un luogo del pensiero greco, ma lo è più direttamente la filosofia. Soprattutto la filosofia pre-

Kierkegaard bestreitet die von Hegel erklärte Unvereinbarkeit und besteht darauf, dass eine Beziehung der Spiegelung besteht zwischen der Antike und der Moderne.

Der Aufsatz Kiekegaards hat die Gestalt einer Konferenz, die vor einer seltsamen Vereinigung gehalten wird, deren Mitglieder sich „wie tot" bezeichnen.

Antigone wird eingeführt als tragische Heldin, der die Gabe des Schmerzes bis zum Tode mitgegeben wurde. In der Tragik gibt es, sagt Kierkegaard, einen Aspekt der Schuld und einen der Unschuld. Darin besteht die dunkle Seite des tragischen Schmerzes, die Mitgefühl erregt.

Aber worin besteht Antigones Schmerz? Hier führt Kierkegaard eine Hypothese ein. Seiner Meinung nach besteht Antigones Schmerz in der Tatsache, dass sie und sie allein von der Schuld ihres Vaters weiß. Aus dem Inzest zwischen Ödipus und Jokaste geboren, ist sie die Einzige, die jene Schuld erahnt. Dies ist das Geheimnis, das sie in sich trägt. Sie kann es niemandem offenbaren, nicht einmal ihrem Geliebten, um die Ehre ihres Vaters nicht zu beschmutzen. Sie ist in sich selbst eingemauert, Gefangene ihrer selbst. Schließlich wird sie zu einem langsamen Sterben verurteilt, lebendig eingemauert in einen Felsen. Dieses ihr letztes Schicksal ähnelt dem von Niobe: Antigone wird in einen Felsen eingemauert, Niobe wird in Stein verwandelt.

Der Konflikt, der nach Hegel zwischen den beiden Sphären der Polis ausbrach, wird nun zu einem inneren Konflikt des Individuums, und so nimmt er

presocratica, in cui il pensiero occidentale ha il suo momento aurorale.

Prima abbiamo accennato ad Anassimandro. Ora Hölderlin ci propone Eraclito ed Empedocle. Soprattutto Eraclito.

Già Platone aveva privilegiato Eraclito ed Empedocle, nel Sofista.[35] Li aveva visti come due muse della filosofia, Eraclito di Efeso la musa ionica, Empedocle di Agrigento la musa siciliana. Essi avevano detto che l'essere è uno e molti. Ma mentre il primo aveva sostenuto che l'essere è insieme uno e molti, l'altro che l'uno e i molti si presentano in alterna vicenda. Platone dice che Eraclito è il più intonato. Privilegia dunque Eraclito. E così fa Hölderlin.

Aristotele chiamava Eraclito "l'oscuro". Hölderlin lo sa. Deve constatare che "più d'uno è preso dal timore di andare alla sorgente".[36] Ma Hölderlin, come pensando ad Eraclito, dice: "Qualcuno mi porga il bicchiere pieno di luce oscura."[37] Il bicchiere è simbolo del vino, indica l'ebbrezza. Questa è data a chi si volge alla notte che tiene nel segreto la luce.

La luce oscura per Hölderlin è concentrata, quasi sigillata enigmaticamente, in un frammento, che in verità percorrerà tutta la storia della filosofia.

"La grande parola *en diaferon eautò* – l'uno distinto in se stesso – di Eraclito, la poteva trovare solamente un greco, ed è l'essenza della poesia."[38]

---

[35] Cf. Platone, *Sofista*, 242c
[36] Friedrich HÖLDERLIN, *Poesie*, a cura di Giorgio Vigolo, Milano 1971, 235, Ricordo
[37] Ivi
[38] *Ivi*, 101

in gewisser Weise die Form des modernen Dramas an.

Das typische Beispiel des Modernen ist für Hegel Hamlet, der, vom Zweifel gequält und vom Verdacht erschüttert, im Wahnsinn endet. Alles findet in seinem Kopf statt.

Also kann Kierkegaard, indem er annimmt, dass Antigone weiß, sagen, dass ihr Konflikt nicht der zwischen dem Leben der Familie und dem des Staates ist, sondern allein in ihrem Inneren bestimmt und durchlebt wird.

Auf diese Weise erscheint Antigone als die erste Verkörperung der Subjektivität der Moderne. Daher kann man in ihrem tragischen Schicksal die moderne Tragik erkennen.

Doch der Schmerz, der verinnerlicht wird, sagt Kierkegaard, ist die Angst, und er bringt dafür als Beispiel Hamlet als moderne tragische Gestalt, die in der Angst lebt.

Also charakterisiert, sagt er, der Schmerz die antike Tragödie; die Angst gehört mehr zur modernen Tragödie.

Wenn wir die Hypothese aufstellen, dass Antigone wisse und der Konflikt also in ihrem nicht mitteilbaren Inneren gelebt wird, erscheint ihr Schmerz als das erste Anzeichen von Angst.

Der Begriff der Angst ist grundlegend im Werk Kierkegaards, da sie die Bedingung des In-die-Welt-geworfen-Seins ausdrückt. Angst ist das Wort, das mit ihm in die Philosophie Eingang findet. Und es erfährt eine starke Resonanz und eine enorme Bedeutung in der Existenzanalyse Heideggers.

So wird Antigone zu einer modernen Gestalt.

Friedrich Hölderlin (1770–1843) studia a Tubinga, vive accanto a Hegel e Schelling. Con loro legge Spinoza, Kant, Rousseau, Fichte. E svolge un ruolo decisivo nello sviluppo della filosofia da Kant a Hegel.

Hegel e Schelling si dichiarano, ciascuno a suo modo, spinozisti. Hegel volge a sé l'idea spinoziana della totalità, l'Uno-Tutto. E nelle sue *Lezioni sulla storia della filosofia*[39] così conclude: "E' da osservare che il pensiero, lo spirito, è necessario si ponga dal punto di vista dello spinozismo." E' celebre la sua conclusione: *Philosophieren ist spinozieren*, filosofare è spinozare.

L'inizio di ogni filosofare è dunque l'Uno-Tutto.

Ma – afferma Hölderlin – questo è anche il principio di ogni poetare. E così il suo romanzo epistolare *Iperione* si apre con un colpo d'ala. E' lo slancio verso il tutto della natura vivente. "Essere uno con il tutto. Essere uno con tutto ciò che vive e ritornare, in una felice dimenticanza di sé stessi, al tutto della natura, questo è il punto più alto del pensiero e della gioia."[40] Leggendo Spinoza, scopre l'essere uno e unico della natura. L'essere che è la Natura.

E la voce di Spinoza risuona nell'esaltazione della Natura nell'inno *Come al giorno di festa*, che non a caso viene citato da Heidegger nel suo saggio sulla *Physis* in Aristotele.

---

[39] Bari, 2009, 483
[40] *Iperione* cit., p.29

Hölderlin

Wir haben die beiden großen Antigone-Gestalten von Hegel und Kierkegaard gesehen, aber die Behandlung Hölderlins und seines Begriffs des Tragischen noch aufgeschoben. Hölderlin interessiert sich für die Darstellung des Tragischen in den Tragödien und so auch für Antigone und Ödipus. Doch vor allem befasst er sich mit den Fragmenten der griechischen Philosophie und sucht darin die Idee des Tragischen. Schon die Kunstwerke und also auch die Tragödien sind – nach Heidegger – Orte des griechischen Gedankenguts, doch unmittelbarer ist es die griechische Philosophie, vor allem die vorsokratische, in der das abendländische Denken seine Morgenröte erlebt.

Vorhin haben wir Anaximander genannt. Hölderlin nennt Empedokles, vor allem aber Heraklit. Schon Platon hatte Heraklit und Empedokles vorgezogen, etwa im *Sophistes*.[41] Er sah sie wie zwei Musen der Philosophie: Heraklit aus Ephesus die jonische, Empedokles von Agrigent die sizilianische Muse. Sie hatten gesagt, dass das Sein Eines und Vieles ist. Doch während Heraklit die Meinung vertrat, dass das Sein das Eine und die Vielen gleichzeitig sei, meinte der andere, sie würden abwechselnd erscheinen. Platon sagt, die Auffassung Heraklits sei die harmonischere. Und so zieht er ihn vor. Ebenso Hölderlin.

---

[41] Vgl. PLATON, *Sophistes*, 242c

"Ma ora si fa giorno! Ho atteso e l'ho visto venire,
e ciò che ho veduto, il Sacro, sarà mia parola.
Ella, ella stessa, che è più antica del tempo
e sugli dèi d'occidente e d'oriente sta,
la Natura..."[42]

Ed Heidegger commenta: "Natura diviene allora la parola che sta per essere."[43]
Hölderlin si spinge poi a introdurre una stupefacente novità. Vede operante nel pensiero e nell'arte greca l'elemento dionisiaco.

"L'anima del poeta subito colpita,
essendo nota da sempre all'Infinito,
balza al ricordo;
e a lei
da sacro fulmine arsa
viene alla luce il portato d'amore,
l'opera degli dèi e degli uomini, il canto.
Così cadde, narran poeti,
quando Sèmele volle
vedere il dio in figura,
la folgore sulla sua casa
e dal nume colpita partorì
il frutto della tempesta, Bacco santo."[44]

Hölderlin cita Archiloco (680–645 aC circa), il poeta trasgressivo, che non si affida più alle Muse, ma alla forza liberatrice e mitica del vino. Archiloco afferra il lampo dionisiaco e lo porge agli uomini nel canto. Così suona il suo verso:

---

[42] *Poesie* cit., p.155
[43] *Segnavia*, Milano 1987, p. 194
[44] *Poesie* cit., p.157

Aristoteles nannte Heraklit „den Dunklen". Hölderlin weiß das. Er muss feststellen: „Mancher / Trägt Scheue, an die Quelle zu gehn".[45] Doch Hölderlin sagt, wie an Heraklit denkend: „Es reiche aber / Des dunklen Lichtes voll, / Mir einer den duftenden Becher."[46] Das Glas ist ein Symbol des Weines und zeigt den Rausch an. Er ist dem gegeben, der sich an die Nacht wendet und das Licht im Geheimen hält.

Das dunkle Licht ist für Hölderlin konzentriert, quasi geheimnisvoll eingeschlossen in einem Fragment, das in Wahrheit die ganze Philosophiegeschichte durchlaufen wird.

„Das große Wort, das εν διαφερον εαυτω (das Eine in sich selber unterschiedene) des Heraklit, das konnte nur ein Grieche finden, denn es ist das Wesen der Schönheit."[47]

Friedrich Hölderlin (1770–1843) studiert in Tübingen und lebt neben Hegel und Schelling. Mit ihnen lehren Spinoza, Kant, Rousseau, Fichte. Und er spielt eine entscheidende Rolle in der Entwicklung der Philosophie von Kant bis Hegel.

Hegel und Schelling bezeichnen sich selbst, jeder auf seine Weise, als Anhänger Spinozas. Hegel macht sich Spinozas Idee der Totalität, des All-Einen zu eigen. Und in seinen *Vorlesungen über die Geschichte der Philosophie* schließt er so: „Ist darüber zu bemerken, daß das Denken sich auf den

---

[45] Friedrich HÖLDERLIN, *Gedichte: Andenken*
[46] Ebd.
[47] *Hyperion*, 30. Brief an Bellarmin.

"Come folgorato dal vino nella mente,
al bel canto di Dioniso signore,
al ditirambo,
so dare avvio".[48]

La folgorazione richiama il mito di Sèmele, che chiese a Zeus, il suo amante divino, di svelarsi. Zeus le si avvicinò con i suoi fulmini, e Sèmele morì folgorata. Fu salvato il frutto di quell'amore, Dioniso.

Introducendo Dioniso, Hölderlin per primo compie una nuova interpretazione della grecità, che solo più tardi sarà ribadita da Nietzsche. La Grecia, fino allora immaginata come la patria della bellezza compiuta e apollinea, ora si scopre nel suo lato oscuro e tragico. Dioniso è il dio che scatena nel vino un vortice di ebbrezza, eccita alla danza con il canto del ditirambo, porta il disordine fino alla follia.

Dunque, con Dioniso l'armonia greca dell'Uno-Tutto appare percorsa da una profonda inquietudine. Nell'Uno c'è un abisso dentro il quale si accende il fuoco di un "originario groviglio".[49]

Ma, oltre che dal mondo greco, Hölderlin, come dicevamo, viene influenzato dalla lettura di Spinoza. E questo non sarà mai sottolineato abbastanza se si vuole capire il mondo del poeta. Inoltre egli, con i suoi amici filosofi, vive in quella che è stata chiamata la "Goethezeit", l'età di Goethe (1749–1832). Questa indica il complesso movimento che va da Kant a Hegel, che ha dato Kant (1724–1804), Fichte (1762–1814), Schelling (1775–1854), Hegel (1770–

---

[48] Fr. 120 W
[49] *Poesie* cit., p. 205, *Il Reno*

Standpunkt des Spinozismus gestellt haben muß."[50]
Berühmt ist seine Schlussfolgerung: *Philosophieren ist spinozieren.*
Der Beginn jedes Philosophierens ist also das All-Eine.
Doch dies ist, sagt Hölderlin, auch der Beginn allen Dichtens. Und so beginnt sein Briefroman *Hyperion* mit einem Flügelschlag. Es ist der Aufschwung zum Ganzen der lebenden Natur. „Eines zu sein mit Allem, was lebt, in seliger Selbstvergessenheit wiederzukehren ins All der Natur, das ist der Gipfel der Gedanken und Freuden (...)."[51] Bei der Lektüre Spinozas entdeckt er das eine und einzige Sein der Natur, das Sein, das die Natur ist.

Und Spinozas Stimme ist zu hören im Hymnus *Wie wenn am Feiertage,* der nicht zufällig von Heidegger zitiert wird in seinem Aufsatz über die Physis bei Aristoteles.

„Jetzt aber
tagts! Ich harrt und sah es kommen,
Und was ich sah, das Heilige sei mein Wort.
Denn sie, sie selbst, die älter denn die Zeiten
Und über die Götter des Abends und Orients ist,
Die Natur ..."[52]

Und Heidegger kommentiert: „Natur wird also das Wort, das für das Sein steht."[53]

Hölderlin führt noch eine erstaunliche Neuerung ein: Er sieht im griechischen Denken und in der

---

[50] Bari, 2009, p. 483
[51] *Hyperion*, 1. Buch, Zweiter Brief.
[52] F. HÖLDERLIN, Gedichte: *Wie wenn am Feiertage ...*
[53] Martin HEIDEGGER, Anfang des Aufsatzes *Vom Wesen und Begriff der Physis, Aristoteles Physik B 1,* 1958

203

1831) e Hölderlin (1770–1843). C'è una fioritura incredibile di autori eccezionali.

Questa è l'epoca in cui, insieme alla filosofia della natura, esplode la filosofia dell'autocoscienza, o dell' io come principio della filosofia. Un titolo di Schelling dice proprio così: *Sull'io come principio della filosofia*. E' stato Kant a imprimere la grande svolta, portata poi agli estremi sviluppi da Fichte in poi.

Dunque, il mondo di Hölderlin si compone di tre grandi elementi: il pensiero della Natura di Spinoza, la Grecia, e la nuova concezione dell'io dell'idealismo nascente.

E' un amalgama esplosivo. E si capisce perché, al momento della sua riscoperta, all'inizio del'900[54], Heidegger dica che fu per tutti "una scossa come di terremoto"[55]. Ed oggi occupa un posto di prima grandezza, soprattutto in seguito all'opera a lui dedicata da Heidegger, il quale si rivolge a Hölderlin per tentare la via di una filosofia in ascolto dei poeti.

La convergenza in Hölderlin di questi versanti di pensiero inaugura una nuova prospettiva.

Ripensando la natura secondo la nuova filosofia dell'io, si parte dalla premessa che l'io è parte della natura, è il cuore stesso della natura. L'io però è l'autocoscienza. E' soggetto che pensando si pensa: il soggetto che si fa oggetto. Cioè, l'io si differenzia in se stesso, è in sé distinto. Ma, essendo parte della natura, in lui si rivela la natura stessa, l'essere stesso. L'essere dunque è in sé diviso. A questa

---

[54] Riscoperta dovuta a Norbert von Hellingrath
[55] HEIDEGGER, In cammino verso il linguaggio, Milano 1973, 144

griechischen Kunst das dionysische Element am
Werk.

„Daß schnellbetroffen sie, Unendlichem
Bekannt seit langer Zeit, von Erinnerung
Erbebt, und ihr, von heilgem Strahl entzündet,
Die Frucht in Liebe geboren, der Götter und Menschen
Werk,
Der Gesang, damit er beiden zeuge, glückt.
So fiel, wie Dichter sagen, da sie sichtbar
Den Gott zu sehen begehrte, sein Blitz auf Semeles
Haus
Und die göttlichgetroffne gebar,
Die Frucht des Gewitters, den heiligen Bacchus."[56]

Hölderlin zitiert Archilochos (etwa 680–645 vC), den
transgressiven Dichter, der sich nicht mehr den
Musen anvertraut, sondern der mythischen und
befreienden Kraft des Weines. Archilochos erfasst
den dionysischen Blitz und bietet ihn den Menschen
im Gesang. So lautet ein Vers:

„Wie vom Wein getroffen im Geist beim schönen
Gesang des Herrn Dionysos,
vermag ich die Dithyrambe zu beginnen."[57]

Das Wort „getroffen" erinnert an den Mythos von
Semele, die Zeus, ihren göttlichen Liebhaber, bat,
sich zu erkennen zu geben. Zeus näherte sich ihr
daraufhin mit seinen Blitzen, und Semele wurde
davon „getroffen", also verbrannt. Die Frucht dieser
Liebe aber, Dionysos, wurde gerettet.

Indem Hölderlin Dionysos einführt, gibt er als
erster eine neue Interpretation des Griechischen, auf

---

[56] Gedichte: *Wie wenn am Feiertage ...*
[57] Fr. 120 W

realtà Hölderlin pensa che si addica la parola di Eraclito.

Nel suo "Giudizio e essere", egli parla di una originaria partizione (Ur-Theilung), in cui "è già contenuto il concetto di rapporto reciproco di oggetto e di soggetto l'uno all'altro, e il necessario presupposto di un intero di cui oggetto e soggetto sono parti. 'Io sono io' è l'esempio più pertinente di questo concetto di originaria partizione"[58]. E prosegue: "Come posso dire 'io' senza autocoscienza? Ma come è possibile l'autocoscienza? Per il fatto che io mi oppongo a me stesso, separo me da me stesso, ma, malgrado questa separazione, mi riconosco come lo stesso nell'opposto."[59]

Con ciò la partizione dell'io dice la partizione che è nella stessa natura. Questa partizione non indica la divisione dualistica pensata da Cartesio tra il pensiero da un lato e la realtà corporea dall'altro. Questa è stata spazzata via con due colpi ben assestati da Spinoza. Il quale nell'*Etica* afferma: Dio-Natura è una cosa pensante; ma ciò che è pensante è corporeo. In Hölderlin non c'è questa divisione fra due sostanze: in lui è lo stesso essere che si differenzia rimanendo tutt'intero se stesso.

In questo modo Hölderlin apre un nuovo orizzonte. La sostanza unica spinoziana, il Dio-Natura è attraversata e vivificata nelle opposizioni. Nella sua interezza, tutto ciò che vive è segnato dall' avvicendarsi e compenetrarsi degli opposti, fino agli

---

[58] Friedrich HÖLDERLIN sul tragico, a cura di Remo Bodei, Milano 1980, 51
[59] *Ivi*, 52

die später Nietzsche zurückgreifen wird. Griechenland, das bis dahin als die Heimat der vollendeten apollinischen Schönheit gesehen wurde, wird nun in seiner dunklen und tragischen Seite entdeckt. Dionysos ist der Gott, der im Wein einen Wirbel des Rausches hervorruft, mit dem Gesang der Dithyramben zum Tanz anregt und Unordnung schafft bis zum Wahnsinn. Mit Dionysos erscheint die griechische Harmonie des All-Einen also von einer tiefen Unruhe durchströmt. In dem Einen gibt es einen Abgrund, in dem das Feuer einer „uralten Verwirrung" brennt.[60]

Doch außer von der griechischen Welt wird Hölderlin, wie wir feststellten, von der Lektüre Spinozas beeinflusst. Das kann man nicht genug betonen, wenn man die Welt des Dichters verstehen will.

Außerdem lebt er mit seinen Philosophenfreunden in der sog. "Goethezeit" (Goethe lebte 1749–1832). Diese bezeichnet die vielschichtige Bewegung, die von Kant bis Hegel reicht. Es war eine äußerst fruchtbare Zeit, die eine Reihe außerordentlicher Autoren hervorbrachte: Kant (1724–1804), Fichte(1762–1814), Schelling (1775–1854), Hegel (1770–1831) und Hölderlin (1770–1843).

Es ist die Zeit, in der außer der Naturphilosophie auch die Philosophie des Selbstbewusstseins oder des Ich als Prinzip der Philosophie erblüht. Eine Arbeit Schellings lautet eben so: *Vom Ich als Princip*

---

[60] Gedichte: *Der Rhein*

estremi che sono il nascere e il morire, il sorgere e il dissolversi.

Ed ancora, il Dio-Natura si traduce in Hölderlin nella "divina natura". E questo significa, nell'universo poetico di Hölderlin, che la natura è abitata dagli dèi. Con ciò egli crea una sua mitologia che richiama il mondo greco. Si fondono la Natura spinoziana e la visione della Grecia a lui così cara e necessaria.

Nell'uomo dunque si manifesta la scissione che è nella natura.

Ma la scissione non è solo dell'io con se stesso, è anche scissione dell'io dalla natura. Hölderlin immagina quest'ultima distanza come una lontananza dagli dèi. La nostra separazione dalla natura gli appare come abbandono degli dèi. Si deve dolorosamente riconoscere che qualcosa "tutto scinde" e "separa gli dèi dagli uomini".[61]

E così l'uno in sé diviso si mostra sotto la forma di un travagliato rapporto fra gli uomini e gli dèi. Sotto questa forma, ancor più abissale appare il conflitto nell'epoca moderna, poiché questa è segnata da ciò che Hölderlin, con una forte metafora, chiama "la fuga degli dèi". Ora il dio è presente all' uomo "mancandogli".[62] "Ma vaga ahimè nella notte senza il divino la nostra progenie, nel suo agire convulso ... finché non sorga a spirare lo spirito della natura, l'iddio, dopo tanto migrare".[63]

---

[61] *Poesie* cit., p. 53, *L'addio*
[62] Ivi, p. 97, Vocazione del poeta
[63] Ivi, p. 115, L'arcipelago

der Philosophie oder über das Unbedingte im menschlichen Wissen. Es war Kant, der die große Wende herbeiführte, die dann von Fichte und anderen weiter gedacht wurde.

Hölderlins Welt setzt sich also aus drei Hauptelementen zusammen: dem Naturdenken Spinozas, Griechenland und dem neuen Ich-Verständnis des entstehenden Idealismus. Das ist eine explosive Mischung. Man versteht, warum Heidegger bei seiner Wiederentdeckung Anfang des 20. Jahrhunderts[64] äußerte, es sei für alle eine „Erschütterung wie bei einem Erdbeben" gewesen[65]. Und heute nimmt er einen sehr wichtigen Platz ein, vor allem infolge des ihm gewidmeten Werks von Heidegger, der sich auf Hölderlin beruft in seinem Versuch, eine Philosophie zu schaffen, die auf die Dichter hört.

Das Zusammentreffen dieser Denkrichtungen in Hölderlin eröffnet neue Aussichten.

Über die Natur neu nachdenkend gemäß der neuen Philosophie des Ich geht man von der Voraussetzung aus, dass das Ich Teil, ja das Herz der Natur ist. Das Ich ist allerdings das Selbstbe- wusstsein. Es ist das Subjekt, das denkend sich selbst denkt und so vom Subjekt zum Objekt wird. Also differenziert sich das Ich in sich selbst, es ist in sich selbst unterschieden. Doch da es Teil der Natur ist, zeigt sich darin die Natur selbst, ja das Sein selbst. Das Sein ist also in sich selbst geteilt. Und Hölderlin denkt, das Wort Heraklits treffe hierauf zu.

---

[64] Wiederentdeckt von Norbert von Hellingrath.
[65] Heidegger, *Unterwegs zur Sprache*, Stuttgart, [14]2007

Il tutto della Natura si manifesta dunque come percorso da una tensione profonda. Dove, fuor di metafora, gli opposti sono, nella lingua del poeta, l'organico e l'aorgico.

L'organico è ciò che ha una forma, l'aorgico ciò che non ha forma e perciò stesso muove al cambiamento, se non alla sovversione. L'organico è ciò che di volta in volta assume una figura particolare, l'aorgico è l'elemento caotico che spinge verso un incessante rinnovamento.

Nell'Antigone, Creonte, nella forma dello stato, rappresenta l'organico, Antigone, nella sua ribellione, l'aorgico. Tra loro c'è opposizione. Ma – sottolinea – "in questa estrema inimicizia sembra essere realmente l'estrema conciliazione".[66]

Qui gli opposti non si conciliano attraverso le ipotetiche mediazioni hegeliane. Qui, l'uno fluisce nell' altro, non c'è l'uno senza l'altro.

Così è tra gli estremi ultimi, che sono il nascere e il morire.

Il morire è il momento in cui ciò che sussiste si dissolve; ma "come la dissoluzione potrebbe essere sentita senza l'unificazione?". Nella Natura, la possente Natura come'egli la chiama[67,] il nascere e il trapassare sono il suo divenire. Un tutt'uno.

Si sente ancora la voce di Eraclito: "tutto è uno."[68] E nell'uno c'è l'opposizione concorde e la concordia discorde. Gli uomini "non comprendono come, pur

---

[66] *Sul tragico* cit., p. 56
[67] *Poesie* cit., p. 155
[68] DK, fr. 50

In seinem Entwurf „Urteil und Sein" spricht er von einer „Ur-Theilung", in der „bereits der Gedanke eines wechselseitigen Verhältnisses von Subjekt und Objekt zwischen dem einen und dem anderen enthalten sei, und die nötige Voraussetzung eines Ganzen, von dem Subjekt und Objekt Teile sind. ‚Ich bin ich' ist das einschlägigste Beispiel dieses Begriffs der Ur-Teilung."[69] Und er fährt fort: „Wie kann ich ‚ich' sagen ohne Selbstbewusstsein? Aber wie ist dieses Selbstbewusstsein möglich? Durch die Tatsache, dass ich mich mir selbst entgegenstelle, mich von mir selbst trenne, mich aber trotz dieser Trennung erkenne als dasselbe in der Gegenüberstellung."[70] Mit der Teilung des Ich zeigt sich also die Teilung der Natur selbst. Diese Teilung ist aber nicht im dualistischen Sinne Descartes' als Trennung des Gedankens auf der einen und der körperlichen Realität auf der anderen Seite zu verstehen. Diese ist von Spinoza mit zwei gut gezielten Schlägen hinweggefegt worden. Er sagt nämlich in der *Ethik*: Die Gott-Natur ist etwas Denkendes; doch das, was denkt, ist körperlich. Bei Hölderlin gibt es diese Aufteilung in zwei Substanzen nicht; vielmehr ist es das Sein selbst, das aufgeteilt ist und dennoch ganz und gar es selbst bleibt.

Auf diese Weise öffnet Hölderlin einen neuen Horizont. Die einzige Substanz Spinozas, die Gott-Natur wird durchzogen und belebt von Gegensätzen. In seiner Gesamtheit ist alles Lebende vom Wechsel

---

[69] *Friedrich Hölderlin sul tragico* (F.H. über das Tragische), hg. von Remo Bodei, Milano 1980, 51
[70] Ebd., 52

discordando in se stesso, è concorde: armonia contrastante, come quella dell'arco e della lira"[71].

L'arco e la lira nella forma sono uguali, ma l'uno scaglia le frecce della morte l'altra porta la gioia. C'è dunque questa problematica concordia di nascere e morire. Tra gli opposti, come anche tra dolore e felicità, esiste una concordanza originaria. Alla superficie noi sentiamo la discordanza assoluta, la concordanza ci è generalmente nascosta.

Ma questa è la lingua più propria della Natura. La Natura parla e si fa intendere non nella sua bellezza statica e idilliaca, ma attraverso "l'Alternarsi e il Divenire"[72].

E la poesia di Hölderlin sta tutta qui: essa è un canto al Divenire. Non a caso, nelle sue odi, ricorre la figura del fiume, che ricorda il fiume eracliteo.

Viene in luce l'originalità straordinaria di Hölderlin. La poesia, come l'arte, è di per sé un'attività che tende a dare forma a tutto ciò che non ha forma, cioè è una forza plasmatrice, secondo le esigenze dell'organico che dà figura alle cose. Ebbene, poiché Hölderlin vuole dire lo stesso aorgico nel suo incessante divenire, la sua poesia è il tentativo sovrumano di dire in una forma ciò che non ha forma, in figura ciò che non ha figura.

Infine, è chiaro che l'Antigone di Hölderlin appare del tutto diversa dalle Antigoni di prima. Non è quella di Hegel, che vive il conflitto tra i legami di

---

71 Fr. 51. Cf. Platone, *Simposio*, 187a
72 Poesie cit., p. 117, L'arcipelago

und Sich-Durchdringen der Gegensätze gezeichnet, bis hin zu den äußersten, nämlich Geborenwerden und Sterben, Entstehen und Vergehen. Die Gott-Natur wird bei Hölderlin zur „göttlichen Natur". Das bedeutet im dichterischen Universum Hölderlins, dass die Natur von den Göttern bewohnt ist. Damit schafft er seine eigene Mythologie, die auf die griechische Welt verweist. Hier verschmelzen die Natur Spinozas und die Vision Griechenlands, die für ihn so wichtig und notwendig war. Im Menschen zeigt sich also die Spaltung, die in der Natur liegt.

Doch die Spaltung besteht nicht nur innerhalb des Ich, sondern auch zwischen Ich und Natur. Hölderlin sieht diese Distanz wie ein Fernsein der Götter. Unsere Trennung von der Natur erscheint ihm als Verlassensein von den Göttern. Man muss mit Schmerz erkennen, dass etwas „alles teilt" und „Götter und Menschen trennt".[73]

Und so zeigt sich das in sich geteilte Eine in der Gestalt einer mühseligen Beziehung zwischen Menschen und Göttern. In dieser Gestalt und noch abgründiger zeigt sich der Konflikt in der modernen Zeit, da diese von dem gezeichnet ist, was Hölderlin mit einem starken Bild „die Flucht der Götter" nennt. Jetzt ist der Gott dem Menschen gegenwärtig, „es wohnt ohne Göttliches unser Geschlecht".[74] Aber weh, es wandelt in Nacht, es wohnt, wie im Orkus, / Ohne Göttliches unser Geschlecht ... Bis uns der

---

[73] Gedichte: *Der Abschied*
[74] Gedichte: *Dichterberuf*

sangue e quelli della polis. Non è quella di Kierkegaard, che è il tragico del sapere.

Per Hölderlin Antigone è il tragico dell'essere, segnato dagli opposti.

Nell'essere c'è l'innocenza originaria. E la colpa è solo una figura poetica dell'in sé diviso. Sullo sfondo di questi pensieri sull'essere, Hölderlin ci dice infine la sua personale esperienza del dolore – che fa pensare al dolore di Leopardi.

Hölderlin l'ha sperimentato. Il suo rapporto con la sua amata Susette sposata Gontard – che egli chiama Diotima come la veggente che istruì Socrate sull'amore – si è dovuto interrompere. Lei ne è sconvolta e muore poco dopo, lui si inabissa nella follia.

Nel suo lamento, immaginando di rivolgersi agli dèi, dice:

"Sì, non giova nemmeno, o dèi di morte!
una volta che voi
lo tenete
e lo avete in pugno l'uomo domato,
quando, o malvagi, giù nell'orrida notte
lo avete preso,
non giova tentare la fuga
o adirarsi contro di voi."[75]

Hölderlin scende in questa notte.

Ma c'è qualcosa di straordinario nel fondo nero. Il poeta lo scopre con meraviglia.

Sull'orlo del baratro, sempre nel Lamento di Menone, dice:

---

[75] Poesie cit., p. 119, Lamento di Menone per Diotima

Geist der Natur, der fernherwandelnde, wieder stilleweilend der Gott in goldenen Wolken erscheinet."[76] Das Ganze der Natur offenbart sich also wie von einer tiefen Spannung durchzogen. Die Gegensätze sind, in der Sprache des Dichters und nicht bildhaft gesprochen, das Organische und das Aorgische. Das Organische ist das, was eine Form besitzt; das Aorgische hat keine Form und tendiert selbst zum Wechsel, wenn nicht zum Umsturz. Das Organische nimmt von Fall zu Fall eine besondere Gestalt an, das Aorgische ist das chaotische Element, das zu einer unaufhörlichen Erneuerung treibt. In der *Antigone* verkörpert Kreon als Vertreter des Staates das Organische, Antigone, in ihrer Rebellion, das Aorgische. Zwischen ihnen besteht ein Gegensatz, aber – so betont er – „in dieser extremen Feindschaft scheint auch die extreme Versöhnung real gegeben".[77] Hier versöhnen sich die Gegensätze nicht mittels hypothetischer Vermittlung im Sinne Hegels. Hier fließt das eine im anderen, das eine ist nicht ohne das andere.

So ist es auch bei den äußersten Extremen: dem Geborenwerden und dem Sterben.

Das Sterben ist der Augenblick, in dem, was besteht, sich auflöst; doch „wie könnte die Auflösung gefühlt werden ohne die Vereinigung?" In der „mächtigen" Natur[78], wie er sie nennt, sind das Geboren-

---

76 Gedichte: *Der Archipelagus*
77 *Friedrich Hölderlin sul tragico*, a.a.O. (wie Anm. 32), 56
78 Gedichte: *Der Archipelagus*

215

"Per me non è festa, eppure vorrei mettermi in capo ghirlande;
Non sono dunque solo? un che di amichevole deve da lontano vicino essermi,
e sorridere debbo e stupire
che tanto felice
anche in mezzo al dolore
io mi senta.
Luce d'amore! Brilli dunque, o tu d'oro, anche ai morti!
Immagini d'un più chiaro tempo, splendete a me nella notte?"[79]

C'è qualcosa di incredibile. La felicità in mezzo al dolore.

Hölderlin ha colto questa verità dopo una lunga ricerca, interrogando ogni giorno – come dice – tutti i sentieri del paese, e le ombre e le sorgenti. Dolorante e insonne, come una fiera ferita che corre nei boschi. Anche nell'Iperione aveva già detto: "Non avevo ancora mai provato in tal modo quell'antica, forte parola del destino: una nuova felicità si crea nel cuore che persiste e vince, paziente, la mezzanotte del dolore, simile al canto dell'usignolo nel cuore della notte; soltanto nel profondo dolore risuona, per noi, divino, il canto della vita."[80] E questo lo porta a coniare, nell'ode *Heidelberg*, quell'impossibile ossimoro che è "traurigfroh"[81]: triste felice. Triste e felice è il fiume di Heidelberg, così come lo è il cuore che, colmo "dalla troppa bellezza, per trapassare amando, nei flutti del tempo si scaglia".[82]

---

[79] Ivi
[80] *Iperione* cit., p. 176
[81] *Poesie* cit., p. 48
[82] Ivi, p. 49, Heidelberg

werden und das Überschreiten ihr Werden. Alles in Einem.

Man vernimmt noch die Stimme Heraklits: „Alles ist Eines."[83] Und im Einen gibt es den einträchtigen Gegensatz und die widersprüchliche Einigkeit. Die Menschen „begreifen nicht, wie es in sich uneins und dennoch einig sein kann: widersprüchliche Harmonie wie jene des Bogens und der Lyra".[84] Der Bogen und die Lyra sind in der Form ähnlich, aber der eine schießt tödliche Pfeile, die andere bringt Freude. Es besteht also diese problematische Einheit zwischen Geborenwerden und Sterben. Zwischen den Gegensätzen – wie auch zwischen Schmerz und Glück – existiert eine ursprüngliche Einheit. Oberflächlich fühlen wir die totale Zwiespältigkeit; die Einheit bleibt uns im allgemeinen verborgen.

Das ist die der Natur eigene Sprache. Sie spricht und gibt sich zu verstehen nicht in ihrer statischen und idyllischen Schönheit, sondern durch „die Göttersprache, das Wechseln und das Werden"[85].

Und Hölderlins Dichtung ist gerade dies: ein Gesang auf das Werden. Nicht zufällig kommt in seinen Oden das Bild des Flusses häufig vor, das an das Fließen des Heraklit erinnert.

Hier wird die außerordentliche Originalität Hölderlins sichtbar. Die Dichtung ist – wie die bildende Kunst – in sich eine Tätigkeit, die all das, was keine Form besitzt, formen möchte; es ist also eine bilden-

---

[83] DK, fr. 50
[84] Fr. 51. Vgl. Platon, *Symposion*, 187a
[85] Gedichte: *Der Archipelagus*

Susette reagisce alle parole del poeta. Lei gli scrive la sua prima lettera, dopo l'addio, tra settembre e ottobre del 1798. Si trova qui la forma al femminile dell'esperienza di Hölderlin. "Devo scriverti, caro! Il mio cuore non ce la fa più a sopportare il silenzio nei tuoi confronti, lascia ancora una volta parlare il mio sentimento davanti a te, poi voglio, se tu lo ritieni meglio, volentieri, volentieri, starmene zitta. Adesso, da quando tu sei via tutto attorno e dentro di me è così noioso e vuoto, è come se la mia vita avesse perso ogni significato, solo nel dolore lo ritrovo ancora. Come amo adesso questo dolore, quando mi abbandona e tutto diventa in me così tetro, come lo ricerco con nostalgia, solo le mie lacrime sul nostro destino riescono ancora a rendermi felice".

Ecco, la felicità nel dolore in Hölderlin, la nostalgia per il dolore in Susette. Sono esperienze che sono al di sopra di ogni comune comprensione.

Ma ognuno ha la sua misura.

Molto comunque abbiamo appreso dai filosofi e dai poeti. Ma forse sono stati gli esempi dei poeti a darci testimonianza più diretta e personale della sensibilità moderna.

de Kraft, entsprechend den Erfordernissen des Organischen, das den Dingen eine Form gibt. Da Hölderlin auch das Aorgische in seinem unaufhörlichen Werden aussprechen möchte, ist seine Dichtung der übermenschliche Versuch, etwas in einer Form auszusprechen, was keine Form hat, in einer Gestalt, was keine Gestalt hat.

Schließlich ist klar, dass die Antigone des Hölderlin sich ganz anders darstellt als die früheren Antigone-Gestalten. Es ist nicht die Hegelsche, die den Konflikt zwischen den Blutsbanden und den Gesetzen der Polis erlebt, und auch nicht die Kierkegaardsche, deren Tragik im Wissen liegt.

Für Hölderlin ist Antigone die Tragik des Seins, das von den Gegensätzen gezeichnet ist.

Im Sein liegt die ursprüngliche Unschuld, und die Schuld ist nur eine dichterische Gestalt des in sich geteilten Seins.

Auf der Grundlage dieser Gedanken über das Sein erklärt uns Hölderlin schließlich seine eigene Schmerz-Erfahrung, die an den Schmerz Leopardis denken lässt.

Hölderlin hat ihn erfahren. Seine Beziehung zu seiner geliebten Susette verh. Gontard – die er Diotima nennt wie die Weise, die Sokrates die Liebe lehrte – musste er beenden. Sie war davon so verstört, dass sie wenig später starb, und er stürzte in den Abgrund des Wahnsinns.

In seiner Klage, in der er sich vorstellt, er wende sich an die Götter, sagt er:

„Ja! Es frommet auch nicht, ihr Todesgötter! Wenn einmal
Ihr ihn haltet, und fest habt den bezwungenen Mann,

Wenn ihr Bösen hinab in die schaurige Nacht ihn
genommen,
Dann zu suchen, zu flehn, oder zu zürnen mit euch,
Oder geduldig auch wohl im furchtsamen Banne zu
wohnen
Und mit Lächeln von euch zu hören das nüchterne
Lied."[86]

Hölderlin steigt in diese Nacht hinab. Aber es gibt
etwas Außergewöhnliches auf diesem schwarzen
Grund. Der Dichter entdeckt es mit Staunen. Am
Rande des Abgrunds sagt er:

„Festzeit hab ich nicht, doch möchte ich die Locke
bekränzen;
Bin ich allein denn nicht? Aber ein Freundliches muß
Fernher nahe mir sein, und lächeln muß ich und
staunen,
Wie so selig auch mitten im Leide mir ist.
Licht der Liebe! Scheinest du denn auch Toten, du
goldnes!
Bilder aus hellerer Zeit, leuchtet ihr mir in die
Nacht?"[87]

Es gibt da einen unglaublichen Aspekt: das Glück
inmitten des Schmerzes. Hölderlin hat diese Wahrheit nach einer langen Suche erfahren, bei der er –
wie er sagt – alle Pfade des Landes befragt hat, alle
Schatten und alle Quellen, leidend und schlaflos wie
ein verwundetes Tier im Wald. Auch im Hyperion
schrieb er: „Ich hatt' es nie so ganz erfahren, jenes
alte feste Schiksaalswort, dass eine neue Seeligkeit
dem Herzen aufgeht, wenn es aushält und die Mit-
ternacht des Grams durchduldet, und dass, wie

---

[86] Gedichte: *Menons Klagen um Diotima*
[87] Ebd.

Nachtigallgesang im Dunkeln, göttlich erst in tiefem Leid das Lebenslied der Welt uns tönt."[88] Und das bringt ihn dazu, in der Ode *Heidelberg* jenes unmögliche Oxymoron zu bilden: „traurigfroh"[89]. Traurig und froh ist der Fluss, der durch Heidelberg fließt (der Neckar), ebenso wie das Herz,

„wenn es, sich selbst zu schön, /Liebend unterzugehen,
In die Fluten der Zeit sich wirft."[90]

Susette reagiert auf die Worte des Dichters. Sie schreibt ihm ihren ersten Brief nach dem Abschied, im September/Oktober 1798. Da findet man die weibliche Form von Hölderlins Erfahrung: „Ich muß Dir schreiben, Lieber! Mein Herz hält das Schweigen gegen Dich länger nicht aus, nur noch einmal laß meine Empfindung sprechen vor Dir, dann will ich, wenn Du es besser findest, gerne, gerne still seyn.

Wie ist nun, seit Du fort bist, um und in mir alles so öde und leer, es ist als hätte mein Leben alle Bedeutung verloren, nur im Schmerz fühl ich es noch. – Wie lieb ich nun diesen Schmerz, wenn er mich verlassen, und es wieder dumpf in mir wird, wie such ich ihn mit Sehnsucht wieder, nur meine Trähnen über unser Schicksal können mich noch freun."[91]

Die Glückseligkeit Hölderlins im Schmerz, die Sehnsucht nach dem Schmerz bei Susette – das sind

---

[88] *Hyperion*, letzter Brief an Bellarmin
[89] Gedichte: *Heidelberg*
[90] Ebd.
[91] Die Briefe der Diotima, 1

Erfahrungen, die über allem gewöhnlichen Verstehen liegen.

Aber jeder hat sein Maß.

Viel haben wir gelernt von den Philosophen und den Dichtern. Aber vielleicht haben die Beispiele der Dichter das unmittelbarste und persönlichste Zeugnis der modernen Sensibilität gegeben.

La felicità di Epicuro nel Golfo di Napoli

*

Das Glück des Epikur im Golf von Neapel

La felicità di Epicuro nel Golfo di Napoli

Oggi si assiste a un ripensamento della funzione della filosofia. Riscrivendo la sua storia, si tende a definirla non tanto come scienza prevalentemente teoretica, quanto piuttosto come pratica per una esistenza migliore. E si sostiene che da sempre sarebbe stato questo il suo senso più proprio che spesso è rimasto nascosto. In tale prospettiva, si riscoprono i momenti salienti in cui la filosofia appare più spiccatamente come un insostituibile esercizio di vita.

Qui vogliamo soffermarci su un periodo che in tal senso appare particolarmente significativo: è il tempo della diffusione dell'epicureismo negli anni della tarda repubblica e dell'inizio dell'impero romano.

Siamo nel periodo in cui Roma ha conosciuto la sua piena espansione. Il suo dominio aveva già avuto una ideale legittimazione. Questa era stata elaborata dalla filosofia di Panezio (185–109 aC), che cercò di armonizzare lo stoicismo con elementi di platonismo e aristotelismo. Da questa sintesi era stato escluso l'epicureismo, il quale mal si adattava all'ideologia dominante per l'esplicito rifiuto del valore sacro dell' autorità statale. La filosofia egemone restò dunque lo stoicismo. Ma ora, verso il I secolo aC, anche l'epicureismo cominciò a penetrare nella cultura romana.

Das Glück des Epikur im Golf von Neapel

Wir erleben heute ein neues Nachdenken über die Funktion der Philosophie. Man sieht in ihr nicht mehr vorwiegend eine theoretische Wissenschaft, sondern eine praktische Anleitung zu einem besseren Leben. Und man vertritt die Meinung, dass dies immer ihr eigentlicher, oft verborgener Sinn gewesen sei. So entdeckt man, dass die herausragenden Momente jene waren, in denen die Philosophie als eine unentbehrliche Hilfe für die Lebensgestaltung erscheint.

Hier wollen wir uns mit einer Periode beschäftigen, die in diesem Sinn besonders bezeichnend scheint: es ist die Zeit der Verbreitung des Epikureismus in den späten Jahren der Römischen Republik und zu Beginn des Römischen Imperiums.

Wir befinden uns in der Zeit, in der Rom seine größte Ausdehnung erlebte. Seine Herrschaft hatte schon eine geistige Legitimation erfahren durch die Philosophie des Panaetius (185–109 v.Chr.). Dieser hatte den Stoizimus mit Elementen des Platonismus und des Aristotelismus zu verbinden versucht. Von dieser Synthese blieb der Epikureismus ausgeschlossen, da er sich nicht an die herrschende Ideologie anpasste, indem er den sakralen Wert der staatlichen Autorität ausdrücklich ablehnte. Die herrschende Philosophie blieb also der Stoizismus. Doch nun, zu Beginn des 1. Jh. v.C., begann

Lucrezio

Un decisivo contributo al processo di diffusione dell'epicureismo fu dato dal poeta latino, forse di origine campana, Tito Lucrezio Caro (98 aC ca – 54 aC ca). Nel suo *De rerum natura*, esalta in continuazione Epicuro, colui che nel 306 aC aveva fondato ad Atene la propria scuola in un vasto giardino (in greco kepos) attiguo alla sua casa, "giardino" dello scandalo perché poteva essere frequentato dagli schiavi e dalle donne – donne sposate come Temista, ma anche etere come la celebre Leonzio che il pittore Teoro ritrarrà mentre medita. Oltre a celebrare il suo lontano maestro, Lucrezio tentò la singolare impresa di portare in versi il suo pensiero. Già era difficile tradurre in latino quella dottrina greca. Ma Lucrezio volle addirittura volgerla in poesia. Compì un'opera che rimane memorabile nella storia della letteratura di tutti i tempi. Egli si paragona (I, 935 ss) a un medico che, volendo far prendere a un bambino una medicina, cosparge di miele il bordo della tazza. E' il dolce miele delle Muse. E come il medico mira alla salute del paziente, così lui guarda alla salute della società che era per disgregarsi. In mezzo al torbido infuriare delle passioni pubbliche e private, in mezzo al terrore delle guerre civili, il poeta vuole offrire il "quadrifarmaco" di Epicuro. E cioè che ci si può liberare dal timore degli déi, che si può superare la paura della morte, che il bene si può ottenere con poco, e che il male è facilmente sopportabile.

auch der Epikureismus in die römische Kultur einzudringen.

Lucrez

Einen entscheidenden Beitrag zur Verbreitung des Epikureismus lieferte der lateinische, vielleicht aus Campanien stammende Dichter Titus Lucretius Caro (etwa 98–54 v.Chr.). In seinem Werk *De rerum natura* preist er immer wieder Epicur, der 306 v.Chr. in Athen eine eigene Schule gegründet hatte in seinem großen Garten bei seinem Haus (κεπος), der ein „Garten des Anstoßes" wurde, da er auch von Sklaven und Frauen besucht werden konnte – verheirateten Frauen, aber auch Hetären. Lucrez wollte nicht nur seinen fernen Meister feiern, sondern er versuchte sich auch an der gewagten Aufgabe, dessen Gedanken in Verse zu gießen, obwohl es schon schwierig war, seine Lehre aus dem Griechischen in das Lateinische zu übertragen. Mit dieser Leistung ist er in die Literaturgeschichte eingegangen. Er vergleicht sich mit einem Arzt (I, 935 ff), der, um ein Kind dazu zu bewegen, eine Medizin zu nehmen, den Rand der Tasse mit Honig bestreicht. Es ist der süße Honig der Muse. Und wie der Arzt die Gesundheit des Patienten im Blick hat, so zielte Lucrez auf die Gesundheit der Gesellschaft, die im Begriff war sich aufzulösen. Mitten im trüben Wüten der öffentlichen und privaten Leidenschaften, inmitten der Schrecken des Bürgerkriegs will der Dichter das "tetrapharmakon" (die vierfache Medizin) des Epicur anbieten, nämlich: man kann sich von der Furcht vor den Göttern befreien, man kann die

Il modello del medico era già stato proposto da Epicuro. La sua filosofia infatti voleva far guarire dalle grandi paure, su cui da sempre si reggeva e si regge il potere. Soprattutto dalla paura che tutte le altre comprende, la paura della morte: "Il male, dunque, che più ci spaventa, la morte, non è nulla per noi, perché quando ci siamo noi non c'è lei, e quando c'è lei non ci siamo più noi" (Epicuro, Lettera a Meneceo). Su questa premessa proponeva una nuova offerta di felicità, nel pieno piacere della vita. Infatti, "la conoscenza che nulla è per noi la morte rende godibile la mortalità della vita" (ivi). E si rivolgeva a tutti: "Mai – diceva – si è troppo vecchi o troppo giovani per la felicità" (inizio della Lettera a Meneceo). Al centro, doveva regnare l'amicizia, intesa non come semplice rapporto tra individui, ma come un momento costitutivo della società.

Tutto questo riproponeva la poesia di Lucrezio, che è un inno all'opera di Epicuro e un affresco suggestivo della sua filosofia.

I circoli filosofici

Queste idee cominciarono ad affermarsi in mezzo ai giovani che frequentavano gli ambienti filosofici campani.

Sappiamo che l'area del golfo di Napoli era considerata una piccola Grecia. Infatti vi si imitavano ed emulavano i modi di vita dei greci, a cominciare dai giochi e dalle feste elleniche. Questa piccola Grecia rappresentò la culla della filosofia epicurea. Infatti lì si insediarono i famosi circoli di Ercolano e di Posil-

Angst vor dem Tod überwinden, man kann mit wenig gut leben, und das Schlechte ist leicht zu ertragen. Das Bild des Arztes hatte schon Epikur gebraucht. Seine Philosophie sollte von den großen Ängsten heilen, auf die sich schon immer die Macht stützte und noch immer stützt. Vor allem von der Angst, die alle anderen Ängste einschließt: die Angst vor dem Tod. „Das Übel, das uns am meisten schreckt, der Tod, bedeutet nichts für uns. Denn wenn wir da sind, ist er nicht da, und wenn er da ist, sind wir nicht da." (Epicur, Brief an Menoikeus) Auf dieser Grundlage entwickelte er eine neue Philosophie des Glücks, das man in der Fülle der Lebensfreude erlangen kann. Dabei wandte er sich an alle.

„Die Erkenntnis, dass der Tod für uns keine Bedeutung hat, macht die Sterblichkeit für uns genießbar." „Nie", sagte er, „ist man zu alt oder zu jung für das Glück." (a.a.O.) Im Mittelpunkt müsse die Freundschaft stehen, nicht verstanden nur als einfache Beziehung zwischen Individuen, sondern als ein konstitutives Element der Gesellschaft.

All dies bringt das Gedicht des Lukrez zur Sprache, das ein Hymnus auf das Werk Epikurs und ein eindrückliches Bild seiner Philosophie ist.

Die philosophischen Zirkel

Diese Gedanken begannen unter den Jungen Fuß zu fassen, die die philosophischen Kreise der Campania besuchten.

Wir wissen, dass der Golf von Neapel als ein kleines Griechenland angesehen wurde. Tatsächlich ahmte

lipo, che furono decisivi per la diffusione della dottrina di Epicuro. La più importante scuola fu quella di Ercolano nella quale impartiva i suoi insegnamenti il filosofo e poeta greco Filodemo di Gadara in Siria (110–35 aC ca). Un altro centro fu Posillipo, dove era l'altro maestro siriano Sirone, presso il quale studiò Virgilio (70–19 aC).

Il circolo diretto da Filodemo ebbe la fortuna di essere appoggiato da Lucio Calpurnio Pisone, console nel 58 aC, suocero di Giulio Cesare.

Tra i due si stabilì una intima profonda amicizia, che spesso veniva allietata dai dotti banchetti a casa dell'uno o dell'altro. Filodemo, oltre che filosofo era – come s'è detto – anche poeta, in particolare era versato in spassosi epigrammi conviviali e in divertenti poesie erotiche, dunque sapeva come intrattenere gli amici. C'è, a tale proposito, un significativo epigramma dell'Antologia Palatina (libro XI, 44), in cui Filodemo si rivolge a Pisone per festeggiare un anniversario: "Verso le quattro, domani, nell'umile nido ti invita per la cena, caro Pisone, un amico diletto alle Muse; vi troverai compagni genuini; vi udirai accenti più dolci che al paese dei Feaci". L'invito è molto affettuoso. E la cena è allettante, perché Filodemo dice che essa, ancorché umile, sarà qualcosa di più bello del banchetto dei Feaci. Il piccolo nido si propone modestamente come il mondo di Omero in miniatura. Ma soprattutto esso vuole essere una piccola riproduzione del giardino di Epicuro.

Il contributo di Pisone fu di creare, nella sua villa di Ercolano, una biblioteca ad uso degli amici. È la

man dort die Lebensweise der Griechen nach, etwa in den Spielen und den Festen. Dieses „kleine Griechenland" wurde zur Wiege der epikureischen Philosophie. Es bildeten sich die berühmten Zirkel von Herculaneum und Posillipo, die entscheidend wurden für die Verbreitung der Lehre des Epikur. Die bedeutendste Schule wurde jene von Herculaneum, wo der griechische Philosoph und Dichter Philodemos von Gadara in Syrien (etwa 110–35 v.Chr.) lehrte. Ein weiteres Zentrum war Posillipo, wo der zweite syrische Meister, Siron, lehrte, bei dem auch Vergil (70–19 v.Chr.) studierte.

Der von Philodemos geleitete Kreis hatte das Glück, von Lucius Calpurnius Piso gefördert zu werden, einem Schwiegersohn von Julius Caesar, der im Jahr 58 v.Chr. Konsul war.

Zwischen beiden entwickelte sich eine enge und tiefe Freundschaft, die häufig durch gelehrte Treffen im Haus des einen oder des anderen ihren erfreulichen Ausdruck fand. Philodemos war, wie wir feststellten, nicht nur Philosoph, sondern auch Dichter, der sich gewandt in kurzweiligen Trinksprüchen und erotischen Versen ausdrücken konnte. Er wusste also seine Freunde zu unterhalten. Es gibt ein bezeichnendes Epigramm in der Antologia Palatina (XI, 44), in dem Philodemos sich an Piso wendet, um einen Jahrestag zu feiern: „Morgen gegen vier Uhr lädt dich, lieber Piso, ein von den Musen geliebter Freund zum Abendessen im bescheidenen Nest ein; du wirst dort echte Gefährten finden; und du wirst dort süßere Klänge vernehmen als im Dorf der Phäaken." Das „bescheidene Nest" erscheint wie die Welt

biblioteca che noi oggi chiamiamo "la villa dei papiri" o "dei Pisoni". Si ritiene che la biblioteca fosse fornita dei manoscritti che lo stesso Filodemo aveva portato con sé dalla Grecia.

Ovviamente, essa era composta in prevalenza di testi epicurei. Lo stesso programma decorativo della villa ricorda l'epicureismo. Vi sono stati trovati, fra gli altri, i busti di Epicuro, del suo successore Ermarco di Mitilene, del suo intimo amico Metrodoro di Lampsaco.

Questa biblioteca deve essere associata, per importanza, alle biblioteche private che si erano costituite a Roma, come quella degli Scipioni che era prevalentemente stoica e quella di Silla che conservava i preziosi scritti di Aristotele. Soprattutto, essa è l'unica dell' antichità che sia giunta fino a noi, seppure in pessime condizioni. L'eruzione del Vesuvio del 79 dC la danneggiò notevolmente. I papiri furono sottoposti ad una temperatura fra i trecento e i trecentoventi gradi, ma subito sepolti e quindi spenti da una coltre di materiale vulcanico ad una profondità di circa venticinque metri. Subirono dunque un processo di combustione, ma parziale, e a ciò si deve la loro preziosa conservazione con la possibilità di un progressivo recupero attraverso le moderne tecniche della microfotografia.

Inoltre, l'importanza della biblioteca viene dalla sua collezione. Essa è formata da testi trascritti tra il III-II sec. aC ed il I dC, ma composti a partire dal IV sec. aC. Vi compaiono molti autori latini e greci, alcuni dei quali erano prima del tutto sconosciuti. Fra i latini, sono stati trovati frammenti di Lucrezio,

Homers im Kleinen. Vor allem aber will es eine kleine Nachbildung von Epikurs Garten sein.

Piso lieferte einen wichtigen Beitrag, indem er in seiner Villa in Herculaneum eine Bibliothek aufbaute, die seine Freunde benutzen konnten. Es ist jene Bibliothek, die wir heute die „Villa dei papiri" oder „dei Pisoni" nennen. Man nimmt an, dass sie Manuskripte enthielt, die Philodemos selbst aus Griechenland mitgebracht hatte. Natürlich bestand sie überwiegend aus epikureischen Texten. Die Fresken der Villa erinnern an den Epikureismus. Man fand dort u.a. Büsten von Epikur, seinem Nachfolger Ermarcos von Mytilene und seinem engen Freund Metrodoros von Lampsakos.

Diese Bibliothek muss, von ihrer Bedeutung her, neben die privaten Bibliotheken in Rom gestellt werden, etwa jene der Scipionen, die überwiegend Werke der Stoiker enthielt, und jene des Silla, in der die wertvollen Schriften des Aristoteles aufbewahrt wurden. Diese ist im Übrigen die einzige, die bis auf den heutigen Tag erhalten ist, wenn auch in schlimmem Zustand. Der Ausbruch des Vesuvs 79 n.Chr. beschädigte sie erheblich. Die Papyrus-Dokumente waren dem Feuer mit einer Temperatur zwischen 300 und 320 Grad ausgesetzt, wurden aber sofort von einer etwa 25 m dicken Schicht vulkanischen Materials bedeckt und so gelöscht. Sie verbrannten also nur teilweise, und so können sie mit modernen Techniken Stück für Stück aufbereitet und gerettet werden. Die Bedeutung dieser Bibliothek beruht auch auf ihrem Inhalt.

Ennio, Cecilio Stazio. Fra i greci, primeggiano i preziosi frammenti di gran parte del *De natura* di Epicuro. Soprattutto vi si trova l'importante corpus delle opere di Filodemo. Si recupera con ciò un po' di quella grande letteratura epicurea, censurata o cancellata nel Medioevo. Ma Filodemo non è fondamentale soltanto per la ricostruzione della scuola epicurea. Egli ci dà l'opportunità di gettare uno sguardo sull'intero panorama dell'età ellenistica. Infatti, spazia dalla poesia alla musica alla matematica, e ci fornisce le citazioni dei maestri in tutti questi campi del sapere. Molti di questi nomi affiorano solo dai papiri di Ercolano.

La famosa «quadruplice medicina» (tetrapharmakos) ci è stata generosamente restituita da un papiro ercolanese filodemeo: "Non ci atterrisce il dio, non ci fa paura la morte, il bene è di facile acquisto, il male è facilmente tollerabile".

Dalle testimonianze dei papiri che lo riguardano, viene in evidenza la grande statura di Filodemo che spiega il fascino che egli esercitò sui letterati e filosofi del tempo. Egli portò tra gli intellettuali che frequentavano il Golfo il messaggio forte di una filosofia intesa come saggezza di vita. La filosofia si offre come l'unico modo che è in nostro potere per sentire il piacere di esistere, anche se nel sottofondo si insinua la minaccia della morte. Anzi, proprio il pensiero della morte – dice Filodemo – "ti fa ricevere ogni momento del tempo che si aggiunge come provenisse da una fortuna meravigliosa e incredibile" (Sulla morte, 37,20).

Sie besteht aus Abschriften aus dem 3. und 2. Jh. v.Chr. und dem 1. Jh. n.Chr., teilweise aber auch schon aus dem 4. Jh. v.Chr. Es finden sich darin viele lateinische und griechische Autoren, von denen einige bis dahin völlig unbekannt gewesen waren. Zu den lateinischen Autoren, von denen Fragmente gefunden wurden, gehören Lucrez, Ennius, Caecilius Statio. Unter den griechischen Schriften ragen Fragmente eines großen Teils von Epikurs *De natura* hervor, vor allem aber auch das bedeutende Corpus der Schriften des Philodemos. So wurde ein Teil der im Mittelalter unterdrückten oder vernichteten epikureischen Literatur gerettet. Doch Philodemos ist grundlegend nicht nur für die Rekonstruktion der epikureischen Schule. Vielmehr erhalten wir damit einen Einblick in die gesamte hellenistische Periode. Tatsächlich reichen die Werke von der Dichtung über die Musik bis zur Mathematik, und so erhalten wir Texte aus allen Wissensgebieten. Viele Namen erscheinen nur in den Dokumenten von Herculaneum.

Die berühmte „vierfache Medizin" (tetrapharmakos) konnte aus einem Philodemos-Papyrus von Herculaneum zurückgewonnen werden: „Uns schreckt kein Gott, uns ängstigt nicht der Tod, das Gute [das Glück] kann leicht erreicht werden, das Schlechte kann leicht ertragen werden."

Aus den Zeugnissen der Papyrus-Dokumente, die sich auf Philodemos beziehen, wird deutlich, warum er eine so große Anziehung auf die Literaten und Philosophen seiner Zeit ausübte. Er brachte den Intellektuellen des Golfes die wichtige Botschaft

Gli horti

Nella piccola Grecia accorsero molti imperatori romani e famiglie di aristocratici e benestanti, costruendo ville per i momenti di riposo dalle attività politiche e commerciali. Si creò lo straordinario fenomeno degli horti, che tra loro gareggiavano per sfarzo e prestigio.

Nel Golfo ebbero ville Mario, Crasso, Pompeo, Ortensio, Lucullo. In molti casi le ville furono edificate in luoghi impervi, pur di avere il più bel paesaggio da ammirare. Così fu per la villa di Lucullo, costruita in mezzo agli scogli tra la zona di Pizzofalcone e l'isola di Megaride.

La moda degli horti era già esplosa a Roma, dove sorgevano fra gli altri i famosi horti di Mecenate e gli horti Lamiani sull'Esquilino, e quelli di Sallustio tra il Pincio e il Quirinale.

Ma nel Golfo quella moda assume una forte connotazione epicurea.

Guardando gli horti campani, Plinio il Vecchio li associava espressamente a Epicuro. Affermava infatti: "Il primo che inventò gli horti fu Epicuro" (Naturalis historia, 19,51). Si riferiva al Giardino, il kepos. In realtà quando diciamo Stoa (il portico dipinto) pensiamo alla scuola stoica di Zenone; quando diciamo Peripato pensiamo al viale del Liceo di Aristotele; quando diciamo Giardino pensiamo a Epicuro.

Non si può però affermare che gli horti campani fossero del tutto improntati al pensiero epicureo. Il lusso non era nel programma di Epicuro, che al con-

einer Philosophie, die als Lebensweisheit verstanden wurde. Diese stellt sich dar als der einzige Weg, den wir besitzen, um die Freude am Leben zu spüren, auch wenn im Hintergrund immer die Drohung des Todes steht. Oder vielmehr: Gerade der Gedanke an den Tod, so sagt Philodemos, „lässt dich jeden zusätzlichen Augenblick so empfangen, als käme er aus einer wunderbaren und unglaublichen Quelle des Glücks". (De morte, 37,20).

So kam jener verborgene Fluss an das Tageslicht, der durch die Geschichte des Denkens lief, nämlich der einer Philosophie, die sich als Anleitung für die praktische Suche nach Glück verstand.

Die Gärten (horti)

In dieses „Klein-Griechenland" kamen viele römische Kaiser und aristokratische und reiche Familien und erbauten sich dort Villen für die Zeit der Erholung von politischen und Handels-aktivitäten. Man schuf jene außergewöhnlichen Gärten, die miteinander wetteiferten in Prunk und Ansehen.

Im Golf von Neapel hatten Villen: Marius, Crassus, Pompeius, Hortensius, Lucullus. Viele Villen wurden an unzugänglichen Stellen errichtet, nur damit man die schönste Landschaft bewundern konnte. Dies gilt etwa für die Villa des Lucull, die mitten in den Felsen zwischen Pizzofalcone und der Insel von Megaride errichtet wurde.

Die Mode der Gärten hatte sich schon in Rom verbreitet, wo u.a. die berühmten Gärten des Maecenas und die „horti Lamiani" auf dem Esquilin

trario insegnava la moderazione nei desideri e nei piaceri. Tuttavia quelle ville esprimevano simbolicamente una scelta di vita, che in qualche modo si ispirava alla filosofia epicurea. Vi si ostentava un distacco dall'agone politico e una presa di distanza dall'agitazione degli affari.

Si desiderava trovare un momento di completa serenità con la rinuncia all'ambizione, alla gloria e alla sete di potere. Vi si voleva l'otium per la cura dello spirito e del corpo. E soprattutto vi si coltivavano le occasioni dell'amicizia, che era per Epicuro il massimo bene.

Un tipico esempio di questo modo di vivere è quello di Lucullo, che come abbiamo detto si fece costruire davanti al mare di Napoli una villa straordinaria.

Lucullo aveva combattuto contro Mitridate, quando abilmente aveva procurato a Silla una flotta per fronteggiare la potenza navale nemica, nella prima guerra mitridatica. Lucullo si trovò di nuovo a combattere contro il re del Ponto nella terza guerra mitridatica (73-67 aC). Ora era lui al comando delle truppe romane. Si armò di una potente flotta e costrinse Mitridate alla fuga. Occupò le principali città costiere del Ponto. E qui ebbe modo di fare incetta di una enorme quantità di volumi, che portò a Roma nel 66 aC. Ma poi è rimasto famoso per lo sfarzo delle sue ville.

Il personaggio è complesso. Per farsene un'idea si possono consultare diverse fonti storiche. In particolare, un suo straordinario profilo viene disegnato da Plutarco nelle "Vite Parallele" (Plutarco, Vite parallele, Lucullo). Lucullo parlava correntemente il

angelegt worden waren, sowie jene des Sallust zwischen Pincio und Quirinal. Doch im Golf erhält diese Mode einen stark epicureischen Charakter.

Plinius der Ältere ordnete die Gärten der Campania ausdrücklich dem Epikur zu. Er stellte fest: „Der Erste, der die Gärten erfand, war Epikur." (Naturalis historia, 19,51). Er bezog sich dabei auf den Garten beim Haus, den κεπος.

Tatsächlich denken wir, wenn wir von „Stoa" (dem bemalten Portico) sprechen, an die Stoiker-Schule des Zeno, bei „Peripatus" an den „viale del Liceo" des Aristoteles; wenn wir aber von „Garten" sprechen, denken wir an Epikur.

Dennoch kann man nicht behaupten, dass die Gärten der Campania vollständig auf das Denken des Epikur ausgerichtet gewesen seien. Denn der Luxus passte nicht in das Programm des Epikur, der ja Bescheidenheit in Wünschen und Vergnügen lehrte. Andrerseits drückten jene Villen symbolisch eine Lebensentscheidung aus, die in gewisser Weise von der Philosophie des Epikur inspiriert war. Man stellte dort Abstand vom politischen Kampf und Distanz von der Unrast der Geschäfte dar. Man suchte einen Moment vollkommener Seelenruhe durch die Abkehr von Ehrgeiz, Ruhm und Machtsucht. Man wollte Muße, um sich um Geist und Körper kümmern zu können. Und vor allem pflegte man dort die Freundschaften, die für Epikur das höchste Gut darstellten.

Ein typisches Beispiel für diese Lebensart ist jene des Lucull, der sich, wie gesagt, eine einzigartige Villa am Golf von Neapel erbauen ließ.

greco e il latino. Sin da ragazzo era cresciuto con un'educazione totale, fondata sul culto del bello. E tutti lodavano la sua sensibilità e la raffinatezza dei suoi gusti. Plutarco ci dice che era un uomo che cercava, più che la lode per le vittorie militari, quella che proviene dalla giustizia e dall'umanità.

Ma le cose più interessanti Plutarco ce le dice quando afferma che nella vita di Lucullo ci sono due parti, così come nella commedia antica: la prima, in cui si affrontano difficoltà, lotte e guerre; la seconda, in cui c'è il lieto fine con brindisi, pranzi, bagordi e divertimenti d'ogni genere.

Tra i divertimenti di Lucullo il primo posto era occupato dalla costruzione di edifici sontuosi. Aveva ville dappertutto, da Roma al Golfo di Napoli. E nell'adornare queste dimore si abbandonava al collezionismo più sfrenato. Vi si potevano ammirare enormi statue e dipinti famosi e tutte le cose belle che aveva saccheggiato nella guerra mitridatica. I suoi giardini, gli orti luculliani, furono considerati più sfarzosi di quelli imperiali.

Quando si ritirò dall'attività politica, per il lieto fine della sua vita, si dedicò unicamente a intratenersi a tavola con i più famosi letterati e filosofi del tempo. Filosofo egli stesso, militante nella corrente che voleva far rivivere la Grecia a Roma, Lucullo aveva scoperto l'arte conviviale, spogliata di ogni carattere rituale. Era l'arte della conversazione tanto celebrata da Cicerone. Bene conveniva quest'arte alla seconda parte della vita di Lucullo, perché – sempre secondo Cicerone (Cicerone, De senectute, XIV, 46) – essa si apprende con il passare degli anni, quando alla fretta subentra uno svolgersi più lento del tem-

Lucull hatte gegen Mithridates gekämpft, als er dem Silla sehr geschickt eine Flotte geschaffen hatte, mit der dieser der feindlichen Seemacht entgegentreten konnte im ersten Krieg gegen Mithridates. Lucull sah sich gezwungen, noch einmal gegen den König von Pontos zu kämpfen im dritten Krieg gegen Mithridates (73–67 v.Chr.). Nun befehligte er die römischen Truppen. Er ließ eine mächtige Flotte konstruieren und schlug Mithridates in die Flucht. Er besetzte die wichtigsten Städte an der pontinischen Küste. Hier konnte er eine riesige Menge an Schriftstücken an sich nehmen, die er 66 v.Chr. nach Rom brachte. Doch schließlich wurde er berühmt durch seine prächtigen Villen.

Seine Persönlichkeit ist komplex. Um sich ein Bild von ihr zu machen, kann man verschiedene historische Quellen heranziehen. Besonders die Biographie von Plutarch in seinen Βιοι παράλλελοι (Vitae parallelae, Lucullus) ist bemerkenswert. Lucull sprach fließend Griechisch und Latein. Von klein an erfuhr er eine umfassende Erziehung auf der Grundlage des Kultes des Schönen. Alle priesen seine Sensibilität und seinen ausgesuchten Geschmack. Plutarch berichtet, er habe nicht den Ruhm durch militärische Siege geschätzt, sondern jenen, der aus der Gerechtigkeit und der Menschlichkeit stammte.

Nach Plutarch gab es im Leben des Lucull zwei Teile wie in der antiken Komödie: einen, in dem er Schwierigkeiten, Kämpfe und Kriege auf sich nahm, und einen zweiten, in dem es ein glückliches Ende gibt mit Trinksprüchen, Gastmälern, Schlemmerei und Vergnügungen aller Art.

po. Dopo i piaceri giovanili, è il grande piacere – conclude Cicerone – che si può godere in età matura, e che si può cogliere nei banchetti, prolungati fino all'alba. Era, la conversazione, il cuore dell'amicizia. Dunque Lucullo, nell'ultimo squarcio della sua vita, ci appare come una controfigura di Epicuro, anche se molto sbilanciata – lucullianamente – dal lato del lusso e dell'opulenza.

Gli hortuli

Dove sicuramente si realizzava alla lettera l'ideale del giardino di Epicuro era negli hortuli, i piccoli giardini. Fra tutti, sono due quelli più esemplari. Quello di Filodemo, il suo "umile nido" del quale s'è parlato. E quello di Sirone, che Virgilio chiama "cecropius hortulus", cioè "ortolo" cecropio o ateniese – dal nome di Cecrope fondatore della rocca di Atene. Quest'ultimo era situato nei pressi di Posillipo, che non a caso ebbe questo nome tipicamente epicureo "pausilypon", che vuol dire rifugio dagli affanni. Virgilio fu attirato dall'epicureismo in seguito alla lettura di Lucrezio. Trasferitosi a Napoli, frequentò sia Filodemo sia Sirone. Ma la villa di Sirone diventò la sua residenza abituale, e alla morte del maestro divenne di sua proprietà o per lascito o per acquisto.

Virgilio adorava questa residenza con una bella vista sul mare e la chiamava affettuosamente con diminutivi come "hortulus" o "villula" o campicello. La sua stessa tomba sembra che sia da collocarsi nel luogo della villa di Sirone.

Zu den vorrangigen Vergnügen des Lucull gehörte der Bau prachtvoller Gebäude. Er besaß überall Villen, von Rom bis zum Golf von Neapel. Und um Diese Villen auszustatten, gab er sich einer zügellosen Sammelleidenschaft hin. Man konnte dort riesige Statuen bewundern sowie berühmte Gemälde und all jene schönen Dinge, die er im Mithridates-Krieg an sich gerissen hatte. Seine Gärten – die lucullischen – galten als prächtiger denn die kaiserlichen.

Als er sich aus dem politischen Leben zurückzog, um seinen Lebensabend glücklich zu verbringen, widmete er sich nur noch den Tafelfreuden mit den berühmtesten Literaten und Philosophen seiner Zeit. Selbst ein Philosoph, der sich zu jenen zählte, die Griechenland in Rom wieder zum Leben erwecken wollten, hatte Lucull die Kunst des geselligen Zusammenseins ohne alles Rituelle entdeckt. Es war die Kunst der Unterhaltung, die Cicero so hoch schätzte. Diese Kunst passte sehr gut zum zweiten Aspekt von Luculls Leben, da man sie – nach Cicero (De senectute, XIV, 46) – mit fortschreitendem Alter erlernt, wenn ein langsamerer Lebensrhythmus an die Stelle der Eile tritt. Nach den Freuden der Jugend ist es – schließt Cicero – das große Vergnügen, das man im reifen Alter bei lange, bis zum Morgengrauen, sich hinziehenden Banketten genießen kann. Das Gespräch sei das Herz der Freundschaft. So erscheint uns Lucull in seinem letzten Lebensabschnitt wie eine Gegenfigur zu Epikur, auch wenn er – nach lucullischer Art – sehr unausgeglichen war im Hinblick auf Luxus und Überfluss.

Avevamo detto che Virgilio era passato all'epicureismo leggendo Lucrezio. Ma per lui Lucrezio è anche una fonte di ispirazione. Anzi, egli tenta, nella sesta Egloga, di proporci a sua volta la cosmogonia epicurea, così come aveva fatto Lucrezio. E parla della formazione della terra, del mare, dei cieli, del fuoco. Ma chi parla è Sirone, il quale viene evocato come fosse Sileno.

Il suo Sileno è ebbro, pieno di traboccante piacere. La sua pienezza si espande fino ad assumere dimensioni cosmiche. Si scioglie in un canto che incanta le fiere e muove le cime degli alberi. Racconta le molte meraviglie dell'universo. E dipinge la natura come tutta animata dal gioco degli atomi immaginati da Epicuro.

E' singolare che Virgilio faccia entrare in scena il suo maestro nella forma di questa figura mitologica. Viene subito in mente che pure Socrate, nel Simposio di Platone, è paragonato a Sileno. Si può immaginare che Virgilio voglia insinuare che Sirone è il nuovo Socrate?

In realtà, quel fiume carsico, del modo di intendere la filosofia come saper vivere, avendo già avuto un inizio con Pitagora, si sviluppa pienamente con il Socrate di Platone. La sua portata si accresce poi con l'Etica della felicità di Aristotele e col suo catalogo delle passioni esposto nella Retorica. Si evolve negli scettici e negli stoici. Infine viene in piena luce nella filosofia di Epicuro e degli epicurei. Ai tempi di Virgilio, l'epicureismo si affermò per svariate ragioni. In parte perché rispondeva di più al carattere dei romani, poco propensi alle grandi as-

Die kleinen Gärten (hortuli)

Wo sich im wörtlichen Sinn das Ideal der epikureischen Gärten verwirklichte, waren die kleinen Gärten, die hortuli. Unter allen sind zwei besonders exemplarisch: jener des Philodemos, sein „bescheidenes Nest", von dem wir bereits sprachen, und jener des Siron, den Vergil „cecropius hortulus" nennt, d.h. „cecropischer" oder athenischer Garten, benannt nach Cecrops, dem Gründer der Athener Burg. Dieser Garten lag in der Nähe von Posillipo, das nicht zufällig diesen typisch Epikureischen Namen („pausilypon") trug, was so viel heißt wie Rückzugsort von den Sorgen. Vergil fühlte sich vom Epikureismus angezogen nach der Lektüre des Lucrez. Als er nach Neapel umgezogen war, verkehrte er sowohl mit Philodemos wie mit Siron. Doch die Villa des Siron wurde sein gewöhnlicher Aufenthaltsort, und nach dem Tod des Meisters gelangte es – durch Erbe oder Kauf – in seinen Besitz. Vergil liebte diese Residenz mit ihrem schönen Blick auf das Meer, und er nannte es zärtlich mit Diminutiven wie „hortulus" oder „villula" oder „campicello" (kleiner Landsitz). Sein Grab ist wahrscheinlich dort zu suchen.

Wir stellten fest, dass Vergil durch die Lektüre des Lucrez zum Epikureimus gekommen war. Aber Lucrez war für ihn auch eine Quelle der Inspiration. Er suchte sogar (in der 6. Ekloge) die Epikureische Kosmogonie sich zu eigen zu machen, so wie Lucrez es getan hatte. Und er spricht von der Ausformung der Erde, des Meeres, der Himmel und des Feuers.

trazioni filosofiche: Epicuro offriva una visione facilmente accessibile della natura e dell'universo. Un altro motivo stava nella particolare situazione politica e sociale del momento. Che era disastrosa. Dall'80 al 40 aC circa successe di tutto a Roma: la dittatura di Silla e le sue liste di proscrizione, la congiura di Catilina, la guerra civile di Cesare e Pompeo, l'uccisione di Cesare con tumulti d'ogni tipo. Era inevitabile che subentrasse in molti un sentimento di disgusto se non di orrore verso l'ambizione e il potere, che erano stati all'origine di tanti mali, e si insinuasse un forte desiderio di serenità e di pace, possibilmente lontano dalla capitale.

Virgilio vive questo stato d'animo. Confessa che, lasciando la gloria e i premi dei poeti, desidera stare in un posto appartato, da cui guardare in lungo e in largo per il mondo gli errori degli uomini e disprezzare le ambizioni terrene. Trova questo luogo nel giardino di Sirone.

Qui si impara a fare di sé un "hortus conclusus", un giardino recintato. Dove si lavora alla cura di sé. Dove si impara a liberarsi di ciò che impedisce il dispiegarsi della nostra natura. Dove soprattutto si pratica ogni esercizio per raffinare il senso del piacere. L'obiettivo è che si riesca a raggiungere, nel flusso continuo dell' esistenza, una felicità costante e duratura. E questa nel suo massimo grado si può cogliere nel puro piacere di esistere. E' qui la stessa sorgente di tutti gli altri possibili piaceri.

Fu questa la forma che prese, allora, quel fiume sotterraneo. Il quale si è poi presentato in varie maniere e a più riprese nel corso del tempo. Anche oggi torna a suo modo di attualità.

Doch wer spricht, ist eigentlich Siron, der herauf-
beschworen wird, als wäre er Silenos.

Sein Silenos ist trunken und quillt über von Lust
und Freude. Seine Fülle dehnt sich bis in kosmische
Dimensionen aus. Es löst sich in einem Gesang, der
die Märkte besingt und die Baumwipfel bewegt. Er
erzählt die vielen Wunder des Universums und stellt
die Natur dar als ein Spiel der Atome, die sich
Epikur vorgestellt hatte. Es ist einmalig, dass Vergil
seinen Meister in dieser mythologischen Gestalt
auftreten lässt. Es kommt einem sofort in den Sinn,
dass auch Sokrates (in Platons Symposion) dem
Silenos verglichen wird.

Ist es denkbar, dass Vergil in Siron einen neuen
Sokrates sieht?

Jener im Untergrund strömende Fluss, von dem
wir sprachen, nämlich die Philosophie als Lebens-
hilfe zu verstehen, hatte schon bei Pythagoras
begonnen, entfaltete sich aber voll erst bei Platons
Sokrates. Seine Bedeutung wächst weiter mit der
Glücksethik des Aristoteles und seinem Katalog der
Leidenschaft in seiner Rhetorik. Er entwickelt sich
weiter bei den Skeptikern und den Stoikern.

Schließlich kommt er ganz ans Licht in der
Philosophie des Epikur und der Epikureer. Zu
Vergils Zeiten konnte der Epikureismus sich aus
verschiedenen Gründen durchsetzen. Einmal, weil er
dem Charakter der Römer besonders entsprach, die
wenig Sinn hatten für die großen philosophischen
Abstraktionen. Epikur bot eine leicht zugängliche
Sicht der Natur und des Universums. Ein weiteres
Motiv lag in der besonderen sozialen Situation der
Zeit, die katastrophal war.

Zwischen 80 und 40 v.Chr. erlebte Rom alles: die Diktatur des Silla und dessen Bannlisten, die Verschwörung des Catilina, die Bürgerkriege Caesars und des Pompeius, die Ermordung Caesars und auch sonst Aufruhr jeder Art. So konnte es nicht ausbleiben, dass viele vom Ehrgeiz und dem Streben nach Macht abgestoßen wurden, die am Beginn vieler Übel gestanden hatten, und dass sich eine starke Sehnsucht nach einem unbeschwerten und friedlichen Leben, möglichst fern der Hauptstadt, ausbreitete.

Vergil erlebt diesen geistigen Zustand. Er bekennt, dass er auf Ruhm und Ehren der Dichter verzichtet und an einem abgelegenen Ort leben möchte, von dem er die Welt der Irrtümer von Weitem beobachten und sich vom irdischen Streben voller Verachtung abwenden könne. Diesen Ort findet er im Garten des Siron.

Dort lernt er, aus sich selbst einen „hortus conclusus", einen geschlossenen Garten zu machen, wo er an der Sorge für sich selbst arbeiten kann und lernt, sich von dem zu befreien, was unsere Natur daran hindert, sich zu entfalten, und wo er vor allem das praktizieren kann, was den Sinn für die Lebensfreude verfeinert. Sein Ziel ist es, im unaufhörlichen Fluss des Lebens einen Zustand des beständigen und dauerhaften Glücks zu erreichen. Das aber besteht in der reinen Freude zu existieren. Und dies ist die Quelle aller anderen möglichen Freuden.

Diese Gestalt nahm jener unterirdische Fluss damals an. Und er tauchte im Lauf der Geschichte

immer wieder in verschiedenen Gestalten auf und
hat heute eine neue Aktualität erlangt.

Eco e Narciso:
la voce

Echo und Narziss:
Über die Stimme

Eco e Narciso:
la voce

Il mito di Eco e Narciso, di tempo in tempo, si ripresenta all'attenzione e ritorna di attualità, perché parla dei due sensi dominanti, l'udito e la vista, e di tutto ciò che in qualche modo è legato a questi due sensi.

Narciso ode risuonare la propria voce nell'eco, e vede nell'acqua la propria immagine. C'è il momento dell'udito e quello della vista. Essi, nel mito, sembrano corrispondersi perfettamente, come per ribadire uno stesso messaggio. Infatti, sono entrambi il simbolo di ciò che è riflesso: Eco, di ciò che si riflette acusticamente, Narciso di ciò che si riflette visivamente.

Ma, a ben guardare, viene in evidenza una profonda differenza tra l'eco e l'immagine.

Nell'eco Narciso non riconosce la propria voce, la sente come fuggire e soprattutto non vede nessuno. Si volge indietro e non scorgendo nessuno dice: "O tu, perché mi fuggi?". Al contrario, nell'immagine, per un istante intuisce che si tratta di sé stesso: "Oh sì, questo sono io, lo sento; non m'inganna la mia immagine".

In entrambi i casi c'è in comune il gioco del "doppio"; ma il doppio della voce è diverso da quello dell'immagine.

Echo und Narziss:
Über die Stimme

Der Mythos von Echo und Narziss erlangt von Zeit zu Zeit Interesse und Aktualität. Er spricht von unseren beiden herausragenden Sinnen, dem Hören und dem Sehen, und von allem, was in irgendeiner Weise damit verbunden ist. Narziss hört im Echo seine eigene Stimme und sieht im Wasser sein eigenes Bild. Da ist der Moment des Hörens und der des Sehens. Beide scheinen einander im Mythos perfekt zu entsprechen, als wollten sie ein und dieselbe Botschaft verkünden. Beide sind Symbole des Reflektierten: Echo dessen, was sich akustisch reflektiert, Narziss dessen, was sich sichtbar reflektiert.

Doch wenn man genau hinsieht, wird ein tiefer Unterschied zwischen dem Echo und dem Spiegelbild deutlich.

Im Echo erkennt Narziss nicht die eigene Stimme, er hört sie, als entfernte sie sich, und vor allem sieht er niemand. Er wendet sich um, und da er niemand entdeckt, sagt er: „O du, warum entziehst du dich mir?" Doch im Bild erkennt er einen Moment lang, dass es sich dabei um ihn selbst handeln müsse: „O ja, das bin ich, das fühle ich; mein Bild täuscht mich nicht."

Beiden Fällen gemeinsam ist das „Doppelspiel", doch das Doppel der Stimme unterscheidet sich von dem des Bildes.

Questa differenza viene decisamente sottolineata dal fatto singolare che l'eco è personificata a tal punto da costituire un mito a sé, il mito della ninfa Eco. Ciò invece non accade per l'immagine.

L'eco è impalpabile e si dilegua subito nel nulla. Invece l'immagine è una presenza più ferma ed esalta il desiderio del contatto fisico, al punto che Narciso ne è straziato.

Le due figure comunque incalzano Narciso fino a costringerlo all'ultimo gesto disperato. E così si avvera la predizione dell'indovino Tiresia, il quale, interrogato se Narciso sarebbe vissuto a lungo, aveva risposto: "Se non conosce se stesso".

Qui prenderò in considerazione il mito di Eco e Narciso per soffermarmi sul problema della voce.

Ovidio nelle Metamorfosi, parlando di Eco e Narciso, teatralizza il problema della voce.

Egli ci offre così, poeticamente, una originale rappresentazione di una questione antica, molto sentita già dai filosofi e poeti greci, solo per restare nella tradizione del pensiero occidentale.

Basti ricordare che per gli stoici la voce era il principio stesso della filosofia. Bisogna cominciare – dicevano – dal capitolo della voce.

E' un bene così prezioso da sembrare allo stoico Zenone di Cizio, fra tutte le cose belle, "il fiore della bellezza". Così scrive infatti Diogene Laerzio: "Zenone definì la bellezza fiore della voce o secondo altri la voce fiore della bellezza"[1].

---

[1] Diogene Laerzio, *Ivi*, 251

Ovid hat, in seinen Metamorphosen von Echo und Narziss sprechend, das Problem der Stimme szenisch dargestellt.

Er bietet uns so in dichterischer Form eine Darstellung einer alten Frage, die schon von den griechischen Philosophen und Dichtern lebhaft empfunden wurde – um in der westlichen Denktradition zu bleiben. Man braucht nur daran zu denken, dass für die Stoiker die Stimme das Prinzip der Philosophie war. Man muss, sagten sie, beim Kapitel der Stimme beginnen. Einige von ihnen schrieben auch verschiedene Werke zum Thema „Stimme".[2] Sie ist ein so kostbares Gut, dass sie dem Stoiker Zenon von Kition unter allem Schönen als „die Blüte der Schönheit" erscheint. So schreibt Diogenes Laertius: „Zenon definierte die Schönheit als Blüte der Stimme – oder nach anderen die Stimme die Blüte der Schönheit."[3] Sie ist Anfang und Vollendung. Pindar sagt, Zeus habe, als die Welt bereits geordnet war, die Götter gefragt, was ihrer Ansicht nach noch fehle, und erhielt zur Antwort, es fehle noch die Stimme, die die Dinge offenbaren und besingen kann; und so schuf Zeus die Musen.

Der Stimmbruch

Ovid erzählt, Narziss habe im Echo nicht die eigene Stimme erkannt. Das wird verständlich, wenn man

---

[2] Diogenes Laertius, *Leben und Lehre der Philosophen*, VII, 55
[3] Diogenes Laertius, ebd.

E' inizio e compimento. Pindaro dice che Zeus, dinanzi al mondo ormai ordinato, chiese agli dei che cosa ancora secondo loro mancasse; ed ebbe per risposta che mancava la voce che rivelasse e cantasse le cose; e perciò Zeus creò le Muse.

Il cambiamento della voce

Ovidio racconta che Narciso non riconosce nell'eco la propria voce. Questo si può spiegare supponendo che non sente più la voce che possedeva prima. E dunque il mito sembra alludere al cambiamento di voce che si subisce nel passaggio dalla fanciullezza alla pubertà.

Il dramma di Narciso coincide infatti con l'età in cui lo "si poteva prendere tanto per un fanciullo quanto per un giovinetto" e in cui ci si allontana dai propri coetanei.

Egli esce dalla sua precedente condizione, che è quella infantile, per entrare in un'altra, che è quella dell'adulto. C'è una trasformazione sconvolgente. Perché in quel passaggio si perde il suono che il proprio corpo aveva posseduto fino a quel momento, per assumerne un altro.

C'è una trasformazione di tutto il corpo. E questo viene indicato dalla voce e sentito nella voce.

Il cambiamento della voce ci segnala questo fenomeno traumatico, che si configura come un cambiamento di identità.

Le antiche culture hanno voluto innalzare alla più alta considerazione questo momento dell'uomo, con-

annimmt, er habe nicht die Stimme gehört, die er vorher besessen hatte. Es scheint, der Mythos spiele auf den Stimmbruch in der Pubertät an.

Das Drama des Narziss fällt tatsächlich in das Alter, „in dem man ihn ebenso für einen Knaben wie für einen Jüngling nehmen" konnte und in dem man sich von seinen Altersgenossen entfernt. Er verlässt seinen bisherigen Zustand, den kindlichen, um in einen anderen einzutreten, den des Erwachsenen. Er erlebt eine umwerfende Veränderung. Bei diesem Übergang verliert man den Klang, den der eigene Körper bis dahin besaß, um einen anderen anzunehmen. Es findet eine Umwandlung des gesamten Körpers statt. Und das wird von der Stimme angezeigt und durch sie wahrgenommen. Der Stimmbruch zeigt uns diesen traumatischen Vorgang an, der sich als ein Wandel der Identität darstellt.

Frühere Kulturen bedachten diesen Augenblick im Leben des Mannes mit der höchsten Wertschätzung, indem sie ihn in die Reihe der wichtigsten Riten im Leben des Mannes erhoben: die Initiation in die Pubertät.

In Bezug auf diese Wandlung sagt Aristoteles: „Die Stimme beginnt sich zu verändern und erhält einen raueren und unebeneren Klang. Die Stimme ist nicht mehr hoch, ohne dass sie deshalb schon tief wäre. Sie ist nicht mehr kompakt. Sie lässt an Instrumente denken, deren Saiten gespannt und brüchig sind. Dies wird *Stimmbruch* genannt."[4] Das

---

[4] Aristoteles, *Historia animalium*, VII, 1, 581

sacrandolo tra i maggiori riti che scandiscono la vita dell'uomo: il rito dell'iniziazione alla pubertà.

A proposito di tale mutamento, Aristotele dice: "La voce comincia a trasformarsi, passando a un registro più rauco e disuguale. La voce ha smesso di essere acuta, pur non essendo ancora grave. Non è più compatta. Fa pensare a degli strumenti le cui corde siano tese e incrinate. E' quello che viene detto *cambiar voce*"[5]. Il verbo impiegato da Aristotele suona in greco *tragoìzein*. Cioè, letteralmente, *belare come un capro*.

In greco, *tragodía* – tragedia – viene da *trágos*, capro, ed è il nome originario del canto intonato nelle feste dionisiache – feste iniziatiche per eccellenza – nelle quali la vittima era un capro. Come dire anche - lo anticipiamo - che c'è nella voce un elemento dionisiaco.

Dunque, si cambia voce. Ed è un momento scioccante, se non proprio tragico: il momento di una radicale e quasi improvvisa metamorfosi.

Una voce più bassa ci separa da quella dell'infanzia, che era voce di soprano, voce di donna nell'uomo, fatta nei suoi inizi di modulazioni sonore e gridi, più che di parole. Perciò la voce dell'eco nel mito è una voce femminile. E Narciso non la riconosce più.

Nella voce sessuata rimarranno solo lontane risonanze della voce dell'origine.

Anche nella donna si ha una trasformazione del corpo, ed anche nella donna si verifica una alterazione della voce che, sebbene più nascosta e sfu-

---

[5] Aristotele, *Storia degli animali*, VII, 1, 581.

von Aristoteles gebrauchte Wort heißt auf Griechisch *tragoízein*, wörtlich „meckern wie ein Ziegenbock".

Das griechische Wort *tragodía* – Tragödie – kommt von *trágos,* Ziegenbock, und ist der ursprüngliche Name des bei den dionysischen Festen – Initiationsfesten par excellence, bei denen ein Ziegenbock geopfert wurde – angestimmten Gesanges. Das heißt – wir wollen es vorwegnehmen –, dass in der Stimme ein dionysisches Element steckt.

Die Stimme wandelt sich also. Das ist ein bestürzendes, wenn nicht gar ein tragisches Ereignis: der Moment einer radikalen und beinah unvorbereiteten Metamorphose.

Eine tiefere Stimme trennt uns von jener der Kindheit, die eine Sopranstimme war, die Stimme einer Frau im Mann, bestehend mehr aus anfänglichen Klangmodulationen und Schreien, denn aus Worten. Deshalb ist die Stimme des Echos weiblich, und Narziss erkennt sie nicht wieder.

In der geschlechtsbestimmten Stimme sind nur noch ferne Erinnerungen an die ursprüngliche Stimme vorhanden.

Auch der weibliche Körper verändert sich, und auch bei der Frau findet ein Wandel der Stimme statt, wenn auch versteckter und nuancierter, aber deswegen nicht weniger tief. Tatsächlich verringert sich beim Mädchen wie beim Knaben die Musikalität der Stimmorgane der Kindheit. Und es taucht eine Würde in der Stimme auf, die vorher nicht dagewesen war.

mata, non è meno profonda. Infatti, senza alcuna differenza, sia nell'uomo sia nella donna viene meno la musicalità della materia acustica dell'infanzia. E appare una gravità della parola che non c'era mai stata in precedenza.

Il triangolo semiotico

Ma ciò che fa più pensare è il fenomeno della voce in quanto tale.

Ed è su questo fondamentale argomento che Aristotele pone le basi che hanno un'eco fino a oggi. Nella sua opera sulla teoria della enunciazione, in un passo divenuto il più classico riferimento per la questione del linguaggio, egli disegna l'architettura in cui si inquadra il problema della voce. "I suoni che sono nella voce sono simboli (*sýmbola*) delle affezioni che sono nell'anima (*pathémata tés psychés*), e i segni scritti lo sono dei suoni che sono nella voce. E come neppure le lettere dell'alfabeto sono identiche per tutti, neppure le voci sono identiche. Tuttavia ciò di cui queste cose sono segni (*semeîa*), come di termini primi, sono affezioni dell'anima identiche per tutti, e ciò di cui queste sono immagini (*omoiómata*) sono le cose (*prágmata*), già identiche"[6].

Commentando il passo aristotelico, Heidegger sottolinea quella che egli chiama "l'impalcatura in cui si colloca il linguaggio come espressione fonica: le lettere scritte sono i segni dei suoni della voce, i

---

[6] Aristotele, Della interpretazione, 16

Das semiotische Dreieck

Doch was einem am meisten zu denken gibt, ist das Phänomen der Stimme als solcher. Und auf dieses Argument baut Aristoteles die Grundlagen, die bis heute ihre Wirkung zeigen.

In seinem Werk über die Theorie der Aussprache, das auf einen Schlag zur klassischen Referenz für das Thema Sprache wurde, entwirft er eine Architektur, in die das Problem der Stimme eingeordnet werden kann. „Die gesprochenen Worte sind die Zeichen von Vorstellungen in der Seele (*sýmbola*), und die geschriebenen Worte sind die Zeichen von gesprochenen Worten (*pathémata tés psychés*). So wie nun die Buchstaben des Alfabets nicht bei allen Menschen dieselben sind, so sind auch die Worte nicht bei allen Menschen dieselben und eben so wenig sind die Gegenstände überall dieselben, von welchen diese Vorstellungen die Abbilder (*omoiómata*) sind."[7]

Den Gedankengang des Aristoteles kommentierend, unterstreicht Heidegger das, was er „das Gerüst" nennt, in dem „die Sprache als klanglicher Ausdruck ihren Platz findet: die geschriebenen Buchstaben sind die Zeichen des Klanges der Stimme, die Klänge der Stimme sind die Zeichen der Gemütsbewegungen, und diese sind die Zeichen der Dinge.[8]

Dieser Gedankengang – fügt er hinzu – ist in der

---

[7] Aristoteles, *De interpretatione*, 16

[8] Martin HEIDEGGER, *Unterwegs zur Sprache*, Stuttgart [14]2007 (HGA 18,54)

suoni della voce sono i segni delle affezioni dell'anima; queste sono i segni delle cose"[9].

Questo impianto – egli aggiunge – è rimasto determinante per tutta l'ulteriore riflessione sul linguaggio.

Esso è stato messo a punto nei primi del '900 da Charles Peirce, e in questa forma è diventato il punto di riferimento di ogni teoria della significazione. Viene disegnato il cosiddetto "triangolo semiotico". I tre vertici sono: il significante (l'espressione acustica o il suono della voce), il significato (l'immagine mentale delle cose) e il referente (le cose).

La voce ha suoni diversi da un individuo all'altro, ma essa significa le passioni che sono universali e indica le cose che pure sono le stesse per tutti.

Il significante rimanda al significato. E si va dal particolare a ciò che è uguale per tutti, si passa all'universale. Si compie un salto enorme.

La voce cessa di essere pura phoné e diventa phoné semantiké (suono che ha significato). Diventa lógos. Infatti, occorre fissare bene questa definizione: "Il lógos è phoné semantiké"[10].

I filosofi e la sola voce

Ma qual è – se c'è – il senso della voce sola? La *phonè* da sola non comporta alcun concetto, non è assolutamente un discorso.

---

[9] Martin Heidegger, In cammino verso il linguaggio, Mursia Ed., Milano 1973, 160.
[10] Aristotele, *Della interpretazione*, 16b, 26

Folge stets bestimmend geblieben für das Nachdenken über die Sprache.

Er ist von Charles Peirce zu Beginn des 20. Jahrhunderts ausgearbeitet worden, und in dieser Gestalt wurde er der Bezugspunkt für jede Semiotik. Es wird das „semiotische Dreieck" formuliert. Die drei Seiten sind: das Bezeichnende (der akustische Ausdruck oder der Klang der Stimme), das Bezeichnete (das geistige Bild der Dinge) und der Interpretant, also das System, dem das Zeichen zugeordnet ist.

Die Stimme hat von Person zu Person einen unterschiedlichen Klang, aber sie bezeichnet die Empfindungen, die universell sind, und weist auf die Dinge, die für alle dieselben sind.

Der Interpretant verweist auf das Bezeichnete. Und man geht vom Besonderen zum Universalen. Damit wird ein Riesenschritt vollzogen.

Die Stimme ist nicht mehr nur reine *phoné* (Klang), sondern wird zur *phoné semantiké* (Klang mit Bedeutung). Sie wird *lógos*. Diese Definition muss festgehalten werden: „Das Wort (*lógos*) ist Klang mit Bedeutung (*phoné semantiké*)"[11].

Die Philosophen und die Stimme als solche

Was aber ist – wenn es ihn gibt – der Sinn der Stimme als solcher? Die *phoné* allein enthält keinerlei Sinn, sie ist absolut kein Diskurs.

---

[11] Aristoteles, *De interpretatione*, 16b, 26

Forse è soprattutto per questo che Narciso non riconosce la propria voce. Sente il proprio suono ma questo è senza alcun pensiero. Non può capire, perché nella pura voce non viene espressa alcuna idea, non c'è nulla da capire. Egli non può che essere preso dallo smarrimento.

In verità, tutta la filosofia, intenzionata per sua natura a "capire", è stata presa quasi dal panico dinanzi al problema della voce. L'interrogativo della voce sola è stato posto, ma generalmente con la preoccupazione di andare oltre, andare al pensiero.

A tale riguardo è emblematica la riflessione di sant'Agostino. "E com'è il suono? Ecco io sto parlando, ci sono delle orecchie, ci sono delle menti. Ho nominato due cose: le orecchie e le menti. E nel mio parlare ci sono parimenti due cose: il suono e il concetto. Procedono insieme, ed arrivano simultaneamente all'orecchio. Il suono, non appena ha percosso l'aria ed è giunto all'orecchio, passa, né può richiamarsi o farlo suonare ancora: difatti le sillabe si precedono e si susseguono, e si succedono l'una l'altra in modo che la seconda non risuoni se la prima non è cessata. Il concetto invece scende nel cuore"[12].

E' bene messo in luce il procedere della voce nella sua sequenza temporale, ma contro questa presenza che fugge va fatta valere la profondità e la permanenza del concetto. Questo testo rafforza dunque l'impianto della cultura logocentrica occidentale. Quel che conta è il significato delle parole, il valore semantico dei suoni. Nella sola voce ci si perde.

---

[12] Discorso 28 sul Salmo 104, 4

Vielleicht erkennt Narziss vor allem deshalb seine eigene Stimme nicht. Er hört zwar den Klang, aber dieser führt bei ihm zu keinem Gedanken. Er kann nicht verstehen, warum sich in der reinen Stimme keine Idee ausdrückt, warum man da nichts verstehen kann. Er kann nur völlig verwirrt sein. Tatsächlich ist die ganze Philosophie, die ihrer Natur nach darauf gerichtet ist „zu verstehen", von Panik ergriffen worden angesichts des Problems der Stimme.

Die Frage der Stimme als solcher ist gestellt worden, aber im allgemeinen mit der Absicht, weiter zu gehen, nämlich zum Gedanken.

In dieser Hinsicht ist die Überlegung des Augustinus vielsagend: „Und wie ist der Klang? Ich spreche, da sind Ohren, da ist Verstand. Ich habe zwei Dinge genannt: Ohren und Verstand. Und in meinem Sprechen sind ebenfalls zwei Dinge: der Klang und der Gedanke. Sie gehen gemeinsam, und sie kommen gleichzeitig am Ohr an. Der Klang geht, sobald er die Luft erregt hat und zum Ohr gelangt ist, vorüber und kann nicht zurückgerufen oder zum Weiterklingen gebracht werden: in der Tat folgen die Silben aufeinander in der Weise, dass eine nicht erklingen kann, solange die vorhergehende nicht verklungen ist. Der Gedanke dagegen sinkt in das Herz."[13]

Die Bewegung des Klanges in ihrer zeitlichen Abfolge ist gut dargestellt, aber gegenüber dieser flüchtigen Präsenz müssen die Tiefe und die Dauer des Gedankens hervorgehoben werden.

---

[13] *Expositio* 28 de psalmo 104, 4

E infatti, finché il concetto non è formato e manifesto, subentra un punto di domanda: si è come di fronte a un enigma. E' lo stesso Agostino a sottolinearlo. Immaginiamo - dice - che un uomo senta il suono di una parola di cui ignora il significato. Egli è ardentemente portato a chiedersi che cosa quel suono voglia dire: "Sa che non solo vi è una voce, ma anche un segno, e vuole averne perfetta conoscenza"[14].

Non può ascoltare la voce senza volerne indagare il senso e supponendo che un senso ci sia sempre.

In questo modo il problema della sola voce viene completamente sfocato. E rimandato. Esso sarà ripreso più tardi, nel Medioevo, nel contesto di un dibattito teologico. Comunque, il testo citato ha una notevole importanza, in quanto evidenzia uno spazio intermedio. La voce si manifesta come il semplice stato sorgivo e inaugurale della formazione del linguaggio. La pura voce è possibilità della lingua, poi diventerà esperienza del costituirsi della lingua.

C'è un momento di sospensione fra l'intonazione pura e semplice, corporea e particolare di ognuno, e la struttura linguistica, simbolica e sopraindividuale, in cui prendono forma le immagini o idee che sono uguali per tutti.

Dopo questo momento, i suoni della voce non saranno più i segni dello stato del corpo, ma diventeranno i valori di un sistema di segni codificato.

Si passerà - come abbiamo detto - dalla *phoné* alla *phoné semantiké.*

---

[14] De Trinitate, X 1, 2

Dieser Text stärkt also das Konzept der logozentrischen westlichen Kultur. Was zählt, ist die Wortbedeutung, der semantische Wert des Klanges. In der Stimme allein verliert man sich.

In der Tat stellt sich eine Frage, solange das Konzept noch nicht gebildet und offenbar ist: Man steht wie vor einem Rätsel. Augustinus selbst betont dies. Stellen wir uns vor – sagt er –, ein Mensch höre den Klang eines Wortes, dessen Bedeutung er nicht kennt. Er wird sich brennend fragen, was dieser Klang wohl zu bedeuten habe: „Er weiß nicht nur, dass da eine Stimme ist, sondern auch ein Zeichen, und er möchte es genau kennen lernen."[15]

Er kann nicht die Stimme hören, ohne wissen zu wollen, was sie bedeutet – vorausgesetzt, es gebe immer einen Sinn.

Auf diese Weise gerät das Problem der Stimme allein ganz aus dem Fokus. Und es wird auch vertagt. Es wird später wieder aufgenommen werden, im Mittelalter, im Zusammenhang einer theologischen Debatte. Der zitierte Text hat jedenfalls eine beachtliche Bedeutung, da er ein Zwischengebiet herausstellt. Die Stimme tritt in Erscheinung als der einfache Quell- und Anfangszu- stand der Sprache. Die Stimme allein ermöglicht die Sprache, später wird sie die Erfahrung der Sprachbildung werden.

Es gibt ein Moment des Aussetzens zwischen der einfachen Intonation, die körperlich und bei jedem

---

[15] De Trinitate, X 1, 2

Il problema della voce sola dovrà attendere d'essere posto.

Voce dell'uomo e dell'animale

Da quanto s'è detto sin qui, è chiaro che, per noi, sentire la voce sola è quasi impossibile. E allora, a chi ci si deve rivolgere per fare questa esperienza? Lo Stagirita propone di prendere in considerazione gli animali, per quel che hanno di molto simile agli uomini. Dell'uomo dice che è un animale che ha la *phoné semantiké,* cioè il *lógos.*

Degli animali dice che hanno la *phoné,* ma questa è senza il significato.

Dunque, abbiamo trovato dove cercare e trovare una voce non semantica. Ascolteremo la voce degli animali.

Gli uccelli e i poeti

In particolare, ci fermeremo a sentire gli animali che hanno una voce più modulata.

E qui il filosofo esprime quasi lo stupore per gli uccelli. Certi generi di uccelli – dice – hanno la facoltà di emettere suoni articolati in grado maggiore di tutti gli altri animali, secondi, in questo, solo all'uomo.

Egli precisa che bisogna distinguere tre cose: il semplice suono (*psóphos*), la voce (*phoné*), la voce articolata (*diálektos*).

Individuum anders ist, und der linguistischen Struktur, die symbolisch und überpersönlich ist, in der die Bilder oder Ideen ihre Gestalt gewinnen, die für alle gleich ist.

Nach diesem Moment sind die Laute nicht mehr Zeichen des Körperzustandes, sondern sie werden Werte eines kodifizierten Systems.

Es findet der Übergang statt von der *phoné* zur *phoné semantiké*.

Das Problem der Stimme für sich allein muss noch zurückgestellt werden.

Menschliche und tierische Stimme

Soviel bis hier gesagt wurde, ist klar, dass es für uns fast unmöglich ist, die Stimme als solche zu hören.

An wen muss man sich also wenden, um diese Erfahrung zu machen? Aristoteles schlägt vor, die Tiere zu betrachten, weil sie dem Menschen sehr ähnlich sind.

Vom Menschen sagt er, dass er ein Tier sei, das die *phoné semantiké,* also den *lógos* besitze.

Von den Tieren sagt er, sie hätten die *phoné,* diese enthalte aber keine Bedeutung.

Wir haben also festgestellt, wo wir eine nicht semantische Stimme suchen und finden können. Hören wir auf die Stimme der Tiere.

Die Vögel und die Dichter

Wir wollen uns im Detail die Tiere anhören, die eine formenreichere Stimme besitzen.

Tutti gli esseri viventi emettono suoni, molti hanno una voce, ma solo gli uomini hanno una voce articolata.

Ma ecco - aggiunge - anche gli uccelli, per le caratteristiche fisiche della loro lingua larga e sottile, sono in grado di articolare la loro voce[16]. Anzi hanno una prodigiosa abilità vocale.

Come qualcuno ha detto, Aristotele scrive qui una delle pagine più belle della scienza zoologica di tutti i tempi.

L'affermazione singolare è che la *diálektos* appartiene sia agli uomini sia agli uccelli, rimanendo ovviamente la loro differenza.

E pertanto la lettura di questo passo ci dice che la *diálektos* non può essere ciò che è unicamente proprio dell'uomo. Ma che cos'è allora ciò che accomuna gli uomini e gli uccelli? Nello stesso passo, si precisa che c'è qualcosa che rende possibile la *diálektos*. Si tratta della capacità di articolare la voce. E una tale capacità dipende dalla configurazione della lingua, che dev'essere fine e flessibile.

L'articolazione rappresenta il passaggio dalla voce alla lingua. Consiste in ciò il prerequisito per avere una lingua, la possibilità stessa di una lingua. Ed in quanto tale, può esistere anche senza la lingua. Essa è la precondizione materiale della lingua.

Dunque gli uccelli hanno questo in comune con gli uomini. Ed in questo, per quel che riguarda la voce, hanno un di più rispetto agli altri animali.

---

[16] Cf. Aristotele, *Storia degli animali*, Libro IV, Cap. IX.

Hier drückt der Philosoph sein Staunen über die Vögel aus. Einige Vogelarten haben – sagt er – eine größere Fähigkeit, Laute zu produzieren als alle anderen Tiere und stehen darin nur dem Menschen nach.

Er präzisiert, dass man drei Dinge unterscheiden müsse: den einfachen Klang (*psóphos*), die Stimme (*phonê*), die artikulierte Stimme (*diálektos*).

Alle Lebewesen erzeugen Laute, viele haben eine Stimme, aber nur die Menschen haben eine artikulierte Stimme.

Doch er fügt hinzu, auch die Vögel seien durch die physischen Eigenschaften ihrer langen und schmalen Zunge in der Lage, ihre Laute zu artikulieren.[17] Sie haben sogar wunderbare stimmliche Fähigkeiten.

Jemand hat gesagt, Aristoteles habe hier eine der schönsten Seiten der zoologischen Wissenschaft aller Zeiten geschrieben.

Die einzigartige Feststellung ist, dass die artikulierte Stimme *(diálektos)* sowohl den Menschen wie den Vögeln gegeben sei – wobei im übrigen die Unterschiede natürlich erhalten bleiben.

Daher sagt uns dieser Satz, dass die *diálektos* nicht dem Menschen allein eigen ist. Was aber ist es, das Menschen und Vögeln gemeinsam ist? Im selben Abschnitt präzisiert Aristoteles, dass es etwas gebe, was die *diálektos* möglich mache. Und zwar handelt es sich um die Fähigkeit, die Stimme zu artikulieren. Diese Fähigkeit hänge ganz und gar von der Gestalt der Zunge ab, die fein und flexibel sein müsse.

---

[17] Vgl. Aristoteles, *Historia animalium*, IV, IX

Anzi, per il fatto che si afferma che gli uccelli condividono con noi le condizioni materiali dell'espressività linguistica, si avanza l'idea che gli uccelli rappresentino una specie di enigmatica frontiera tra gli animali e gli uomini.

Il che significa che possedere la *diálektos* implica pure che si possieda la musicalità. Vista dal lato dell'uomo, questa affermazione significa che l'uomo, per il fatto stesso di avere una voce articolata, ha già nella sua voce l'elemento della musicalità. Che poi si evolverà nella poesia e nella musica vera e propria.

In conclusione si può dire che quel che è più proprio dell'uomo è parlare, quel che è più proprio degli uccelli è cantare. Ma l'uomo è attratto poeticamente dal canto.

Quanto all'attrazione poetica per il canto degli uccelli, non è per caso che, al sorgere della poesia melica e della lirica amorosa, prestò loro un particolare ascolto Alcmane - vissuto a Sparta nel VII sec. a.C. In due suoi memorabili frammenti, egli dice di aver trovato i propri versi imitando i suoni delle pernici e si vanta di conoscere i canti di tutti uccelli.

Nella cultura classica era quasi ovvio che un poeta avesse qualcosa in comune, quasi una familiarità innata, con gli uccelli. Si racconta per esempio che Omero, bambino, emettesse di notte le voci di nove uccelli. Ma si osserva soprattutto che egli, quando introduce i discorsi diretti dei suoi personaggi, dice nell'Iliade e nell'Odissea che essi pronunciano "parole alate".

Le voci hanno le ali. Esse conoscono l'elemento dell'aria. Partono dal petto di chi le dice e colpiscono come frecce il petto di chi le sente. Alle voci non si

Die Artikulation stellt den Übergang von der Stimme zur Sprache dar. Dies ist die Voraussetzung dafür, eine Sprache zu haben, überhaupt die Möglichkeit einer Sprache. Und soweit sie eine solche ist, kann sie auch ohne die Zunge bestehen. Diese ist die materielle Voraussetzung der Sprache. Die Vögel haben also dies mit den Menschen gemeinsam. Und hierin haben sie hinsichtlich der Sprache den übrigen Lebewesen etwas voraus. Mehr noch: Aufgrund der Tatsache, dass die Vögel mit uns die materiellen Voraussetzungen des sprachlichen Ausdrucks teilen, führt ihn zu dem Gedanken, dass die Vögel eine Art geheimnisvollen Übergangs zwischen den Tieren und den Menschen bilden. Aber im selben Gedankengang liest man, dass der größte Teil der Vögel singe – das aber sagt man nicht von den anderen Lebewesen. Die Vögel besitzen eine außerordentliche stimmliche Gewandtheit mit ihren Trillern und den verschiedensten Melodien. Das Wichtigste ist also, in letzter Interpretation, ihre Musikalität, bei der sie häufig selbst den Menschen übertreffen.

Das bedeutet, dass *diálektos* zu besitzen gleichzeitig den Besitz von Musikalität einschließt. Vom Menschen aus gesehen bedeutet diese Feststellung, dass er mit seiner artikulierten Stimme bereits das Element der Musikalität enthält, die sich dann in der Dichtung und in der wahren und eigentlichen Musik entwickelt.

Zum Schluss kann man sagen, dass das Besondere des Menschen das Sprechen ist, das Be-

può opporre resistenza: mentre possiamo chiudere gli occhi per non vedere, non possiamo chiudere le orecchie per non sentire. Per il poeta le voci rimangono alate anche quando si posano momentaneamente su un foglio, per riprendere da lì il loro volo.

Anche i gridi degli uccelli hanno le ali.

Agli antichi lirici fa eco Rilke: "Come ci prende il grido degli uccelli"[18].

E non si può non citare Giacomo Leopardi, che, nelle Operette Morali, ha scritto un memorabile "Elogio degli uccelli". Essi sono, ai suoi occhi, creature fra le più perfette, per le loro forme, i colori, i voli, i suoni. Gli sembra addirittura che possiedano la capacità di ridere, che è privilegio dell'uomo.

I suoni degli uccelli sono per il poeta delle pure possibilità, che egli può imitare, rielaborare, accordare a suo modo dando le proprie regole. E ciò perché la voce negli uccelli è tutta in sé piena, è voce libera. Non è legata a un'idea, a un concetto. E' una riserva di pura materia sonora.

L'uomo e la voce

Negli uomini la voce rimanda generalmente oltre sé, esprime il senso di quello che essi vogliono dire. E' voce stretta, vincolata.

In verità, alla sua nascita, l'uomo si annuncia con un grido. Il suo primo passo nel suo venire al mondo è un suono.

---

[18] Rainer Maria Rilke, *Poesie*, Torino 1955, p. 59

sondere des Vogels das Singen. Doch der Mensch fühlt sich poetisch vom Gesang angezogen.

Was diese Anziehung durch den Gesang der Vögel betrifft, so ist es kein Zufall, dass bei der Entstehung des melischen Gesangs und der Liebeslyrik Alcmane – der im 7. Jh. v.C. in Sparta lebte – ihnen besonders aufmerksam zuhörte. In zwei seiner denkwürdigen Fragmente sagt er, er habe seine eigenen Verse gefunden, indem er die Gesänge der Rebhühner nachgeahmt habe; er brüstet sich, den Gesang aller Vögel zu kennen.

In der klassischen Kultur war es beinahe selbstverständlich, dass ein Dichter etwas mit den Vögeln gemein haben müsse, gleichsam eine ein-geborene Vertrautheit. Man erzählt zum Beispiel, dass Homer als Kind nachts die Gesänge von neun Vögeln nachgemacht habe. Doch vor allem fällt auf, dass er sowohl in der Ilias wie in der Odyssee von seinen Personen, wenn er sie direkt sprechen lässt, sagt, sie sprächen „geflügelte Worte".

Die Stimmen haben Flügel. Sie kennen das Element Luft. Sie gehen von der Brust dessen aus, der sie ausspricht, und treffen wie Pfeile die Brust dessen, der sie hört. Gegen die Stimme kann man keinen Widerstand leisten: während wir die Augen schließen können, um nicht zu sehen, können wir die Ohren nicht schließen, um nicht zu hören. Für den Dichter bleiben die Wörter geflügelt, auch wenn sie sich vorübergehend auf einem Blatt Papier niederlassen, um ihren Flug gleich darauf von dort wieder aufzunehmen.

Auch die Rufe der Vögel haben Flügel.

Inoltre da subito i bambini cominciano a sperimentare tutte le possibilità sonore che lo sviluppo permette loro. E per molto tempo vivono in una sfera di materia musicale. Essi per un po' sanno ancora gridare.

Così Rilke conclude la sua poesia: "Come ci prende il grido degli uccelli. Pure i bambini che giocano soli sanno gridare passandoci a lato. Gridano il caso. Nei vaghi interregni di questo spazio del mondo - in cui pure entra lo strido d'uccello, e s'insinua l'uomo nel sogno - essi piantano acuto il grido"[19].

Sono associati tra loro i bambini e gli uccelli. Come in Hölderlin: "Quanto preferirei essere come i fanciulli e come gli usignoli"[20]. Gli uccelli di Hölderlin sono gli usignoli. E' una predilezione che non è senza motivo. Essi cantano nella notte. Il poeta ha scoperto qualcosa di incredibile e di antico: che una felicità può risuonare nello stesso dolore. Come appunto il canto dell'usignolo nel cuore della notte.

I bambini - dicevamo - sono associati agli uccelli. Poi però l'uomo, sin dall'infanzia, viene travolto dai mille discorsi di una lingua ben formata, per cui gradualmente comincia a esprimersi in un linguaggio codificato. Il suo bisogno di comunicare lo spinge nel modo di parlare dei grandi. E con ciò perde gran parte della sua ricca sonorità.

Ma la parola introduce una scossa nel mondo prelinguistico della *phoné*. E' uno scatto che ci fa unici rispetto agli animali. "Infatti, secondo quanto

---

[19] Ivi, 59
[13] Friedrich Hölderlin, *Poesie*, Milano 1971, 281

Die antiken Dichter greift Rilke auf: „Wie ergreift uns der Vogelschrei ..."[21] Und man muss auch Giacomo Leopardi zitieren, der in den *Operette Morali* einen denkwürdigen „Lobgesang auf die Vögel" geschrieben hat. Sie gehören in seinen Augen zu den vollkommensten Geschöpfen wegen ihrer Gestalten, ihrer Farben, ihrer Flugtechniken und ihrer Gesänge. Er meint sogar, sie besäßen die Fähigkeit zu lachen, was aber ein Privileg des Menschen ist.

Die Stimmen der Vögel sind für den Dichter reine Möglichkeiten, die er nachahmen kann und umgestalten nach seiner eigenen Art und Weise und seinen eigenen Regeln. Denn die Vogelstimme ist in sich vollständig und frei. Sie ist an keine Idee gebunden, an kein Konzept. Sie ist sozusagen ein Lager reiner Klangmaterie.

Wenn wir von der Dichtung zur Musik fortschreiten, kämen wir mit der Aufzählung der Musiker, die sich in ihrem Konzept auf die Vögel beziehen, an kein Ende.

Der Mensch und die Stimme

Beim Menschen weist die Stimme im allgemeinen über sich hinaus, sie drückt den Sinn dessen aus, was er sagen möchte. Es ist eine enge, gebundene Stimme.

In der Tat meldet der Mensch sich bei seiner Geburt mit einem Schrei. Sein erster Schritt auf dem Weg in die Welt ist ein Laut.

---

[21] Rainer Maria Rilke, *Die Sonette an Orpheus*, II, 26

sosteniamo, la natura non fa nulla invano, e l'uomo è l'unico animale che abbia il *lógos*. La voce è segno del piacere e del dolore e perciò ne sono provvisti anche gli altri animali, in quanto la loro natura giunge fino ad avere e a significare agli altri la sensazione del piacere e del dolore. Invece il *lógos* serve a indicare l'utile e il dannoso, e perciò anche il giusto e l'ingiusto"[22]. E' questa la definizione che rimarrà al centro della comprensione dell'uomo occidentale: l'uomo è l'animale che ha il *lógos* (*zóon lógon échon*). E in quanto tale, diventa un animale politico. La parola è ora la sua potenza e la possibilità stessa della sua convivenza.

Comunque, il confronto con gli animali è illuminante. Lascia intravedere la possibilità di capire, dell'uomo, la sola voce. E pone implicitamente la questione lasciata in sospeso, di un pensiero della voce.

Páthos

Vediamo più da vicino che cosa succede agli animali nella voce. Gli animali, nella voce, esprimono gioia o dolore dandone un segnale anche ai loro simili.

"La voce è segno del piacere e del dolore"[23]. La voce dice questo sentire, che i greci chiamano con una sola parola: *páthos*.

Essi sentono e reagiscono istintivamente agli stimoli esterni e dicono la loro presenza con un ricco

---

[22] Friedrich Hölderlin, *Poesie*, Milano 1971, 281

[23] *Ivi*, 1253a 9

Und die Kinder beginnen sofort, alle klanglichen Möglichkeiten auszuprobieren, die die Entwicklung ihnen bietet. Und für lange Zeit leben sie in einer Sphäre musikalischer Materie. So endet ein Gedicht Rilkes: „Wie ergreift uns der Vogelschrei ... / Irgendein einmal erschaffenes Schreien. / Aber die Kinder schon, spielend im Freien, / schreien an wirklichen Schreien vorbei. / Schreien den Zufall. In Zwischenräume / dieses, des Weltraums, (in welchen der heile / Vogelschrei eingeht, wie Menschen in Träume –) / treiben sie ihre, des Kreischens Keile."[24] Kinder und Vögel sind miteinander verbunden. Wie bei Hölderlin: „Oh dass ich lieber wäre wie Kinder sind... wie Nachtigallen."[25] Hölderlins Vogel ist die Nachtigall. Diese Vorliebe ist nicht unbegründet. Die Nachtigall singt nachts. Der Dichter hat etwas Unglaubliches und Uraltes entdeckt: dass selbst im Schmerz Glück nachklingen kann – eben wie der Gesang der Nachtigall im Herzen der Nacht. Die Kinder sind mit den Vögeln assoziiert. Doch später wird der Mensch von Kindheit an von tausend Reden in einer wohl geformten Sprache überrollt, weshalb er stufenweise beginnt, sich in einer kodifizierten Sprache auszudrücken. Sein Mitteilungsbedürfnis treibt ihn dahin, dass er sich wie die Erwachsenen ausdrückt, und damit verliert er einen großen Teil seiner reichen Klangwelt.

---

[24] Ebd.
[25] Friedrich Hölderlin, *Zu wissen wenig ...* (Eine deutsche Quelle war leider nicht zu ermitteln.)

repertorio, che va dai lamenti ai versi d'amore, dall' esultanza ai segni di guerra. Si sostiene che abbiano pure una qualche capacità di apprendere e insegnare il canto.

Ma abbiamo visto che la voce è propria sia degli uomini sia degli animali.

Nella *phoné* c'è un elemento di indecidibilità tra l'uomo e l'animale.

E' sintomatico - osserva Adriana Cavarero[26] - che nella patria del *lógos* il vocabolo *phoné* sia applicato e alla voce umana e alla voce animale.

Ciò significa che "il fenomeno acustico, in tutta la varietà delle sue espressioni, tende a costituire una sfera autonoma, indipendente dalla parola".

Parlando degli animali, è chiaro che entriamo in questa sfera unica.

E allora bisogna dire che anche negli uomini la voce, essendo segno del piacere e del dolore, è primariamente *páthos*, non è *lógos*.

Il *páthos* è la nostra capacità di recepire, di percepire, è quella passività per cui siamo toccati dal mondo. In tal senso, si può dire che in principio è il *páthos*[27].

Va aggiunta una importante considerazione che sta all'inizio della filosofia delle passioni. Troviamo detto a chiare lettere che non esiste passività senza reattività. Patire e agire sono un'unica potenza[28]. Nello

---

[26] Adriana Cavarero, *A più voci*, Milano 2005, p. 27

[27] Heidegger, in *Essere e tempo* §§ 29-30, si rifà alla teoria del *páthos* di Aristotele, affermando che dopo di lui non c'è stato alcun passo avanti significativo.

[28] Cf. Aristotele, *Metafisica*, 1046a, 20

Doch das Wort führt eine Erschütterung in der vorlinguistischen Welt der *phoné* ein. Es ist ein Sprung, der uns einzigartig macht im Verhältnis zu den Tieren. „In der Tat macht die Natur – soweit wir feststellen – nichts umsonst, und der Mensch ist das einzige Lebewesen, das den *lógos* besitzt. Die Stimme ist Ausdruck der Freude und des Schmerzes, und deshalb besitzen auch andere Tiere sie, soweit ihre Natur bis dahin gelangt, angenehme und schmerzliche Gefühle zu haben und sie anderen zu zeigen. Der *lógos* dagegen dient dazu, das Nützliche und das Schädliche anzugeben, und deshalb auch das Rechte und das Unrechte."[29] Dies ist die Definition, die im Mittelpunkt des Verständnisses des westlichen Menschen bleiben wird: Der Mensch ist das Lebewesen, das den *lógos* besitzt (*zóon lógon échon*). Und als solches wird er zum animal politicón. Das Wort ist nun seine Stärke und befähigt ihn zum Zusammenleben.

Der Vergleich mit den Tieren ist erhellend. Er lässt die Möglichkeit erahnen, die Stimme des Menschen als solche zu verstehen. Und implizit wird die bisher offen gelassene Frage neu gestellt nach einem Gedanken der Stimme.

Páthos

Sehen wir uns etwas genauer an, was bei den Tieren in der Stimme geschieht. Die Tiere drücken mit ihrer Stimme Freude oder Schmerz aus und teilen ihr Gefühl auch ihren Artgenossen mit.

---

[29] Aristoteles, *Politik*, 1253a 9ff

stesso momento che siamo esposti al mondo, vi prendiamo parte.

In principio è dunque il *páthos*. Passione e azione. Tutto comincia dalle sensazioni. Queste poi si traducono in immagini, e in tal modo diventano *pathémata*, sia negli uomini sia negli animali.

Il *páthos* tende subito ad aprirsi. Sorge ad opera di un altro, o di sé in quanto altro. E verso l'altro vuole trovare espressione.

La passività è reattiva. La passione è azione.

Lo si vede nella voce. Appena sei toccato, suoni; o rimani ammutolito, che è il negativo dell'emissione di un suono.

Viene in luce il principio dell'essere dell'uomo, che è di mettersi in relazione con il mondo attraverso la passione e l'azione.

Sono questi i due modi del nostro essere nel mondo.

Gesto

La passione è - dicevamo - azione e reazione. La voce è la prima reazione. E' la prima attività motoria. E risulta sempre concomitante con l'espressione delle mani. Infatti, è stato provato che esiste una attivazione incrociata tra l'area corticale della mano e l'area corticale della bocca. Le due aree sono contigue nella mappa motoria del cervello. E' per questo che, quando parliamo, gesticoliamo.

Quando diciamo gesto, intendiamo anche l'espressione del viso e il movimento degli occhi.

„Die Stimme ist das Zeichen der Lust und des Schmerzes."[30] Die Stimme drückt das Fühlen aus, für das die Griechen nur ein Wort haben: *páthos*.

Sie fühlen die äußeren Reize und reagieren instinktiv darauf und drücken deren Vorhandensein mit einem reichen Repertoire von Lauten aus, die von der Klage bis zu Liebeslauten, vom Jubel bis zum Kampfschrei reichen. Man nimmt sogar an, dass sie den Gesang verstehen und auch lehren können.

Wir haben gesehen, dass die Stimme den Menschen und den Tieren eigen ist.

In der *phoné* liegt ein Moment der Unbestimmbarkeit zwischen Mensch und Tier.

Es ist bezeichnend – sagt Adriana Cavarero[31] –, dass in der Heimat des *lógos* das Wort *phoné* sowohl auf die menschliche wie auf die tierische Stimme angewandt wird.

Das bedeutet, dass „das akustische Phänomen in der ganzen Vielfalt seiner Ausdrucksformen dazu neigt, einen autonomen Bereich darzustellen, unabhängig vom Wort".

Wenn wir von den Tieren sprechen, ist es klar, dass wir in diesen einzigen Bereich eintreten.

Und dann muss man feststellen, dass auch beim Menschen die Stimme, da sie Äußerung der Freude und des Schmerzes ist, in erster Linie *páthos* ist, nicht *lógos*.

Das *páthos* ist unsere Fähigkeit aufzunehmen, zu erfassen, es ist die Leidensfähigkeit, dank derer wir

---

30 Ebd. 1253a 9
31 Adriana Cavarero, *A più voci*, Milano 2005, 27

Voce e gesto hanno la stessa capacità e la stessa funzione, quella di comunicare. E sono inseparabili. Vi è uno sconfinamento di segnali tra gesti e vocalizzazione. Tra mano e bocca si verifica una specie di movimento concorde.

Ma la voce arriva più in là di qualsiasi gesto, arriva dove non arrivano le mani. E a volte fa più male delle mani.

Ancora una volta, per capire meglio, occorre rivolgersi al mondo animale, come fa uno dei fondatori della psicologia sociale, George Herbert Mead. Interrogandosi sull'origine del linguaggio, Mead afferma che la prima attività della comunicazione fra gli animali è il gesto. Esso è una immediata tendenza al contatto, il cui simbolo sta nelle mani. Ma poi l'animale scopre un gesto più universale: e questo è il gesto vocale. E' il gesto per eccellenza. Esso raggiunge tutti, è per tutti, e sollecita in tutti la stessa risposta. E dunque ha già i requisiti per diventare un simbolo significativo. Perciò - conclude Mead - il linguaggio umano non avrebbe potuto trovare un gesto più adatto per prendere corpo.

La voce non è un gesto fra gli altri. Con quale altro gesto avremmo potuto stabilire un reciproco contatto fisico? e in modo così universale?

E infatti, una volta scoperta la voce, l'uomo usa sempre meno il gesto o lo usa come complemento più o meno involontario. La componente vocale può funzionare autonomamente. Ma bisogna considerare la diversità delle voci.

von der Welt berührt werden. In diesem Sinne kann man sagen, am Anfang sei das *páthos* gewesen.[32] Hier muss man eine wichtige Überlegung anfügen, die am Beginn der Philosophie der Leidenschaften steht. Mit klaren Worten wird gesagt, es gebe keine Passivität ohne Reaktivität. Erleiden und Reagieren sind eine einzige Fähigkeit.[33] Im selben Augenblick, in dem wir in die Welt ausgesetzt sind, werden wir auch Teil von ihr.

Der Anfang ist also das *páthos*. Passion und Aktion. Alles beginnt bei den Wahrnehmungen. Diese werden dann in Bilder übersetzt, und so werden sie *pathémata*, sowohl beim Menschen wie bei den Tieren.

Das *páthos* ist sofort bereit sich zu öffnen. Es erhebt sich als Werk eines Anderen oder seiner selbst, insofern es Anderes ist. Und in Richtung auf das Andere will es sich ausdrücken.

Die Passivität ist reaktiv. Das Erleiden ist Aktion.

Das sieht man an der Stimme. Sobald du berührt bist, klingst du, oder du bleibst stumm, was das Negative zum Äußern eines Klanges ist.

Das Prinzip des menschlichen Wesens wird deutlich, das darin besteht, über Handeln und Leiden mit der Welt in Verbindung zu treten. Das sind die zwei Arten unseres In-der-Welt-Seins.

---

[32] Heidegger beruft sich in Sein und Zeit, § 29f., auf die Theorie des *páthos* von Aristoteles, und behauptet, dass es seit ihm keinen entscheidenden Schritt nach vorne gegeben habe.

Lo spazio risonante

Questa diversità ha un fondamento fisiologico. Non deriva dal carattere del soggetto, ma dalla conformazione del corpo. Le voci differiscono tra loro per la configurazione della bocca, per la forma delle labbra, per le corde vocali, infine per il soffio dell'aria spinto dai polmoni. Nella diversità, sono espressioni del singolo individuo, inflessioni e toni di ogni essere particolare, sono suoni di ciascun corpo.

Ogni voce è come un'impronta digitale. Ci si può riconoscere anche solo dalla voce.

Il fondamento fisiologico della voce era noto da sempre. Ma oggi viene più decisamente sottolineato da una nuova teoria, quella delle superfici risonanti. Finora ci si limitava a credere che la voce fosse in rapporto agli organi fonatori ai quali è più strettamente legata.

Ultimamente però viene approfondito lo studio della risonanza dei corpi[34]. Ed emerge una nuova considerazione, per cui è tutto il corpo a determinare il tono della voce.

I nuovi studi muovono dalla ricerca dell'origine degli strumenti musicali. Si scopre il ruolo che hanno le superfici concave negli strumenti, cioè le casse armoniche. Decisive sono sia la loro forma spaziale sia la loro materia: da qui viene il timbro di ogni strumento particolare.

---

[34] Cf. André Schaeffner, *Origine degli strumenti musicali*, Palermo 1978

286

Die Gebärde

Die Leidenschaft ist Handeln und Reagieren, stellten wir fest. Die Stimme ist die erste Reaktion und die erste Bewegungsaktivität. Sie erweist sich stets als Begleiterin der Handbewegungen. Tatsächlich hat man festgestellt, dass eine Kreuzaktivität besteht zwischen dem Hirnbereich der Hand und jener des Mundes. Die beiden Bereiche liegen im Gehirn nebeneinander. Daher gestikulieren wir, wenn wir sprechen. Wenn wir von Geste sprechen, meinen wir auch den Gesichtsausdruck und die Augenbewegungen. Stimme und Gebärde haben dieselben Fähigkeiten und Funktionen, nämlich zu kommunizieren. Und sie sind untrennbar. Es findet eine Grenzüberschreitung der Signale für Gebärden und Sprechen statt. Zwischen Hand und Mund gibt es so etwas wie eine abgestimmte Bewegung. Doch die Stimme reicht weiter als die Gebärde; sie kommt da an, wohin die Hände nicht kommen können. Und manchmal verletzt sie mehr als die Hände.

Noch einmal müssen wir uns, um besser zu verstehen, der Tierwelt zuwenden, wie es einer der Gründer der Sozialpsychologie macht, George Herbert Mead. Er untersucht den Ursprung der Sprache und stellt fest, dass das erste Kommunikationsmittel zwischen den Tieren die Gebärde ist. Sie ist der unmittelbare Weg zum Kontakt, dessen Symbol die Hände sind. Doch dann entdeckt das Tier eine uni-

Il passo avanti consiste nell'affermare che l'origine e il prototipo di tutti gli strumenti musicali è il corpo umano.

Il corpo dell'uomo, tutto intero, è un insieme di vuoti che fanno risonare la voce. Dalla bocca al diaframma, dalla testa ai piedi - che peraltro tendono a battere il tempo - c'è un unico spazio di amplificazione. E questo determina la caratteristica singolare di ogni voce. Ma a segnare il timbro è la stessa materia delle cavità, cioè la carne di ciascuno. La voce dunque riassume il corpo. Ed essendo un'opera strumentale, si potrebbe dire che ha in sé una funzione più musicale che semantica.

Il tempo della voce

La potenziale musicalità della voce ci dice che essa è intimamente legata al ritmo, il quale è la forma del tempo.

La voce è la immediata presenza di chi la proferisce. Non si tratta però di una presenza che abbia i caratteri della stabilità e della permanenza. Essa è semplicemente fuggevole, porta i segni del suo venir meno. Appena è in questo istante, già non è più.

E' quindi intrinsecamente stretta alla temporalità. Anzi connota la stessa temporalità. La voce fugge come fugge il tempo. Il tempo sta nella voce. Il mio tempo sta nella mia voce.

versellere Gebärde, die der Stimme. Das ist die Gebärde par excellence. Sie erreicht alle, ist für alle bestimmt und ruft bei allen die gleiche Reaktion hervor. So besitzt sie bereits alle Voraussetzungen, um ein bedeutsames Symbol zu werden. Deshalb – so schließt Mead – hätte die menschliche Stimme kein geeigneteres Ausdrucksmittel finden können, um Gestalt anzunehmen.

Die Stimme ist nicht eine Gebärde unter anderen. Mit welcher anderen Gebärde hätten wir einen gegenseitigen Kontakt herstellen können und in so universeller Weise?

Es ist eine Tatsache, dass der Mensch, wenn er die Stimme entdeckt hat, immer weniger die Gebärde nutzt, oder er nutzt sie als mehr oder weniger bewusste Ergänzung zur Stimme. Die Stimme kann autonom funktionieren.

Der Resonanzraum

Man muss auch die Verschiedenheit der Stimmen berücksichtigen.

Diese Verschiedenheit hat eine physiologische Grundlage. Sie kommt nicht vom Charakter der Person, sondern von ihrer körperlichen Gestalt. Die Stimmen unterscheiden sich aufgrund der Gestalt des Mundes, der Form der Lippen, der Stimmbänder, und schließlich durch den Luftstrom, der aus der Lunge kommt. In ihrer Verschiedenheit sind sie Ausdruck des Individuums, Modulationen und Töne jedes einzelnen Individuums sind Lautäußerungen des Körpers.

Ma in che consiste l'affinità della voce col tempo?

A proposito del tempo, è ancora una volta Aristotele a porre le domande più radicali. Bisogna chiedersi - dice - se il tempo non esiste affatto o esiste a malapena. "Infatti per un verso è stato e non è più, per altro verso esso sarà e non è ancora"[35]. Ma - aggiunge - c'è qualcosa che divide il passato dal futuro: è l'ora. Ecco, l'ora del tempo assomiglia all'ora della voce. "Gli ora non potranno sussistere simultaneamente l'un l'altro, ma è necessario che l'ora precedente debba sempre aver cessato di esistere"[36]. Così accade alla voce: l'ultima non può risuonare se non è cessata la prima.

Il tempo è un atto continuo di presenza e di negazione della presenza. Comporta in certo senso il suo stesso nulla.

E succede proprio questo alla voce. Nel suo incessante presentarsi, ha il suo dileguarsi. Non può esistere senza annullarsi. Perciò, al pari del tempo, è inafferrabile. Non si può entrare due volte nello stesso fiume.

Proprio del tempo è il suo scorrere. Ed è così della voce, che vola via. Verrà trattenuta solo dalla memoria.

Oralità e vocalità

A questo punto dobbiamo fare una importante precisazione.

La *phoné* di cui parliamo non consiste nella oralità, ma nella vocalità.

---

[35] *Fisica*, IV, 217 b
[36] *Ivi*

Jede Stimme ist wie ein Fingerabdruck. An ihr allein kann man einen Menschen eindeutig erkennen.

Die physiologische Grundlage der Stimme war immer bekannt. Doch heute wird sie durch eine neue Theorie untermauert, nämlich die der Resonanzräume. Bisher beschränkte man sich auf die Annahme, die Stimme hänge von den tonbildenden Organen ab, an die sie besonders eng gebunden ist. In jüngster Zeit jedoch hat man sich intensiver dem Studium der Resonanzen des Körpers gewidmet.[37] Daraus hat sich eine neue Sichtweise ergeben: Der ganze Körper bestimmt den Charakter der Stimme.

Neue Untersuchungen kommen aus dem Bereich der Musikinstrumente. Man hat entdeckt, welche Rolle die konkaven Oberflächen der Instrumente spielen, also die Klangkörper. Entscheidend sind sowohl deren Form, wie ihr Material. Beides zusammen bestimmt den Klang jedes einzelnen Instruments.

Der Fortschritt besteht darin, dass der menschliche Körper als der Ursprung und die Urform aller Musikinstrumente erkannt ist.

Der menschliche Körper als Ganzes bildet eine Ansammlung von Hohlräumen, die mit der Stimme schwingen. Vom Mund bis zum Zwerchfell, vom Kopf bis zu den Füßen – mit denen wir gern den Takt klopfen – ist er ein einziger Verstärkungsraum. Und

---

[37] Vgl. André Schaeffner, *Origine degli strumenti musicali*, Palermo 1978

La distinzione, sottolineata dal medievista Paul Zumthor, punta direttamente a mettere a fuoco la ricerca sulla voce sola.

L'oralità significa il funzionamento della voce all'interno del linguaggio; la vocalità invece è "l'insieme delle attività e dei valori che le sono propri, indipendentemente dal linguaggio"[38].
La voce è all'opera sia nell'oralità sia nella vocalità.
Finora l'abbiamo cercata nella vocalità. E perciò l'abbiamo sentita negli stessi animali. Ma è ora, per concludere, di considerarla brevemente nella oralità. Cioè nella sfera che è propria dell'uomo. Qui è sempre associata a un significato. Dunque la domanda diventa: è possibile sentire la voce sola anche in presenza del *lógos*?

Una voce dal medioevo a oggi

Fu questo un problema che si posero i medievali. In particolare, è stato il filosofo e monaco francese dell'XI sec. Gaunilone, in polemica con sant' Anselmo, a scrivere in proposito le cose più incisive. Il pensiero della voce - dice - è possibile se uno ascolta "non come chi conosce che cosa si è soliti significare con quella voce, ma, piuttosto, come chi non ne conosce il significato e pensa soltanto secondo il movimento dell'animo che cerca di rappresentarsi l'effetto della voce udita e il significato della voce percepita"[39].

---

[38] Paul Zumthor, *Prefazione* a C. Bologna, *Flatus vocis*, Bologna 2000, XIII
[39] Citato in: Giorgio Agamben, *Il linguaggio e la morte,* Torino 1982, p. 47

dieser bestimmt den Charakter jeder einzelnen Stimme. Doch was die Klangfarbe bestimmt, ist die Materie der Hohlräume – das Fleisch eines jeden. Die Stimme greift also den Körper auf und gibt ihn wieder. Und da er ein instrumentales Gebilde ist, könnte man sagen, dass seine Funktion mehr eine musikalische als eine semantische ist.

Die Zeit der Stimme

Die potentielle Musikalität der Stimme zeigt uns, dass sie sehr eng an den Rhythmus gebunden ist, der die Form der Zeit ist.

Die Stimme ist die unmittelbare Gegenwart dessen, der sie gebraucht. Es handelt sich allerdings nicht um eine stabile und dauerhafte Gegenwart. Vielmehr ist sie flüchtig und trägt in sich die Zeichen ihrer Vergänglichkeit. In dem Augenblick, da sie entsteht, existiert sie schon nicht mehr.

Sie ist daher in ihrem Wesen der Vergänglichkeit unterworfen. Oder vielmehr kennzeichnet sie die gleiche Zeitgebundenheit. Die Stimme enteilt ebenso wie die Zeit. Die Zeit befindet sich in der Stimme. Meine Zeit befindet sich in meiner Stimme.

Aber worin besteht die Verwandtschaft der Zeit mit der Stimme?

Hinsichtlich der Zeit ist es wiederum Aristoteles, der die radikalsten Fragen stellt. Man muss sich fragen – sagt er –, ob die Zeit überhaupt nicht oder fast nicht existiert. „In der Tat ist sie einerseits gewesen und ist nicht mehr, andererseits wird sie sein

Qui non c'è, come in sant'Agostino, la ricerca del significato. Al contrario, la voce viene considerata a prescindere dal significato. La voce viene ad avere uno statuto autonomo. Ha in sé la sua ragion d'essere, che consiste nel significare i moti dell' animo.

In questo senso, la voce può essere sentita anche in ogni verbo, a prescindere da ciò che quel verbo è solito dire.

Questa lezione ci dice che, pure nello star dietro alle parole, non si deve perdere il loro suono. Occorre un supplemento di ascolto. Mentre noi seguiamo le parole, nello stesso tempo dobbiamo avere l'orecchio alle loro intonazioni, e tutto ciò, se possibile, in modo continuo. Ci vuole, per così dire, un terzo orecchio.

Quest'ascolto della voce, rivolto in mezzo alle parole, presuppone una rara sensibilità. Ma la posta in gioco è grande. E' l'ascolto della voce che risuona nello stesso linguaggio.

Il linguaggio in verità da dove nasce se non dalla voce? Bisogna sottolinearlo.

E' la voce che dà luogo alle parole e ne costituisce la genesi. E' l'animale che diventa animale che parla. Ed egli conserva sempre, soprattutto nel linguaggio emotivo, l'istinto quasi primitivo per il suono delle parole. E fa vibrare le possibilità latenti della sua vocalità.

La voce non è *lógos*, ma è ciò che rende possibile il *lógos*.

Anzi, ne è come l'anima, il suo respiro, la sua *psyché* - nel senso antico di soffio.

und ist noch nicht."[40] Aber – fügt er hinzu – es gibt etwas, das die Vergangenheit von der Zukunft trennt: die Stunde. Die Stunde der Zeit ähnelt der Stunde der Stimme. „Die beiden können nicht gleichzeitig existieren; vielmehr muss die vorhergehende Stunde vergangen sein."[41] Genau so geht es mit der Stimme: Es kann nichts Neues ertönen, bevor das Vorhergehende nicht verklungen ist.

Die Zeit ist ein unaufhörlicher Vorgang der Gegenwart und der Verneinung der Gegenwart. Sie bringt in gewissem Sinn ihr eigenes Nichtsein mit sich. Und genau das geschieht mit der Stimme. Indem sie sich ständig präsentiert, verschwindet sie. Sie kann nicht existieren, ohne sich aufzulösen. Daher ist sie – wie die Zeit - ungreifbar. Man kann nicht zweimal in denselben Fluss steigen.

Es ist eine Eigenschaft der Zeit, dass sie dahingeht. Und so fliegt auch die Stimme davon. Sie kann nur in der Erinnerung bewahrt werden.

Mündlichkeit und Vokalität

Wir müssen nun etwas Wichtiges präzisieren:

Die *phoné,* von der wir sprechen, besteht nicht in der Mündlichkeit, sondern in der Vokalität.

Dieser Unterschied, der von dem Mediävisten Paul Zumthor betont wird, zielt direkt darauf, die Forschung über die Stimme als solche auf den Punkt zu bringen.

---

[40] *Physik*, IV, 217 b
[41] Ebd.

E mantiene una maggiore estensione della pur estesa quantità delle parole.

Perciò, nelle inflessioni della voce, si può cogliere l'infinità della *psyché* di colui che parla.

Denotazione connotazione

Questa *psyché* del *lógos* viene in luce, sotto altre prospettive, nella linguistica novecentesca.

Ripartiamo dal significante. E consideriamolo ora non più come a sé stante, non più come sola voce, ma nel suo legame col significato.

Il significante, nel suo rapporto col significato, non è un elemento semplice. Esso lavora su due fronti. Ogni parola ha un significato materiale, quello che noi chiamiamo il significato letterale. Ma può avere una molteplicità di altri significati, traslati, allusivi, metaforici. Se prendiamo, tanto per fare un esempio, la parola ulivo, essa indica l'albero, ma può alludere in una certa cultura alla pace. In altri termini, si può denotare un oggetto, ma se ne può connotare un altro o molti altri. Nella denotazione i termini hanno i significati inequivocabili che sono dati dal dizionario. Nella connotazione i loro significati vengono dalle suggestioni che essi evocano. In quest'ultimo caso, c'è una immersione nell'inesauribilità della lingua[42].

Ebbene, il tono della voce scava già dentro il significato letterale. A seconda delle circostanze può essere grave o leggero, scuro o chiaro. E rimodella l'identità del significato. Esso è come un complemen-

---

[42] La teoria della connotazione è stata introdotta dal danese Louis Hielmslev.

Die Mündlichkeit meint das Funktionieren der Stimme im Zusammenhang der Sprache; die Vokalität dagegen meint „das Gesamt der Handlungen yund Werte, die ihr eigen sind, unabhängig von der Sprache".[43] Die Stimme arbeitet sowohl in der Oralität wie in der Vokalität. Bisher haben wir sie in der Vokalität gesucht. Deshalb haben wir sie auch bei den Tieren gehört. Doch nun ist es Zeit, sie zum Beschluss kurz in der Oralität zu betrachten, d.h. in dem Bereich, der dem Menschen eigen ist. Hier ist sie stets mit einer Bedeutung verbunden. Die Frage lautet nun so: Ist es möglich, die Stimme allein zu hören auch in Gegenwart des *lógos*?

Eine Stimme aus dem Mittelalter in die Gegenwart

Dies war ein Problem, das man sich im Mittelalter stellte. Konkret war es der französische Philosoph und Mönch des 11.Jh. Gaunilo, der in der Auseinandersetzung mit Anselm von Canterbury die wichtigsten Dinge hierzu schrieb. Die Aussage der Stimme, schreibt er, ist möglich, wenn jemand hört „nicht wie jemand, der weiß, was man gewöhnlich mit jener Stimme meint, sondern vielmehr wie jemand, der die Bedeutung nicht kennt und nur entsprechend der Gemütsbewegung denkt und sich

---

[43] Paul Zumthor, *Vorwort zu* C. Bologna, *Flatus vocis*, Bologna 2000, XIII

to che supplisce alla mancanza di parole. Infatti, quando non troviamo le parole in certe situazioni straordinarie, lì viene in soccorso, a volte come ultima risorsa, il tono della voce.

Ma questo fenomeno della voce si esalta quando si passa dalla semplice denotazione alla più complessa forma della connotazione. Ciò è vero soprattutto nella poesia, la quale – secondo la celebre definizione di Valéry – è una prolungata esitazione tra il suono e il senso. Qui il suono gioca un ruolo decisivo: e ciò avviene non solo nella parola parlata, ma nella stessa parola scritta.

Il suono accentua la densità connotativa della poesia. Modulando gli accenti, l'intonazione, il ritmo, porta la poesia stessa sulla soglia della musica.

La linguistica ha stabilito una precisa distinzione tra la forma dei significati univoci regolati dalla struttura logico-grammaticale, e la forma dei significati metaforici e polivoci, abitata dai suoni.

La prima forma svolge un ruolo dominante nella comunicazione corrente e nei contesti strettamente scientifici, la seconda è quasi un lusso, un dispendio, e prevale nei contesti letterari e soprattutto nella poesia. E qui, nella poesia, le regole vengono dettate dall'intonazione e dal ritmo, che scaturiscono dalle sorgenti dell'emozione e dalle energie pulsionali.

La lingua dunque oscilla tra il linguaggio dell'informazione e del calcolo, al limite di linguaggio puramente formale, e il linguaggio più complesso e ambiguo, e polivoco, della poesia. Il suono si impoverisce procedendo nella prima direzione, men-

zu vergegenwärtigen sucht, welche Wirkung die gehörte Stimme hat und welche Bedeutung das Vernommene".[44]

Hier geht es nicht, wie bei Augustinus, um die Erforschung der Bedeutung. Die Stimme wird im Gegenteil losgelöst von ihrer Bedeutung betrachtet. Sie erhält so einen autonomen Status. Sie hat ihren Daseinsgrund in sich selbst; dieser besteht darin, die Gemütsbewegungen auszudrücken.

In diesem Sinn kann die Stimme auch in jedem Wort vernommen werden unabhängig davon, was dieses Wort normalerweise bedeutet. Diese Lektion lehrt uns, dass wir, auch wenn wir auf die Worte achten, ihren Klang nicht vergessen dürfen. Es bedarf einer Ergänzung beim Hören. Während wir auf die Worte achten, müssen wir gleichzeitig ein Ohr für ihren Klang haben, und das möglichst andauernd. Man bräuchte dafür sozusagen ein drittes Ohr.

Dieses Hören auf die Stimme, die in Worte eingehüllt ist, setzt eine große Sensibilität voraus. Aber es geht um sehr viel. Es ist das Hören der Stimme, das in der Sprache erklingt.

Wo aber entspringt die Sprache, wenn nicht aus der Stimme? Das muss betont werden.

Es ist die Stimme, die den Wörtern ihren Raum gibt und sie hervorbringt. Und das Tier wird zu einem Tier, das spricht. Und es bewahrt immer, vor allem, wenn es um Gefühle geht, den beinahe urtümlichen Instinkt für den Klang der Wörter. Und

---

44 Zitiert in: Giorgio Agamben, *Il linguaggio e la morte,* Torino 1982, 47

tre si arrichisce e si esalta nei contesti emotivi e nel verso.

Con l'ingresso nel linguaggio, generalmente avviene una subordinazione del suono nei riguardi del significato, che si vuole il più possibile univoco. Al limite, "il senso cancella con la sua esattezza la vaga letteratura" – dice Mallarmé[45].

Ma può accadere l'evento contrario. E allora si disegnano le parole figurate. Le quali si presentano secondo una scala cromatica, che ne fa musica in lettere. Così sorge in ultimo "una condizione autentica, la possibilità di non esprimersi soltanto, ma di modularsi a proprio piacimento, e per questo servono la viola ed il flauto di ciascuno"[46].

Ciò accade nello spazio letterario, e soprattutto nella poesia.

Musica in lettere, appunto. Già al suo nascere, nelle società senza la scrittura e con la sola oralità, la poesia era associata strettamente alla musica e alla danza. E la stessa opera di Omero, per la sua trasmissione, era affidata al ritmo e al suono di chi ne cantava i versi. Ma poi, come dice il grecista inglese Eric Havelock, la Musa imparò a scrivere e con ciò si ristrutturarono profondamente il pensiero e la memoria.

Da allora resta comunque nella stessa scrittura l'impronta della sua origine. E così, nella poesia, da sempre riemerge il suo momento sorgivo, che esalta i connotati della sua musicalità. Ma la musica in let-

---

[45] Stéphane Mallarmé, *Poesia e prosa*, Guanda Ed., 1982, p. 105
[46] *Ivi*, p. 231

es lässt die verborgenen Fähigkeiten seiner Vokalität vibrieren.

Die Stimme ist nicht *lógos*, aber das, was den *lógos* ermöglicht.

Mehr noch: Sie ist wie seine Seele, sein Atem, seine *psyché* – im antiken Sinn von Hauch.

Und sie behält eine größere Ausdehnung als die bereits ausgedehnte Menge der Wörter.

Daher kann man im Tonfall der Stimme die unendlichen Facetten der Seele des Sprechenden erkennen.

Denotation und Konnotation

Diese *psyché* des *lógos* wird, wenn auch unter anderen Gesichtspunkten, deutlich in der Linguistik des 20. Jahrhunderts.

Beginnen wir noch einmal beim Bezeichnenden und betrachten wir es jetzt nicht mehr als für sich allein stehend, nicht mehr als Stimme für sich, sondern im Zusammenhang mit dem Sinn.

Das Bezeichnende ist in seinem Zusammenhang mit dem Sinn kein einfaches Element. Es wirkt in zwei Richtungen: Jedes Wort hat eine materielle Bedeutung, die wir den Wortsinn nennen. Aber es kann noch eine Reihe anderer Bedeutungen haben: übertragene, anspielende, metaphorische. Wenn wir als Beispiel das Wort *olivo* nehmen: es kann den Baum meinen, aber es kann auch auf eine gewisse Friedenskultur anspielen. Mit anderen Worten: Man kann ein Objekt bezeichnen, aber man kann damit ein oder viele andere Objekte mitmeinen. In der

tere si insinua anche nella prosa. Anche qui può dissimularsi il verso, quale "segreta ricerca di musica nella riserva del discorso"[47].

Dunque, non è detto che il linguaggio che si sviluppa con la maturazione della sessualità, debba essere – così come la stessa sessualità – unicamente intenzionato alla produzione e procreazione di senso: al contrario, esso può diventare fine a sé stesso.

Eludendo il controllo dell'io, ci pone in un'orbita eccentrica, dove si sprigionano le stesse energie dell' inconscio.

Ma andando dietro al verso, lungo la via che esso traccia, si può andare molto in là. Ci si può spingere a varcare quella soglia critica del linguaggio, dove si attinge l'unità del parlare e ascoltare.

Parlare ascoltare

Eco è condannata alla sua particolare sorte, perché con la sua chiacchiera ha ripetutamente distratto Era, permettendo alle ninfe amanti di Zeus di fuggire e di mettersi in salvo.

Sicché, d'ora in poi, il suo strano destino sarà di non poter né parlare né tacere.

E' una situazione eccentrica, che ci introduce nel cuore della lingua.

Siamo portati in un punto estremo. La ninfa non può parlare, perché attende le altre voci: è quasi un ascoltare; non può tacere, perché ripete le altre voci: è quasi un parlare. Qui la lingua raggiunge, per così

---

[47] Stéphane Mallarmé, *op. cit.*, 255

Denotation haben die Begriffe eine klare, eindeutige Bedeutung, die im Wörterbuch festgelegt sind. In der Konnotation kommt ihr Sinngehalt von den Vorstellungen, die sie hervorrufen. In diesem letzteren Sinn tauchen wir in die unerschöpfliche Fülle der Sprache ein.[48]

Der Ton der Stimme ist bereits Teil des Wortsinnes. Je nach Umständen kann er schwer oder leicht sein, dunkel oder hell. Und er verändert die Identität der Bedeutung. Sie ist wie eine Ergänzung, die an die Stelle fehlender Wörter tritt. In der Tat kommt in besonderen, außergewöhnlichen Situationen, wenn wir nicht die richtigen Worte finden, der Tonfall der Stimme manchmal als letztes Mittel zu Hilfe.

Doch dieses Phänomen der Stimme tritt besonders dann hervor, wenn man von der einfachen Denotation zur komplexeren Form der Konnotation übergeht. Dies findet man vor allem in der Poesie, die – nach der berühmten Definition von Valéry – eine verlängerte Unschlüssigkeit zwischen dem Klang und dem Sinn ist. Hier kommt dem Klang eine entscheidende Rolle zu, und dies geschieht nicht nur im gesprochenen Wort, sondern auch im geschriebenen.

Der Klang hebt die konnotative Dichte der Poesie hervor. Durch Modulieren der Betonung, der Intonation, des Rhythmus' führt er die Poesie an die Schwelle der Musik.

---

[48] Die Theorie der Konnotation wurde von dem Dänen Louis Hielmslev eingeführt.

dire, il suo significato ideale: in cui si ha la coincidenza del parlare e dell'ascoltare.

Già io stesso ascolto la mia voce mentre parlo. Non potrei altrimenti controllare le modulazioni e lo stesso volume della mia voce. Qui c'è una prima coincidenza di parlare e ascoltare, perché c'è uno stesso soggetto che compie le due azioni.

Fuori da questo caso particolare, parlare e ascoltare implicano due soggetti. Il parlare indica la mia presenza e l'ascoltare la presenza di un altro.

La loro coincidenza è fisicamente impossibile. E allora che cosa si vuole significare?

Dall'esperienza della ninfa apprendiamo che la voce sola non è solitaria. All'interno dell'eco risuona infatti la voce di un altro, la voce dell'altro.

Sempre una voce sorge per rispondere a un'altra voce. E prima di ogni sua idea, l'altro entra in noi con la sua voce. Sta qui una specie di comunicazione primordiale con gli altri.

La mia voce non avrebbe alcuna ragione di esistere se venissero meno tacendo le altre voci.

Nel soggetto che parla vibrano le molte voci degli altri. La nostra voce è sin dal suo nascere un insieme di voci.

Noi siamo il risuonare, nel nostro corpo, degli altri corpi. Perché siamo corpi sonori.

Ci viene in soccorso l'idea originale del chiasma, o della reversibilità, che è al centro del pensiero di Merleau-Ponty. Quest'idea contrasta decisamente con ogni concezione corrente della percezione. La reversibilità significa che ogni percezione è un atto a due facce: è simultaneamente percepire ed essere percepito.

Die Linguistik unterscheidet klar zwischen der Form der eindeutigen Aussage, wie sie von der logisch-grammatikalen Struktur festgelegt ist, und der Form der metaphorischen und mehrdeutigen Bedeutungen, wie sie der Klang hervorbringt. Die erste Form spielt eine dominierende Rolle in der alltäglichen Kommunikation und in wissenschaftlichen Kontexten, die zweite ist beinahe ein Luxus, eine Verschwendung, und überwiegt in literarischen Texten und vor allem in der Poesie. Hier, in der Poesie, werden die Regeln von der Intonation und dem Rhythmus bestimmt, die aus den Quellen der Gefühle und der Energie der Triebe entspringen.

Die Sprache schwankt also zwischen der Sprache der Information und des Kalküls, bis hin zur rein formalen Sprache, und der komplexeren und bedeutungsreicheren Sprache der Poesie. Der Klang verarmt auf dem Weg in der ersten Richtung, während er in der anderen reicher wird und erhöht im Kontext mit Gefühlen und in Versen.

Mit dem Eintritt in die Sprache findet normalerweise eine Unterordnung des Klanges unter die Bedeutung statt, die man möglichst eindeutig wünscht. Schließlich „löscht der Sinn mit seiner Genauigkeit die vage Literatur aus", sagt Mallarmé.[49] Aber es kann auch das Gegenteil eintreten. Und da erscheinen die bildlichen (metaphorischen) Wörter. Diese treten auf nach einer chromatischen Skala, die Musik in Buchstaben erzeugt. So entsteht letztlich „ein authentischer Zustand, die Möglichkeit

---

[49] Stéphane Mallarmé, *Hommages et tombeaux, Omage*.

Da qui le varie conseguenze. Prime fra tutte, la reciprocità tra il toccare e l'essere toccato, il vedere e l'essere visto e la "circolarità di parlare e ascoltare"[50].

Questa idea della reversibilità ci conduce alla intersoggettività. Non solo le sensazioni all'interno del mio corpo si aprono le une alle altre, ma tutto il mio corpo si apre al corpo degli altri. C'è una transitività tra i corpi, per cui si ha "l'esperienza di un unico corpo di fronte a un unico mondo"[51]. L'ardita conclusione sembra disegnare una terra inesplorata.

Ma l'unità di parlare e ascoltare si può in qualche modo spiegare pensando che noi abbiamo un'unica disposizione, che è insieme parlare e ascoltare. Prima di tutto, c'è questa perfetta identità. La quale prende poi due direzioni distinte, per cui o si parla o si ascolta.

La differenza di queste due direzioni assume poi la forma della distinzione anatomica della bocca e degli orecchi.

Alla radice c'è però come un'unica intenzione della mente, destinata al suono.

Anche in pratica bisognerebbe restare il più possibile da presso a questa identità originaria. Per cui si parla veramente - e purtroppo molto raramente - sempre e solo se si parla in sintonia. Come fra strumenti ben accordati. E allora si può avverare un'esperienza straordinaria, in cui "non si sa più chi

---

[50] Merleau-Ponty, *Il visibile e l'invisibile,* Milano 1969, 276
[51] *Ivi*, 158

nicht nur sich auszudrücken, sondern sich nach seinem eigenen Gutdünken zu modellieren, und dazu dienen die Viola und die Flöte jedes Einzelnen".[52] Dies geschieht im Bereich der Literatur, besonders in der Poesie. Musik in Buchstaben eben. Schon bei ihrer Entstehung in Gesellschaften ohne Schrift, nur mit mündlicher Überlieferung, war die Poesie eng mit Musik und Tanz verbunden. So war etwa das Werk Homers für seine Verbreitung dem Rhythmus und dem Klang dessen anvertraut, der die Verse sang. Doch dann lernte, wie der englische Gräzist Eric Havelock sagt, die Muse schreiben, und damit veränderten sich Gedanken und Erinnerung tiefgreifend.

Seit damals bleibt in der Schrift die Spur ihres Ursprungs erhalten. Ebenso kommt in der Poesie immer wieder ihr Quellmoment zum Vorschein, das die Konnotation der Musikalität erhöht. Aber die „Musik in Buchstaben" dringt auch in die Prosa ein. Auch hier kann sich der Vers verstecken als „heimliche Suche nach Musik in der Reserve des Gesprächs".[53]

Es ist also nicht gesagt, dass die Sprache, die sich mit der Reifung der Sexualität entwickelt, wie die Sexualität selbst, ausschließlich auf die Erzeugung und Fortpflanzung von Sinn gerichtet sei, im Gegenteil: sie kann ihren Zweck in sich selbst haben.

Als solche kann sie sich in eine Quelle der Freude verwandeln.

---

[52] Variations sur un sujet, Crise de vers
[53] Stéphane Mallarmé, a.a.O.

parla e chi ascolta"[54]. In questi rari momenti sembra che sia la lingua stessa a parlare, facendoci dire cose impensate.

Parla la lingua?

Nell'esperienza della ninfa si verifica il venire meno del dominio sul linguaggio. E' questo il presupposto perché la lingua parli.

Eco non può disporre delle parole, non è propriamente un soggetto parlante – e con ciò stesso non è un soggetto in generale. Non c'è il soggetto, monarca assoluto nel regno dei significati. C'è pressoché un niente, da cui emerge un'altra realtà.

Eco non può parlare, ma non può neppure tacere. Essa è presa in mezzo tra parlare e ascoltare, è presa cioè dal flusso della lingua e naufraga nel suo vortice. Cede tutta la sua iniziativa alla lingua.

Perciò è come se fosse la lingua stessa a parlare.

"Eco, visto Narciso che vagava per campi solitari, ne fu accesa d'amore... Vorrebbe supplicarlo in dolci parole, ma la sua natura la impedisce, non la lascia incominciare: le concede solo di aspettare le voci e di ripeterle".

Sboccia, in mezzo all'arte combinatoria delle parole, un imprevedibile gioco come fra amanti.

E infatti con l'Eco si realizza quel duetto che di per sé non era nelle parole solitarie di Narciso.

"Narciso aveva detto a caso: 'Qualcuno c'è?' e 'C'è' fu la risposta di Eco. Quello stupisce, guarda intorno, poi grida: 'Vieni!' e lei 'Vieni' ripete. Quello si

---

[54] Merleau-Ponty, *op. cit.*, 276

Die Selbstkontrolle umgehend hebt sie uns in eine exzentrische Umlaufbahn, auf der die Energien des Unbewussten sich verströmen. Wenn wir dem Vers auf seinem Weg folgen, kann man noch viel weiter gelangen. Man kann die kritische Schwelle der Sprache überschreiten, wo man die Einheit zwischen Sprechen und Hören berührt.

Sprechen hören

Echo ist verurteilt zu ihrem besonderen Schicksal, weil sie mit ihrem Geschwätz wiederholt Hera abgelenkt hat, so dass die Nymphen, mit denen Zeus sich vergnügte, sich in Sicherheit bringen konnten. Von nun an war es ihr ausgefallenes Los, weder sprechen noch schweigen zu können.

Das ist eine exzentrische Situation, die uns in das Herz der Sprache führt.

Wir sind an einen äußersten Punkt geführt worden. Die Nymphe kann nicht sprechen, da sie auf andere Stimmen wartet: das ist quasi ein Hören – aber sie kann auch nicht schweigen, weil sie die anderen Stimmen wiederholt, und das ist quasi ein Sprechen. Hier erreicht die Sprache sozusagen ihre ideale Bedeutung dort, wo Sprechen und Hören zusammenfallen.

Ich selbst höre meine Stimme, während ich spreche. Sonst könnte ich ja nicht die Klangmodulationen und auch nicht die Lautstärke meiner Stimme kontrollieren. Hier haben wir eine erste Ko-

volge indietro e non scorgendo nessuno come prima, dice 'O tu, perché mi fuggi?' e ad una ad una in ordine si sentì ritornare le parole. Si ferma; e quindi: 'Qui troviamoci!' gridò; ed Eco, che più volentieri mai avrebbe risposto a nessun altro suono, 'Troviamoci', rispose".

Nessuno dei due protagonisti poteva pensare di pronunciare queste parole. Le ha trovate la lingua, disponendo di entrambi. Essa è stata, come dire, messa in moto dai due soggetti, e poi tutto è andato da sé.

Viene così in luce la verità da sempre sostenuta dai poeti. Uno per tutti, Mallarmé. Dice: "L'opera pura implica la scomparsa elocutoria del poeta, che cede l'iniziativa alle parole"[55].

Eco riceve le parole e poi le ripete in frammenti, spezza il discorso, devia il senso immediato e ne apre un altro, introduce cesure e rovesciamenti.

In una parola, scompiglia l'andatura della linea logica e le imprime il suo ritmo. E' passiva, in quanto riceve le parole, è attiva, in quanto le rimaneggia.

Diventa il simbolo stesso del poeta. Il quale si consegna totalmente alla lingua, ma ne suscita enigmaticamente le risonanze.

Fin qui si spinge il percorso del verso.

---

[55] Stéphane Mallarmé, *op. cit.*, 237

inzidenz von Sprechen und Hören, da es ein und dasselbe Subjekt ist, das beide Handlungen vollzieht.

Von diesem speziellen Fall abgesehen, verlangen Sprechen und Hören zwei Subjekte. Das Sprechen zeigt die eigene Anwesenheit, das Hören die Anwesenheit eines anderen. Ihr Zusammenfallen ist physisch unmöglich. Was also soll damit gesagt werden? Der Erfahrung der Nymphe entnehmen wir, dass die Stimme allein nicht einsam ist. Im Innern des Echos ertönt ja tatsächlich die Stimme eines anderen, die Stimme des anderen.

Eine Stimme erhebt sich, um einer anderen Stimme zu antworten. Und vor jeder anderen Idee dringt die Stimme des anderen in uns ein. Hier sind wir bei einer Art Ur-Kommunikation mit den anderen.

Meine Stimme hätte gar keinen Daseinsgrund, wenn die anderen Stimmen verstummten.

Im sprechenden Subjekt schwingen die vielen Stimmen der anderen mit. Unsere Stimme ist vom ersten Augenblick an eine Menge von Stimmen.

In unserem Körper klingen die anderen Körper nach, da wir klingende Körper sind.

Es kommt uns zu Hilfe die ursprüngliche Idee des Chiasmas oder der Umkehrbarkeit, die im Mittelpunkt des Denkens von Merleau-Ponty steht. Diese Idee steht in klarem Widerspruch zu jeder gängigen Wahrnehmungstheorie. Die Umkehrbarkeit bedeu tet, dass jede Wahrnehmung zwei Seiten besitzt: man nimmt gleichzeitig wahr und wird wahrgenommen.

-

Epilogo

Ma ora la storia volge verso l'epilogo. Narciso fugge e, sconvolto, respinge l'abbraccio della ninfa. Corre, finché giunge alla fonte, che gli sarà fatale.

Da parte sua, Eco si nasconde e "vive in caverne su gli abissi e vive anche amore in lei". Ma il tormento dissolve "il suo corpo in aria lieve". Solo "la voce resta" e tutti possono udirla. "E' il suono che vive in lei".

Si compie ora un più totale riflettersi del linguaggio su se stesso. L'eco si svela per quello che è, un suono che rimane assolutamente senza le parole.

Il linguaggio è ora del tutto rarefatto: resta solo la sua materia sonora.

Diciamo che, a partire da questo momento, si esce dalla lingua e si entra nella musica. Eco è solo suono.

In questo passaggio, si intravede l'ultimo senso della voce.

Di per sé, essa appartiene sia all'ordine delle parole che a quello della musica.

Sul piano semantico, il suo suono è soggetto al significato. E noi percepiamo soprattutto il senso delle parole, e meno il loro suono. Ma laddove questa sua soggezione si attenua, essa può dispiegare il suo canto, nell'opera del poeta. Ed è finalmente nella musica che la sua sonorità trova il più libero spazio.

Nella musica si ha un rovesciamento delle parti. Qui è il senso del testo che serve da pretesto al manifestarsi del suono. E noi prestiamo ascolto più alla musica della voce che al suo significato. Fino al

Von hier ergeben sich die verschiedenen Konsequenzen. Als erste die Reziprozität von berühren und berührt werden, von sehen und gesehen werden und „die Zirkolarität von Sprechen und Hören".[56] Dieser Gedanke der Reziprozität führt uns zur Intersubjektivität. Nicht nur die Gefühle im Inneren meines Körpers öffnen sich für die anderen, sondern mein ganzer Körper öffnet sich für den Körper der anderen. Es besteht eine Durchlässigkeit zwischen den Körpern, weshalb man die Erfahrung eines einzigen Körpers gegenüber einer einzigen Welt" macht.[57] Dieser gewagte Schluss scheint ein noch unerforschtes Gebiet zu beschreiben.

Doch die Einheit von Sprechen und Hören kann man auch in gewisser Weise damit erklären, dass wir eine einzige Veranlagung besitzen, die gleichzeitig Sprechen und Hören ist. Vor allem gibt es diese vollkommene Identität, die in verschiedene Richtungen gehen kann: entweder spricht man, oder man hört.

Der Unterschied zwischen diesen beiden Richtungen findet seinen anatomischen Ausdruck in Mund und Ohren.

Die Grundlage aber ist das einzige Ziel des Geistes, nämlich der Klang.

---

[56] Merleau-Ponty, *Le Visible et l'Invisibile*, Notes de travail, Chiasma

limite in cui rimane solo la musica senza le parole, rimane l'ultima voce: quella che – nell'impossibilità della sua pura vibrazione – viene evocata dagli strumenti.

L'ultima voce uscì da lui che sempre si specchiava nell'onda: 'O tu figura amata invano!' e il luogo ripeté quelle stesse parole; e detto 'Addio!', Eco rispose 'Addio'".

Si giunge al termine del percorso della voce, che va dalla poesia alla musica. La prolungata esitazione tra il suono e il significato si conclude nel solo suono.

L'ultima voce porta a compimento il *tragoìzein* iniziale. E svela pienamente il potere dionisiaco della voce.

Nota: Chi desideri leggere il testo originale latino della poesia di Ovidio, potrà trovarlo a questo indirizzo: http://www.thelatinlibrary.com/ovid/ovid.met3.shtml

Auch in der Praxis wäre es nötig, dieser ursprünglichen Identität so nahe zu bleiben wie möglich. Deshalb spricht man immer und nur dann wirklich – und das geschieht leider sehr selten –, wenn man in Syntonie spricht wie gut gestimmte Instrumente. Und dann kann sich eine außergewöhnliche Erfahrung verwirklichen, dass man „nicht mehr weiß, wer spricht und wer zuhört".[58] In diesen seltenen Augenblicken scheint es, dass die Sprache selbst spreche und uns unerhörte Dinge sagen lasse.

Spricht die Sprache?

In der Erfahrung der Nymphe wird die Beherrschung der Sprache reduziert. Und das ist die Voraussetzung dafür, dass die Sprache spricht.

Echo kann nicht über Worte verfügen, sie ist nicht wirklich ein sprechendes Subjekt – und so ist sie generell kein wirkliches Subjekt. Es gibt kein Subjekt, den absoluten Monarchen im Reich der Bedeutungen. Es gibt beinahe ein Nichts, aus dem eine andere Wirklichkeit hervorgeht.

Echo kann nicht sprechen, aber sie kann auch nicht schweigen. Sie ist gefangen zwischen Sprechen und Zuhören, sie ist also im Fluss der Sprache gefangen und erleidet Schiffbruch in ihrem Strudel. Sie überträgt all ihre Aktivität an die Sprache.

Daher ist es so, als ob die Sprache selbst spräche.

„Echo wurde, als sie Narziss sah, wie er durch einsame Gefilde wanderte, von Liebe ergriffen ... Sie

---

[58] Merleau-Ponty, *Le Visible et l'Invisibile*, Notes de travail, Chiasma

würde ihn gerne mit süßen Worten anflehen, doch ihre Natur hindert sie daran, sie lässt sie nicht beginnen; sie gestattet ihr nur, auf die Stimmen zu warten und sie zu wiederholen."

In der Tat verwirklicht sich mit Echo jenes Duett, das in den einsamen Worten des Narziss nicht gegeben war.

„Narziss hatte einfach so gesagt: ‚Ist da jemand?' Und Echos Antwort war: ‚Jemand.' Der, erstaunt, schaut um sich, dann ruft er: ‚Komm!' Und sie wiederholt: ‚Komm!' Er aber wendet sich um, und da er, wie vorher, niemand entdeckt, sagt er: ‚Ach du, warum weichst du mir aus?' und hört seine Worte, eines nach dem anderen, in ihrer Reihenfolge zurückkehren. Er bleibt stehen, und rief dann: ‚Hier wollen wir uns treffen!' und Echo, die auf keinen Klang lieber geantwortet hätte, antwortete: ‚Uns treffen.'"

Keiner der beiden hätte sich ausdenken können, diese Worte auszusprechen. Die Sprache hat sie gefunden, indem sie über beide verfügte. Sie ist sozusagen von den beiden in Bewegung gesetzt worden, und dann lief alles von selbst weiter.

So kommt die Wahrheit ans Licht, die die Dichter schon immer kannten. Ein Beispiel für alle: Mallarmé. Er sagt: „Das reine Werk schließt das Verschwinden des redenden Dichters ein, der die Initiative den Worten überlässt."[59]

Echo empfängt die Worte und wiederholt sie dann stückweise, sie zerreißt das Gespräch, lenkt den

---

[59] Stéphane Mallarmé, *Variations sur un sujet*

unmittelbaren Sinn ab und eröffnet einen anderen, sie führt Zäsuren und Umkehrungen ein. Mit einem Wort: Sie bringt den Gang der logischen Linie durcheinander und prägt ihr den eigenen Rhythmus auf. Sie ist passiv, insofern sie die Worte empfängt, und aktiv, insofern sie sie umbildet. Bis hier führte der Weg des Verses.

Epilog

Doch nun geht die Geschichte auf ihren Epilog zu. Narziss flieht und weist verstört die Umarmung der Nymphe zurück. Er läuft, bis er zu der Quelle gelangt, die für ihn fatal sein wird. Echo aber versteckt sich und „lebt in Höhlen über den Abgründen, und in ihr lebt die Liebe weiter". Doch die Qual löst „ihren Körper in leichte Luft auf". Nur „die Stimme bleibt" und alle können sie hören. „Es ist der Klang, der in ihr lebt."

Jetzt reflektiert die Sprache über sich selbst. Das Echo zeigt sich als das, was es ist: ein Klang, der völlig ohne jedes Wort bestehen bleibt.

Die Sprache ist nun ganz reduziert: es bleibt nur ihre klingende Materie.

Wir können sagen, dass wir von diesem Augenblick an die Sprache verlassen und in die Musik eintreten. Echo ist nur Klang.

Bei diesem Schritt kann man den letzten Sinn der Stimme erkennen.

Für sich betrachtet, gehört sie sowohl zu den Wörtern wie zur Musik.

Auf der semantischen Ebene ist ihr Klang der Bedeutung unterworfen. Und wir vernehmen vor allem

den Sinn der Wörter, weniger ihren Klang. Doch dort, wo diese Abhängigkeit schwächer wird, kann sie ihren Gesang entfalten: im Werk des Dichters. Aber erst in der Musik findet ihr Klangpotential seinen wirklich freien Raum.

In der Musik werden die Rollen vertauscht. Hier ist es der Text, der dem Klang als Anlass dient sich auszudrücken. Und wir leihen unser Ohr mehr der Musik in der Stimme als den Worten, bis zu dem Punkt, an dem nur noch die Musik ohne Worte übrig bleibt, die letzte Stimme: jene, die – da Schwingung allein nicht möglich ist – von den Instrumenten erzeugt wird.

Der letzte Laut, der den Mund dessen verließ, der sich noch immer im Wasser spiegelte, ist: „Oh du, vergeblich geliebte Gestalt." Und der Ort wiederholte eben diese Worte, und als Narziss „Lebe wohl!" sagte, antwortete Echo: „Lebe wohl!"

Wir sind am Ende des Weges der Stimme angekommen, der von der Poesie zur Musik führt. Das längere Zögern zwischen Klang und Bedeutung wird abgeschlossen im reinen Klang.

Am Schluss führt die Stimme zur Vollendung des anfänglichen *tragoïzein*. Damit wird die dionysische Kraft der Stimme sichtbar.

Hinweis: Wer des Lateinischen mächtig ist und den Text der Ode des Ovid gerne in der Originalsprache lesen möchte, findet ihn hier:
http://www.thelatinlibrary.com/ovid/ovid.met3.shtml

Im selben Verlag ist erschienen:

José Sánchez
Über die Sehnsucht
Urgrund und Abgründe

Die sprachgeschichtliche Untersuchung des Wortes *Sehnsucht* führt – durch den Begriff hindurch – zum Tiefenphänomen, das sich als verborgene Quelle der Unruhe des Menschen – seiner Verwirrung und seiner Kreativität – erweist. Es werden der Drang zum Du, die frische Kraft des Aufgangs („Kindheit"), der Bezug zur Natur (Meer, Berg, Wüste, Weltall) erhellt, die „Labyrinthe der Seele" anhand historischer Beispiele – von Odysseus bis Einstein – herausgestellt, antike Mythologien sowie Konstruktionen der abend-ländischen Denkgeschichte (Vernunft, Geist, Wille, Freiheit) neu erläutert. –

350 S., Paperback / 12,90 € /
ISBN 978-3-945732-06-9
Hardcover / 19,90 € / ISBN 978-3-945732-07-6
eBook / 3,90 € / ISBN 978-3-945732-08-3

Zeitfracht Medien GmbH
Ferdinand-Jühlke-Straße 7
99095 Erfurt, Deutschland
produktsicherheit@kolibri360.de